सतीश जायसवाल

सतीश जायसवाल का जन्म 17 जून, 1942 को हुआ। *ज्ञानोदय* के जनवरी 1969 अंक में उनकी पहली कहानी प्रकाशित हुई। उनकी प्रमुख पुस्तकें हैं—*जाने किस बन्दरगाह पर, धूप ताप, कहाँ से कहाँ, नदी नहा रही थी, राजमार्ग क्रमांक, मिलकर ढूँढ़ेंगे तो, मेरी दस कहानियाँ* (कहानी-संग्रह); *भले घर का लड़का, हाथियों का गुस्सा* (बाल साहित्य); *कील कांटे कमन्द* (संस्मरण); *माया राम सुरजन की पत्रकारिता* (मोनोग्राफ); *कविता छत्तीसगढ़* (सम्पादन)। उन्होंने *धर्मयुग, सारिका, साप्ताहिक हिन्दुस्तान, रविवार, वागर्थ, नयी कहानी, हंस, नया ज्ञानोदय, कथादेश, समकालीन भारतीय साहित्य* आदि के लिए भी लिखा। छत्तीसगढ़ विधानसभा की त्रैमासिक शोध पत्रिका *विधायन* का सम्पादन किया।

उन्होंने पुणे स्थित फिल्म एंड टेलीविजन इंस्टीट्यूट ऑफ इंडिया से फिल्म एप्रीसिएशन कोर्स किया। 1980 के दशक में फिल्म सोसाइटी आन्दोलन में सक्रिय भूमिका निभाई। छत्तीसगढ़ और ओडिशा के सीमावर्ती महानदी तटीय ग्रामीण अंचलों में लोक शैली के पारम्परिक भित्ति चित्रों की खोज, आकाशवाणी के नयी दिल्ली स्थित केन्द्रीय अभिलेखागार के लिए छत्तीसगढ़ की लोक कला 'रहस' के वयोवृद्ध कला गुरु गोदिल प्रसाद अनुरागी का सुदीर्घ साक्षात्कार किया। 2000 से 2004 तक छत्तीसगढ़ शासन के संस्कृति विभाग के अन्तर्गत पदुमलाल पुन्नालाल बक्शी सृजन पीठ, भिलाई के अध्यक्ष पद पर रहे।

उन्हें *वनमाली कथा सम्मान,* छत्तीसगढ़ संस्कृति विभाग के सहयोग से दिए जाने वाले *वसुन्धरा सम्मान* से सम्मानित किया गया। नेपाल की साहित्य संस्था महाकाली साहित्य संगम कञ्चनपुर द्वारा सम्मानित। अटल बिहारी वाजपेयी विश्वविद्यालय, बिलासपुर द्वारा डॉक्टरेट (डी. फिल.) की मानद उपाधि प्राप्त।

ई-मेल : satishbilaspur@gmail.com

सूर्य का जलावतरण

सतीश जायसवाल

राजकमल पेपरबैक्स

राजकमल पेपरबैक्स में
पहला संस्करण : 2024

राजकमल पेपरबैक्स : उत्कृष्ट साहित्य के जनसुलभ संस्करण

राजकमल प्रकाशन प्रा. लि.
1-बी, नेताजी सुभाष मार्ग, दरियागंज
नई दिल्ली-110 002
द्वारा प्रकाशित

शाखाएँ : अशोक राजपथ, साइंस कॉलेज के सामने, पटना-800 006
पहली मंज़िल, दरबारी बिल्डिंग, महात्मा गांधी मार्ग, प्रयागराज-211 001
1, अनमोल सोराबजी सन्तुक लेन, मरीन लाइंस, मुम्बई-400002

वेबसाइट : www.rajkamalprakashan.com
ई-मेल : info@rajkamalprakashan.com

विकास कंप्यूटर एंड प्रिंटर्स
ट्रानिका सिटी-201 102
द्वारा मुद्रित

मूल्य : ₹350

SURYA KA JALAVTARAN
Travelogue by Satish Jaiswal

ISBN : 978-93-6086-466-8

तब सचिन देव बर्मन का भटियाली गान
शाप-मुक्त करता है अमरबेल को,
लहर-बहर करती
अपने सागर से मिलने को,
नदी बन जाती है,
मुस्काती है, बन्धु को बुलाती है
गले में माला बनकर अमरलता हो जाती है...

उस स्वप्निल सौन्दर्य का सुदीर्घ दुःस्वप्न

जैसे मणिपुरी नृत्य। सौम्य और स्वप्निल। नासिकाग्र से लेकर सीधे मस्तक तक खिंचे हुए केसर-चन्दन के तिलक और फूलों के श्रृंगार की हुई मणिपुरी नर्तकियाँ इस लोक का यथार्थ नहीं लगतीं। देवलोक से उतरी हुई अप्सराएँ लगती हैं। छूकर भरोसा करने का मन होता है। फिर मन भयभीत हो जाता है कि कहीं मनुष्य-स्पर्श से यह दिव्य सौन्दर्य मलिन न हो जाए। पहली बार मणिपुर को मैंने ऐसे ही देखा था। मणिपुरी नृत्य की तरह ही सौम्य और स्वप्निल। अपने ही दिव्य सौन्दर्यबोध से आप्लावित। स्वप्न और यथार्थ के बीच भ्रान्ति की रचना करता हुआ सा। मुझे मणिपुर के पहाड़ तक सौम्य एवं और मृदुल लगे। आकाश इतना नीला और पारदर्शी कि नदी लगने लगे। मैं सीधे नगालैंड से चला आ रहा था। नगालैंड भी कम सुन्दर नहीं है। लेकिन उसका सौन्दर्यबोध अलग है। कुछ आक्रामकता-सी लिये हुए। जैसे उसके तीखे और धारदार पहाड़।

छत्तीसगढ़ के मेरे एक मित्र नगालैंड विश्वविद्यालय में अंग्रेजी विभाग के प्रमुख

थे, डॉ. एन.डी.आर. चन्द्रा। वे अंग्रेजी के एक सेमिनार की अध्यक्षता के लिए वहाँ, विष्णुपुर (या बिशेनपुर) में आमंत्रित थे। मैं उनका मेहमान था।

सेमिनार के बाद मेहमानों के लिए लोकताक झील के भ्रमण का कार्यक्रम रखा गया था। अंग्रेजी विभाग की कुछ छात्राएँ भी जिद करके हमारे साथ हो लीं। उन छात्राओं ने बताया कि वे हिन्दी समझती हैं और हिन्दी में कविता भी करती हैं। वहाँ से वापसी में देर हो गई। मुझे उन छात्राओं की चिन्ता होने लगी। लेकिन छात्राएँ अपने लिए निश्चिन्त थीं। बल्कि, वे हमारी चिन्ताएँ कर रही थीं।

मणिपुर का सौम्य और स्वप्निल सौन्दर्य उस समय भी अशान्त हो चुका था। देर शाम का समय सुरक्षित नहीं रह गया था। रास्ते में लूट-पाट की घटनाएँ होने लगी थीं। वहाँ के लिए हम बाहरी लोग भी तो थे! स्थानीय लोगों ने बताया कि लूट-पाट करने वाले लोग महिलाओं का सम्मान करते हैं। मणिपुर के संस्कार में महिलाओं के लिए सम्मान की जगह सुरक्षित है। महिलाओं के साथ होने पर किसी तरह की अप्रिय घटना नहीं होती। अब मुझे समझ में आया कि जिद करके हमारे साथ हो जाने वाली छात्राएँ हमारी सुरक्षा सुनिश्चित कर रही थीं। हमारे लिए सुरक्षा-कवच बनकर हमारे साथ गई थीं। मैं हतप्रभ रह गया।

आज मणिपुर का वह स्वप्निल सौन्दर्य जल रहा है। वहाँ जिस युवती को सड़कों पर निर्वसन घुमाया गया और उसके साथ बदसलूकी हुई, कहीं वह उन्हीं छात्राओं में से कोई एक तो नहीं थी? ऐसी कोई अशुभ आशंका मन को व्यथित करने वाली है। वहाँ जो कुछ भी घटित हो रहा है वह किसी भी संवेदनशील मन को असहाय ही बनाता है। मणिपुर का स्वप्निल सौन्दर्य एक सुदीर्घ दु:स्वप्न में बदल चुका है।

मैं मणिपुर गया था तो एक मिथकीय भय अपने साथ लेकर कि वहाँ की रूपसियाँ पुरुषों को वश में कर लेती हैं। मुझे ऐसी कोई रूपसी नहीं मिली। दूसरी सुबह मैंने मणिपुर छोड़ा तो मेरी समझ से परे कुछ हो रहा था। मैं लौट रहा था लेकिन मेरा मन पीछे खिंच रहा था। मालूम नहीं किसके लिए?

इस सुदीर्घ दु:स्वप्न के लिए तो नहीं ही, आज मणिपुर जिसे जी रहा है।

मणिपुर और म्यांमार (बर्मा) की अन्तरराष्ट्रीय सरहदें एक-दूसरी के साथ गुँथी हुई हैं। दोनों के साझे में एक सुन्दर-सी नदी है। उसका नाम भी सुन्दर-सा है—मैनाल। सरहदों के साथ मेरी आसक्तियाँ जुड़ी हुई हैं। सरहद चाहे अन्तरराज्यीय हो या चाहे अन्तरराष्ट्रीय। दुनिया का सारा रहस्य उसके पार ही होता है। सारा सुख उसे एक बार फलाँगने में होता है। एक बार उस तरफ झाँकने का मन होता है।

मेघालय का शीला प्वाइंट ऐसा ही है। किसी बहुत ऊँचे झरोखे जैसा। किसी एक बहुत ऊँचे छज्जे की तरह लटकता हुआ सा वह पहाड़ी कटाव। नीचे झाँकने पर बांग्लादेश की एक बस्ती, पूरी की पूरी दिख जाती है। शायद उनके यहाँ के सिलहट जिले की कोई बस्ती।

वहाँ के लोग, उनके घर, घरों की छतें, वहाँ की सड़कें, और सड़क की चहल-पहल। सारे का सारा हमारी छुअन के भीतर। बिना वहाँ गए हुए ही।

मणिपुर और म्यांमार के आपस में रोजाना के आने-जाने का रिश्ता है। रोज के रोज एक देश के लोग अपनी सांस्कृतिक, देशीय और जातीय पहचान के साथ एक-दूसरे देश में आना-जाना करते हैं। रोजाना के रोजगार-व्यापार के लिए।

देखने-सुनने और अपने-अपने मूल में भी इन दो अलग-अलग देशों के लोगों में कहीं कोई फर्क नहीं। फिर भी उनके देश अलग हैं, उन पर उनके अपने देश के नियम और कानून लागू होते हैं।

अपने स्कूली दिनों में मैंने कुकी जनजाति और उनकी महिलाओं के केश-विन्यास के बारे में पढ़ा था। अराकान पर्वत-श्रृंखला का नाम सुना था, जहाँ कुकी जनजाति के लोग रहते हैं। तब यह पड़ोसी देश बर्मा कहलाता था। हमारे आपसी रिश्ते दो अच्छे पड़ोसियों के थे। मणिपुर-म्यांमार सरहद के इस पार और उस पार भी, मैं कुकी लोगों को देख सका। बहुत नजदीक से। छूकर भरोसा भी कर सका। तब पता नहीं था कि सुन्दर केश-सज्जा

करने वाली एक सुन्दर जनजाति कभी दो देशों के बीच किसी एक विवाद का विषय हो सकती है।

भारत-म्यांमार के आपस में समपार रोजगार-व्यापार का समझौता है। मोरेह, सरहद पर बसी आखिरी बस्ती है।

लेकिन एक बस्ती, बस्ती लगती ही नहीं। किसी एक बहुत बड़े पड़ाव का फैलाव-सा लगती है। सारा-सारा दिन इस पड़ाव के लोग दूसरे देश में जाकर रोजगार-व्यापार करते हैं। रात होने पर अपनी सरहद के भीतर वापस चले आते हैं। कल सुबह की तैयारियों के लिए। ऐसा ही उस पार भी होता होगा! म्यांमार की उस बस्ती या पड़ाव में। दोनों के बीच में अपने-अपने दरवाजे हैं। गेट नम्बर एक और गेट नम्बर दो।

शामें यहाँ बहुत जल्दी रात में डूब जाती हैं। पाँच बजे के आसपास ही अँधेरा पड़ने लगता है। छह बजे पूरे का पूरा मोरेह बन्द हो जाता है। बाजार, दुकानें और खाने-पीने के ठिकाने भी। इसका ध्यान नहीं रहा और हम मैनाल नदी की तरफ निकल गए। सूर्यास्त-दर्शन के लिए। हमारे सामने ही नदी में सूर्य का जलावतरण हुआ और नदी के जल में उसकी रक्ताभ आभा घुल गई।

लौटने में देर हो गई, भूख भी लग आई। लेकिन तब तक मोरेह बन्द हो चुका था। खाने-पीने का कोई ठिकाना नहीं सूझ रहा था। तभी एक अधखुला किवाड़ दिखा। वहाँ पंजाबी परांठे और सब्जियों के नाम लिखे हुए दिखे। कोई एक बन्दा है। रोजी-रोटी की तलाश में यहाँ चला आया था। सीधे अमृतसर से। तब तक हिन्दी फिल्म 'फुकरे' का यह गाना पैदा भी नहीं हुआ था—'अम्बरसरिया मुंडया वे, कचियाँ कलियाँ ना तोड़...' अमृतसरी मुंडया तो कलियाँ न तोड़ सका। मणिपुरी रूपसी का होकर रह गया। वहीं का होकर रह गया। अब उनके दो प्यारे-प्यारे बच्चे हैं। उस शाम उन दोनों ने मिलकर हमें अपने घर की तरह भोजन कराया। मणिपुरी रूपसी ने पंजाबी भोजन बनाना भी अच्छे से सीख लिया था।

मोरेह के गेट नम्बर एक और गेट नम्बर दो से शुरू हुआ समपारीय

रोजगार-व्यापार आज भी चल रहा है। लेकिन दो पड़ोसी देशों के आपस में अब पहले की तरह अच्छे पड़ोसियों जैसे रिश्ते नहीं हैं।

बिना वीजा, बिना पासपोर्ट हम म्यांमार की तफरीह करके आ सके। म्यांमार की बस्ती, नामफालांग तक जा सके। वहाँ, बाजार में कुछ खरीदारी कर सके। कुछ देर वहाँ के एक होटल में बैठकर चाय भी पी, उतनी देर म्यांमार में होने को महसूस किया। वापसी में वहाँ के ताँगे की सवारी भी की।

एक देश से दूसरे देश के बीच ताँगे की वह सवारी कुछ अलग-सी अनुभूतियाँ भी जोड़ सकी। वापसी में ताँगे वाले ने कुछ अलग-सा रास्ता लिया। इस रास्ते में कुछ बहुत महत्त्वपूर्ण था, जो हमसे छूट गया था। ताँगे वाले ने वह भी दिखाया।

हरी-भरी पहाड़ी पर खड़े हुए बुद्ध की एक विशाल प्रतिमा। दूर से दिखाई देने लगी थी। दूर तक देख रही थी। लेकिन ठीक नीचे की तरफ देखने से डर रही थी। नीचे एक सुन्दर-सा चर्च था। चर्च को करीब से देखने का मन था। यीशु की प्रतिमा के दर्शन भी करना चाहता था। लेकिन मुमकिन नहीं था। चर्च के विशाल परिसर में गहरी नीली या काली वर्दी वाले सैनिक परेड कर रहे थे। उनके बूटों से होने वाली ठोस आवाज ऊपर, हरी-भरी पहाड़ी तक पहुँच रही थी और आक्रान्त कर रही थी। शायद, वह आवाज ही थी जो बुद्ध को आतंकित कर रही थी। बुद्ध शायद उस आवाज से भयभीत थे?

वहाँ, चर्च के भीतर यीशु भी वैसे ही आतंकित हो रहे होंगे जैसे बाहर, हरी-भरी पहाड़ी पर आतंकित बुद्ध!

म्यांमार में जनतंत्र की नायिका आंग सान सू की उस समय भी सैन्य प्रशासन की नजरबन्दी में थीं।

पूर्वोत्तर राज्यों की यात्रा कई वर्षों से मन में थी। उसकी शुरुआत नगालैंड से हो सकी।

एन.डी.आर. चन्द्रा ने मुझे कोहिमा बुलाया और मुख्य चौराहे पर, लाल रंग के बड़े-से पोस्ट बॉक्स के पास रुककर प्रतीक्षा करने के लिए

कहा। उनका यह तरीका रूमानी था। शायद ऐसी कोई सिचुएशन अंग्रेजी की किसी कहानी या कविता में होगी। अंग्रेजी के प्रोफेसर को पसन्द आ गई। लेकिन उस गहरी शाम में मैं वहाँ बिलकुल अकेला था। मेरे चारों ओर शाम से भी गहरे आतंक का फैलाव था।

प्रोफेसर चन्द्रा के पहुँचने तक वर्दियों वाले वो सैनिक मेरे आसपास चक्कर काटते रहे। उनके पास उनकी बन्दूकें थीं। वो लोग मेरी हिफाजत कर रहे थे। लेकिन मैं आतंकित था।

कोहिमा में आतंक था। स्थितियाँ अराजक थीं। अप्रिय भी। नगालैंड में प्रवेश के लिए 'इनर लाइन परमिट' जरूरी होता है। यह परमिट हमें वहाँ के स्थानीय लोगों से अलहदा करता है। एक तरह से 'बाहरी' बना देता है।

राष्ट्रीय एकता और सामाजिक सद्भाव के हमारे उपाय वहाँ एक राजनीतिक अस्वीकारवाद के सामने अब तक निरुपाय हुए हैं।

रात में भोजन के समय एक धमाका हुआ था। तब घर की खिड़कियों पर पर्दे खींचकर रोशनियों को भीतर बन्द कर लिया गया था। लेकिन सुबह की धूप खिली-खिली और निरभ्र थी।

कोहिमा में मेरी पहली सुबह खुशनुमा और पवित्र थी। पड़ोस की स्त्री अपने शिशु को पैरों पर रखकर उसकी मालिश कर रही थी। सुबह की पहाड़ी धूप में स्त्री की पिंडलियाँ चमक रही थीं। धूप में शिशु का अबोध चेहरा खिल रहा था। उसके होंठ कुँदरू फल के से सुर्ख लाल थे। घर के ठीक पीछे चर्च है। सुबह की धूप में चर्च के कंगूरेदार शिखर घर की छत के साथ लगे हुए थे। चर्च में यीशु का वास होता है। चर्च के भीतर अँधेरा था। यीशु अँधेरे में थे। लगभग समूचा नगालैंड यीशु का अनुयायी है।

रात में थिया आया था। प्रो. चन्द्रा का वह प्रिय छात्र मुझसे मिलने आया था। थिया बृहद नगालैंड के लिए चल रहे आन्दोलन के साथ है। उसने बताया कि अपने नगालैंड के लिए वह कुछ भी कर सकता है। उनका आन्दोलन मणिपुर के नगाबहुल दो जिलों को नगालैंड में जोड़ने के लिए था। अब उसने विस्तार ले लिया है। बृहद नगालैंड का नक्शा एक स्वतंत्र देश की प्रस्तावना है। यह प्रस्तावना पुरानी है।

हमारा कार्यक्रम सुबह की किसी सुविधाजनक बस से मणिपुर जाने का था। थिया बस की टिकट ले आया था। वह भी हमारे साथ चल रहा था। उसके साथ होने में सुरक्षा भी थी।

कोहिमा की सड़कों पर या किसी एक दुकान या किसी ढाबे में मुझे एक भी पंजाबी मुंडया नहीं दिखा, जैसे म्यांमार की सरहद पर आखिरी भारतीय बस्ती, मोरेह में दिखा था। अम्बरसरिया नहीं, फगवाड़े का नहीं। न पटियाले का, न ही कहीं और का। अपनी दाढ़ी और पगड़ी की वजह से पंजाब के सरदार तो अलग से ही पहचान में आ जाते हैं!

न पंजाबी न सिन्धी। मराठी न कोई दक्षिण भारतीय। कोहिमा में कोई भी नहीं दिखे जिनके होने से किसी भी स्थान में विविध रंग खिलते हैं। वहाँ की दर्शनीयता एकरस होने से बच जाती है।

नगालैंड में मुझे वहाँ के स्थानीय लोग ही दिखे। नेटिव लोग। उनका दिखना, उनका ओढ़ना-पहनावा और तो और, उनके हाव-भाव तक उनकी स्थानीयता का बोध कराते हुए। अपनी चित्रमयता में खिलता हुआ सा एक चाक्षुष परिचय। कुछ देर के लिए यह अच्छा भी लगा। अलग-अलग-सा कुछ। उस जगह पहली बार पहुँचने की सहज उत्सुकताएँ जगाता हुआ। लेकिन बहुत देर तक के लिए नहीं। मन कुछ विविधताएँ ढूँढ़ने लगा। कुछ रंग। कुछ लोग। उनके ढंग।

अलबत्ता, प्रवासी हरियाणवियों और बिहारियों ने इस एकरसता को तोड़ा और उसमें जातीय विविधताओं के रंग जोड़े हैं। प्रवासी समुदाय के इन लोगों ने यहाँ के ही स्थानीय संसाधनों के साथ अपनी मेहनत को जोड़कर अपने लिए रोजी-रोटी के उपाय भी किए हैं।

नगालैंड में अच्छी किस्म के मीठे और रसीले गन्ने होते हैं। प्रवासी बिहारियों ने इस रस से अपने लिए रोजगार का रास्ता निकाल लिया। नगालैंड से मणिपुर के रास्ते भर सड़क किनारे ठेलों पर गन्ने का रस बेचते हुए प्रवासी बिहारी मिल जाएँगे। दूध की तरह सफेद, गाढ़ा और मीठा रस।

नगालैंड का गन्ना और प्रवासी बिहारियों की मेहनत। दोनों के मेल से एक जातीय समुदाय के लिए रोजगार का जरिया जुट गया। इस मेल ने वहाँ के सामाजिक स्वरूप को एकरस होने से भी बचाया।

अन्य प्रवासी जातीय समुदायों के साथ भी इस तरह के छोटे-छोटे मेल-मिलाप नगालैंड में विविधता और आपसी भरोसे की जमीन तैयार कर सकते हैं।

नगालैंड में लम्बे समय तक नरमुंडों के शिकार की परम्परा रही है। नगा योद्धाओं के लिए यह उनके शौर्य का एक प्रतीक था। एक प्रथा भी। कोंयक उनके यहाँ की एक प्राचीन जनजाति है। इस जनजाति के योद्धाओं को विवाह के लिए किसी शत्रु कबीले या अपने प्रतिद्वन्द्वी से युद्ध करके उसका नरमुंड प्रदर्शित करना होता था।

ब्रिटिश शासनकाल में, 1945 में यह प्रथा प्रतिबन्धित कर दी गई थी। फिर भी नरमुंडों के शिकार की घटनाएँ कहीं न कहीं होती ही रहीं। स्वतंत्रता के बाद 1960 में भारत सरकार ने भी इस प्रतिबन्ध को जारी रखा। प्रतिबन्धों के बावजूद , नगालैंड में 1935 तक तो नरमुंडों के शिकार की घटनाएँ होती रहीं। आखिरी घटना कब हुई होगी? इसका ठीक-ठीक पता नहीं चलता। लेकिन नरमुंडों के आखिरी योद्धाओं के गाँव, लोंगवा का पता मुझे मिल गया। मोन जिले का यह गाँव नगालैंड और म्यांमार की सरहद पर बसा एक दुर्गम गाँव हैं। इसे कोंयक जनजाति के योद्धाओं का गाँव भी बताया जाता है। मैं वहाँ जाना चाहता था और नरमुंड के किसी शिकारी योद्धा को देखना चाहता था। उनके कबीले का ही कोई व्यक्ति मुझे उन तक पहुँचा सकता था। वह नहीं हो सका। मुझे मोन से ही वापस लौटना पड़ा था। अब तो शायद नगालैंड में नरमुंड का कोई भी जीवित शिकारी नहीं बचा होगा!

नरमुंडों के शिकार की प्रथा अरुणाचल तक फैली हुई थी। लाँगचेन गाँव में रहने वाली एक जनजाति, वांगचो के योद्धाओं में यह प्रथा रही है। अरुणाचल की अपनी पहली यात्रा से लौटने के कुछ वर्ष बाद मेरी मुलाकात जमुना बीनी से हुई।

अरुणाचल विश्वविद्यालय में हिन्दी की प्राध्यापिका जमुना बीनी एक जानी-मानी हिन्दी उपन्यासकार हैं। अपने यहाँ की स्थानीय प्रथा, परम्पराओं और संस्कृति के प्रति संवेदनशील भी हैं। उनके अनुसार अरुणाचल में नरमुंडों के शिकार को सही सन्दर्भों के साथ देखने और समझने की जरूरत है।

अरुणाचल ने हिन्दी को बहुत अच्छे से अपनाया है। हिन्दी के अध्ययन और अध्यापन में भी यहाँ अच्छा काम हो रहा है। इधर के कुछ वर्षों से वहाँ की सरकार, विश्वविद्यालय और कुछ प्रमुख साहित्यिक संगठन मिलकर एक बृहद 'सांस्कृतिक उत्सव' का आयोजन करते हैं। पिछले वर्ष मुझे इस आयोजन में शामिल होने का अवसर मिला था। उस आयोजन में मुझे अरुणाचल की संस्कृति और हिन्दी साहित्य की परम्पराओं की एक सन्तुलित पारस्परिकता दिखी।

पहली बार अपनी पूरी अरुणाचल-यात्रा मैंने सड़क-मार्ग से की थी। इधर, इटानगर की तरफ और उधर तवांग तक।

अरुणाचल का प्राकृतिक भूगोल मुझे दो हिस्सों में बँटा हुआ मिला। एक हिस्सा राजधानी इटानगर की तरफ का, जो प्रशासनिक हिस्सा हुआ। यहाँ के लोग कुछ गर्व के साथ इसे 'ग्रीन वैली' कहते थे। लेकिन उनकी इस ग्रीन वैली को विकास की नजर लग गई है। यहाँ पहाड़ नंगे हो रहे हैं और बौने भी। अब इटानगर तक रेल आ चुकी है। मैं इस रेल में भी यात्रा कर चुका हूँ।

भारतीय रेल में शायद इटानगर एक ऐसा और अलग स्टेशन है जो इटानगर से लगभग 20-22 किलोमीटर पहले ही समाप्त हो जाता है। नाहरलागुन में। शायद इसलिए इस स्टेशन का नाम अकेला नहीं साझे का है—इटानगर नाहरलागुन।

पिछले वर्ष 'अरुणाचल सांस्कृतिक उत्सव' में शामिल होने के लिए यहाँ आया तो हवाई मार्ग से आया। अब इटानगर पहुँचना सुगम हो चुका है। यहाँ पहुँचने के लिए तीनों साधन उपलब्ध हैं—सड़क, रेल और हवाई मार्ग भी। लेकिन तवाँग वाला हिस्सा पहले की तरह दुर्गम और समय लेने वाला है। मेरी समझ में तवाँग तक पहुँच के साधन विकसित करना जरूरी है। तवाँग तक का सड़क मार्ग भू स्खलन और घने कोहरे के कारण किसी भी यात्रा को अनिश्चित बना देता है। इस अनिश्चितता के बावजूद, अरुणाचल का सबसे विपुल और स्वप्निल सौन्दर्य तवाँग के पास ही सुरक्षित है। इसके

हिम सौन्दर्य को अभी तक विकास की नजर नहीं लगी है।

कोई भी यात्रा मेरे लिए अधूरी ही छूट जाती है, यदि मैं वहाँ के किसी पारम्परिक गाँव तक नहीं पहुँच सका तो। किसी घर में मुझे, कम-से-कम एक चाय भी ना मिल सके तो! इसके लिए मैं तरह-तरह के प्रपंच तक रच सकता हूँ। लेकिन अरुणाचल में मैं कोई ऐसा प्रपंच नहीं रच सका था। इसलिए, मुझे तो बार-बार यहाँ आना ही था। अरुणाचल महोत्सव ने कोई प्रपंच रचे बिना ही मेरे लिए वहाँ के पारम्परिक गाँव का सुयोग बना दिया। जमुना बीनी पहले ही हम सबको अपने गाँव, दोईमुख ले चलने का कार्यक्रम बना चुकी थीं।

दोईमुख इटानगर से करीब 25-30 किलोमीटर की दूरी पर है। अरुणाचल विश्वविद्यालय के लिए एक रास्ता यहाँ से होकर है। अरुणाचल विश्वविद्यालय रोनो हिल्स पर है। पिछली बार मैं विश्वविद्यालय के गेस्ट हाउस में रुका था। तब रास्ते का यह गाँव, दोईमुख मुझे रोज मिलता था। अपनी तरफ ललचाता भी था। लेकिन तब मुझे यहाँ कोई जानता था।

अब, दोईमुख मेरा जाना-पहचाना है। यह जमुना बीनी का गाँव है। और हम उनके मेहमान हैं। हम दोईमुख में मेहमान हैं। उनके गाँव में हमें वहाँ का गाँव मिला, गाँव में उनके पारम्परिक घर मिले। लोग मिले। लोगों के रहने-सहने का तरीका, उनका स्वागत और उनका पारम्परिक भोजन भी हमें मिला। मैंने बाँस के खोखल में चावल को पकते हुए देखा। पकाने की विधि भी देखी।

अरुणाचल में स्वागत की अपनी प्रथा है। पहले वहाँ के स्थानीय घी से, फिर वहाँ के जातीय पेय 'छाँग' से हमारा स्वागत किया गया। जैसे हमारे यहाँ चाय या दूध या शरबत से।

उनके यहाँ का स्थानीय घी गाय या भैंस के दूध का नहीं, बल्कि याक के दूध का होता है। अलबत्ता उनका अपना जातीय पेय 'छाँग' छत्तीसगढ़ में बस्तर के 'लांदा' की तरह होता है। 'लांदा' की तरह 'छाँग' का सम्बन्ध भी उनकी अपनी प्रथा और मेहमानों के प्रति स्वागत भाव से जुड़ा होता है। उसके लिए मना नहीं करना चाहिए। हमारे इनकार से उनकी भावनाएँ आहत हो सकती हैं। हमने भी उनकी भावनाओं का ध्यान रखा। उनके

तौर-तरीकों का मान भी रखा। हाँ, इतनी सावधानी भी रखी कि 'छाँग' का असर बहुत तेज होता है।

एक 'नेफा' (नॉर्थ ईस्ट फ्रंटियर एजेंसी) से निकलकर पूर्वोत्तर के सात राज्य अस्तित्व में आए। अब ये सात अलग-अलग प्रशासनिक इकाइयाँ हैं।

इनका सांस्कृतिक भूगोल और आर्थिक-सामाजिक दशाएँ, और तो और इनकी राजनीतिक गतिशीलताएँ भी आपस में एक-दूसरी से गुँथी हुई हैं। एक-दूसरे को प्रभावित भी करती रहती हैं। मिजोरम और मेघालय अपेक्षाकृत उनसे कम प्रभावित हैं। शान्त भी।

मिजोरम के लिए मेरा दूसरा फेरा अब तक नहीं लग सका है। लेकिन वहाँ के लोगों के लिए मन में कामना है कि उनका संगीत और उनकी संगीतमयता वैसी की बची हुई होगी। वहाँ के एक आई.ए.एस. अधिकारी ने मुझे अपने यहाँ के प्रमुख लोक उत्सव 'चापचरकुट' के लिए आमंत्रित भी किया था। मैं ही नहीं जा सका। उन्होंने बताया था कि मिजोरम सबसे अधिक आई.ए.एस. अधिकारी देने वाला राज्य है। ऐसा रहा भी होगा। उनकी बात से मुझे एक संकेत भी मिला। उच्च प्रशासनिक पदों पर अधिक से अधिक स्थानीय आई.ए.एस. अधिकारियों के लिए किन्हीं मानसिक आग्रहों का संकेत। ऐसे किसी आग्रह का विस्तार मुझे मिजोरम के अतिरिक्त भी संकेतित हुआ था।

मेरे समय के लोगों के लिए मेघालय आज भी असम का एक हिल स्टेशन ही है। गुवाहाटी से बिलकुल लगा हुआ। बस, एकाध दिन की छोटी-सी 'ट्रिप' के लिए। इतने दिनों में एक बड़ा उलट-फेर जरूर हुआ है। वह दुखद भी है। मेघालय के मेघ तो बचे हुए हैं लेकिन मेघालय का चेरापूँजी अब सबसे अधिक वर्षा वाला स्थान नहीं रहा।

चेरापूँजी में फिर भी वर्षा होती है। मैंने चेरापूँजी को बरसते हुए देखा है। अपने होटल के 'पब' में बैठकर, काँच की बड़ी-बड़ी खिड़कियों से बाहर बरसती बारिश को मैंने देखा था। बारिश मुझे नशीली लगी थी।

अब चेरापूँजी में कई बड़े-बड़े होटल आ गए हैं। पहले नहीं थे। इन बड़े होटलों के आने से चेरापूँजी में 'पब कल्चर' को भी जगह मिली है।

होटल से बाहर की तरफ एक तख्ती पर सैलानियों के लिए कुछ सावधानियाँ लिखी हुई थीं।

शाम के बाद यहाँ के स्थानीय युवक कुछ आक्रामक हो जाते हैं। प्रायः अन्य पूर्वोत्तर पहाड़ी राज्यों की तरह चेरापूँजी में भी शराब उनके अपने खान-पान का स्वाभाविक हिस्सा है। स्त्री-पुरुष, युवा-वृद्ध सभी के लिए। लेकिन युवक कुछ आक्रामक हो जाते हैं। उनके साथ, उनकी युवतियाँ भी कुछ आक्रामक हो सकती हैं। उधर उनके गाँव हैं। और वो लोग अपने गाँव में बाहरी लोगों को नापसन्द करते हैं।

शाम के बाद हमें उनके गाँव की तरफ जाने से बचना चाहिए। बहुत पहले नहीं, अभी कुछ ही बरस पहले तक यहाँ कुछ भी नहीं था। यह एक खुला हुआ पठार था। दूर तक फैला हुआ था। तब यहाँ स्थानीय लोगों के गाँव हुआ करते थे। उनके गाँव अब दूर होते जा रहे हैं।

चेरापूँजी के प्राचीन प्रस्तर-स्तम्भ दुनिया भर के मानवशास्त्रियों के लिए अध्ययन का बड़ा आकर्षण केन्द्र रहे हैं। अब चेरापूँजी के प्रस्तर-स्तम्भ कम होते जा रहे हैं। यहाँ देशी-विदेशी पर्यटक आने लगे हैं। यहाँ उनके लिए बड़े होटलों की जरूरतें बढ़ रही हैं।

सरहदें मेरी भावनात्मक कमजोरी का एक प्रिय हिस्सा हैं। किसी एक खब्त की तरह बेमकसद। चेरापूँजी का शीला प्वाइंट मैंने देख लिया था। लेकिन अभी तक दावकी प्वाइंट मुझसे छूटा हुआ था। इस बार एक बरसाती दिन में मैं वहाँ पहुँच गया। वीजा, पासपोर्ट या किसी परमिट के बिना ही जीरो प्वाइंट को पार करके बांग्लादेश के भीतर तक चार कदम चलकर भी आ गया। दावकी हमारी तरफ का आखिरी गाँव है। बांग्लादेश की तरफ, उनका पहला गाँव तमाबिल है। मैं वहाँ तक पहुँचकर आ गया।

ऐसा करके मुझे क्या मिला होगा? नहीं बता सकता। बांग्लादेश राइफल के एक जवान ने जरूर मुझे रोका था। वह चाहता तो मुझे अरेस्ट भी कर सकता था। मैंने उसकी बात का कोई बुरा नहीं माना। खब्त में कोई बात

बुरी नहीं लगती। और सरहद तो मेरी एक खब्त ही है। सरहद, चाहे कोई भी हो। दुनिया का सारा रहस्य उस पार ही होता है।

दावकी एक सुन्दर नदी का नाम है। भारत-बांग्लादेश के बीच यह एक साझा और प्राकृतिक सरहद बनाते हुए बहती है। नदी के इस किनारे भारत। नदी के उस किनारे बांग्लादेश।

मैं दूर तक दावकी नदी के साथ-साथ चला। सरहद के साथ-साथ चला। उस बरसाती दिन में दावकी नदी मुझे वैसी ही नहाती हुई मिली, जैसी हमारे यहाँ की अपनी अरपा नदी।

चाहता तो कामरूप का अपना एक फेरा पूरा कर चुकने के बाद मैं वापस कामाख्या के दर्शन करता। थोड़ी देर वहाँ, मन्दिर-परिसर में बैठकर ध्यान लगाता। फिर निकल आता। टोटका पूरा हो चुका होता।

लेकिन अब, तनवीर हसन की इच्छाएँ जागृत हो गईं। मैंने समझाना भी चाहा कि कामरूप का मेरा भूगोल, मेरा मनमाना है। उलटे रश्मि भी अपने पति की इच्छा के साथ हो गईं कि ठीक है, हम नॉर्थ ईस्ट फ्रंटियर में अपनी पोस्टिंग माँग लेते हैं।

तनवीर हसन और उनकी पत्नी रश्मि गौतम, दोनों भारतीय रेल में उच्च अधिकारी हैं। एक-दूसरे के साथ सुर में सुर मिलाकर चलते हैं। पता नहीं कैसे उनके यहाँ मेरे लिए जगह बन गई। मोरीगाँव के रेलवे अधिकारी आवास में उनका बँगला अलॉट होने के साथ पूर्वोत्तर के मेरे फेरे फिर से शुरू हो गए। मुझे बहलाने के लिए तनवीर ने भाषा का खेल खेला कि—अब आप अपनी की जा चुकी यात्राओं की 'रीविजिट' की योजना बनाइए। भाषा के मुझ खेतिहर के साथ एक रेल-अधिकारी ने भाषा का खेल खेला!

मेरी भी तो कुछ इच्छाएँ अधूरी छूटी हुई थीं। मैंने चाय-बागानों को और उन बागानों में पत्तियाँ तोड़ते हुए कामगारों को दूर-दूर से देखा था। अपनी अतृप्त इच्छाओं के साथ देखा था कि कभी किसी चाय-बागान में कोई एक दिन-रात मेरे हिस्से आएगा। तनवीर को मेरी इस इच्छा का अच्छे से पता था। मुझे बुलाने के लिए रेल-अधिकारी ने सबसे पहले एक चाय-बागान में इन्तजाम किया। भारत-भूटान सरहद पर 'मेनोका टी इस्टेट' में एक दिन-रात का।

उस टी इस्टेट में दिन हरा था। यहाँ से वहाँ तक फैला हुआ, दरांग नदी के इस किनारे तक। नदी के उस किनारे पर, सामने की तरफ भूटान साफ-साफ नजर आ रहा था।

चाय की पत्तियों का रंग गहरा हरा होता है। गहरे हरे रंग पर पड़कर रात का रंग स्याह हो जाता है। स्याह रात में आँच पकड़ती हुई आग का रंग तिलिस्म रचने लगता है। वहाँ अपने, एक दिन-रात के पूरा होने से पहले हमने 'कैम्प फायर' किया। गहरी स्याह रात में आग की लपट से उठती लाल, पीली, हरी लौ तिलिस्म रचने लगी।

वहाँ मैं छत्तीसगढ़ के उन प्रवासी मजदूरों को ढूँढ़ रहा था, जो रोजी-रोटी की तलाश में सवा सौ साल पहले यहाँ आए थे। यहीं के होकर रह गए।

सन् 1899, 1900 और 1901 में छत्तीसगढ़ में, इन तीन वर्षों में लगातार अकाल पड़ा था। वह भीषण था। तब भूमिहीन मजदूरों ने और छोटी जोतों के किसानों ने भी प्रवास किया था। यहाँ असम के चाय-बागानों में उनके लिए 'रोजी' के अवसर थे। उनका वह प्रवास एक दारुण गाथा ही है। मैं लिखना चाहता था। लेकिन अभी तक तो नहीं लिख सका हूँ।

अपनी एक अधूरी कहानी भी मैं असम में छोड़ आया था। रेशमी मूँगा के गाँव, सुआलकुसी में असल, लेकिन एक विषाद कथा। 'ब्रह्मपुत्र वाटरवेज' में काम करने वाले इंजीनियर, अरुण डेका के साथ मेरी मुलाकात किसी एक कहानी की ही तरह घटित हुई। उनके गाँव में मैं 'मूँगा' के रेशमी कपड़े बुने जाते हुए देखना चाहता था। अरुण डेका को हिन्दी ठीक-ठीक नहीं आती थी। और मुझे तो असमिया बिल्कुल भी नहीं। तब अरुण डेका मुझे अपने घर ले गए। वहाँ उनकी बेटियाँ थीं। उनके पास हिन्दी थी।

कई वर्षों बाद, तनवीर के 'रीविजिट प्लान' में ही मेरा सुआलकुसी जाना हो सका। इतने वर्षों में सुआलकुसी बदल चुका था। अरुण डेका का घर मुझे नहीं मिल रहा था। उस घर में बड़ा-सा आँगन था। आँगन में नारियल और सुपाड़ी के हरे-भरे पेड़ थे। उसकी जगह, वहाँ मुझे एक बड़ा सा पक्का घर

मिला। उस घर में मुझे कोई भी नहीं पहचान रहा था।

वहाँ अरुण डेका भी मुझे नहीं दिख रहा था। न ही, अरुण डेका की पत्नी, सानू दिखी जिसने अपने घर आए मुझ, एक अपरिचित को अपना भाई बना लिया था। क्योंकि मैं बिहू पर्व पर उनके घर पहुँचा था। उसने मुझे 'बिहुआन' भी भेंट किया था।

मेरी नजर अरुण डेका की तसवीर पर पड़ी। उस पर सूखे फूलों वाली पतली-सी माला पड़ी थी। सानू भी अब नहीं रही थी। वह तो अरुण डेका से पहले ही जा चुकी थी। तो, वो तीन बच्चियाँ, जो उस समय पढ़ रही थीं? उनमें से मझली वाली, रूमी मेरी बात असमिया में सानू को बताती और सानू की बात मुझे हिन्दी में समझाती थी।

रूमी अब बड़ी हो गई है। उसके दो प्यारे-प्यारे बच्चे हैं। उसने मुझसे शिकायत की—'इतने बरस हो गए, आपने हमारी कोई खोज-खबर नहीं ली!' वह मुझसे बहुत नाराज थी। वह रोना चाहती थी। उसने मुझे दादू कहा और बताया कि मैं पूरे 20 बरस बाद आ रहा हूँ।

अपनी 'रीविजिट' में तनवीर के साथ मेरा सिक्किम जाना तो हुआ। लेकिन हर बार गंगटोक और नाथुला तक अटककर रह गया।

मैं यूमथाँग जाना चाहता था और लाचुंग के रास्ते से लौटना चाहता था। इस रास्ते पर ही वह गेस्टहाऊस है जिसकी फर्श और छत लकड़ी की हैं। एक लेपचा स्त्री इस गेस्टहाउस को चलाती है। वह थोड़ा सामने की तरफ झुककर बात करती है। और बात करते हुए काफी नजदीक चली आती है। तब किसी अपनी की तरह आत्मीय लगने लगती है।

पिछले वर्ष, 2023 के अक्टूबर में सिक्किम में एक बड़ा जलप्लावन हुआ था। तीस्ता नदी उफनाई हुई थी। और ऊपर, यूमथांग की तरफ बाँध से बाढ़ का पानी छोड़ा जा रहा था। बाढ़ का पानी लाचुंग बस्ती को मथ रहा था। घरों को बहाए ले जा रहा था।

लाचुंग में 6,000 से भी अधिक सैलानी उस जलप्लावन में फँस गए थे। अकेले लाचुंग में ही 100 से अधिक जानें चली गई थीं।

अब, तनवीर और रश्मि दिल्ली चले आए हैं। तो वहाँ, असम में मेरे

लिए 'रीविजिट' का भाषाई खेल नहीं बचा। कह नहीं सकता कि अब फिर कभी लाचुंग जाना होगा या नहीं। बस वहाँ के लोगों के लिए शुभाकांक्षाएँ ही कर सकता हूँ। मन में विश्वास बनाए रख सकता हूँ कि वह गेस्टहाउस सुरक्षित बचा होगा, जहाँ हमें एक रात का ठिकाना मिला था।

वह लेपचा स्त्री भी सुरक्षित होगी जो बात करते हुए थोड़ा सामने की तरफ झुक जाती है। इतने नजदीक चली आती है कि किसी अपनी की तरह आत्मीय लगने लगती है।

—सतीश जायसवाल

सूर्य का जलावतरण

क्रम

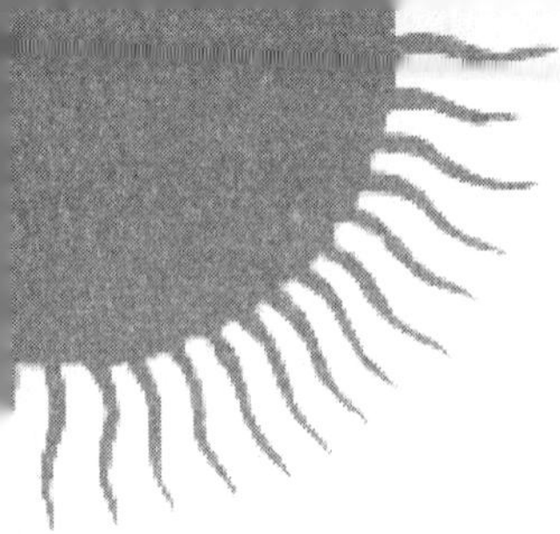

सूर्य का जलावतरण

भारत-म्यांमार (बर्मा) सीमान्त पर मोरेह एक बहुत बड़ा अन्तर्राष्ट्रीय पड़ाव है जो गेट नम्बर एक और गेट नम्बर दो के बीच स्पंदित होता, उठान लेता और शान्त हो जाता है। इसका उठना और शान्त होना बाजार के ज्वार-भाटा के साथ जुड़ा हुआ है। यह बाजार सूर्योदय से पहले जाग उठता है, इसकी स्फूर्ति सूर्यास्त तक बनी रहती है। दो पारम्परिक पड़ोसी देशों के आपस में एक मुक्त बाजार का समझौता सूर्य उदय होने से लेकर सूर्य के अस्त होने तक के लिए है। गेट नम्बर एक के इधर भारत है और गेट नम्बर दो के उधर म्यांमार (बर्मा) है। दोनों के बीच उभय भूमि (नो मैन्स लैंड) है।

भारत और म्यांमार के बीच हुए एक समझौते में, दोनों देशों के सीमान्तों पर तीन दरवाजे खोलना तय हुआ है। मणिपुर म्यांमार सीमान्त पर दो, और एक नगालैंड-म्यांमार सीमान्त पर। इनमें से एक, मोरेह (मणिपुर) नाम्फालांग (म्यांमार), दरवाजे को खोलकर देखा-परखा जा रहा है कि मुक्त व्यापारिक आवाजाही का यह प्रयोग कितना कारगर होगा? बकाया दोनों अन्तर्राष्ट्रीय दरवाजों का खुलना इस प्रयोग की सफलता के साथ जुड़ा हुआ होगा। और यह प्रयोग अभी कोई मजबूत आशावादी संकेत नहीं दे रहा है।

मैनाल नदी दोनों देशों के बीच साझा विभाजक रेखा है। इधर, भारत और नदी के उस पार म्यांमार। नदी के जल में पूरे का पूरा सूर्य उतर आया है। दिन भर के आकाशचारण के बाद भी सूर्य का चेहरा कुम्हलाया नहीं है। उस पर थकान या उदासी की छाया भी नहीं है। मैनाल नदी का जल सूर्य को हल्की-हल्की थपकियाँ दे रहा है। और सूर्य धीरे-धीरे प्रवाहित होता हुआ उधर से इधर आ रहा है, म्यांमार की सरहद छोड़कर भारत की तरफ। नदी पर लोहे का पुल है। पुल आधा सफेद है और बकाया आधे पर लाल रंग चढ़ा हुआ है। जहाँ तक सफेद है, वह भारत की हद है। लाल रंग से म्यांमार की सरहद शुरू होती है।

उधर से आनेवालों की संख्या अधिक होती है और इधर से जानेवाले कम दिखते हैं। यह आना-जाना पैदल हो रहा है, साइकिलों से हो रहा है और ताँगों से भी हो रहा है। बीच-बीच में इक्का-दुक्का कारें या जीपें गुजर जाती हैं। यहाँ के ताँगे खुले और चौड़े हैं। घोड़ों की टापें लोहे के पुल को देर तक गुंजाती रहती हैं। लेकिन पुल पार करनेवाले अपनी धुन में होते हैं, उन्हें इस गूँज का क्या पता चलता होगा? उनके लिए तो यह रोज की बात है। आसपास के गाँवों से आनेवाले ये लोग जो हर रोज इस पुल को पार करके एक-दूसरे देश में आते हैं और इस पुल से होकर हर रोज अपने देश को वापस लौटते हैं, गेट नम्बर दो और गेट नम्बर एक के बीच में फैले हुए बहुत बड़े अन्तर्राष्ट्रीय बाजार में कहाँ होते होंगे? खरीद-बिक्री के सामान को सरों पर लादकर या ठेलों में डालकर यहाँ से वहाँ पहुँचाते होंगे। या अधिक से अधिक, सड़क किनारे पटरियों पर छोटी-मोटी दुकानें लगाकर बैठते होंगे। किन्हीं को देखने से उनकी हैसियत का जो अनुमान होता है उस हिसाब से तो, इससे अधिक हैसियत वाले ये लोग नहीं दिखते।

इनमें से अधिकांश के सरों पर खजूर के बड़े-बड़े बर्मी हैट हैं। ये हैट उन्हें हमसे अलगाते हैं। और हमें भरोसा कराते हैं कि हम बर्मा में हैं जहाँ लोगों का पहरावा ओढ़ना हमसे अलग है। चीन या हिन्द-चीन, सिंगापुर या हांगकांग के चित्रों में या वहाँ की फिल्मों में जैसे लोग और जैसा उनका पहरावा ओढ़ना दिखता है, ये लोग उससे मिलते-जुलते दिखते हैं। पुरुष और स्त्रियाँ, दोनों के सरों पर बर्मी हैट है। स्त्रियों ने अपने गालों पर, लगभग आधे चेहरे पर चन्दन

का लेप कर रखा है। शायद यहाँ धूप अधिक पड़ती होगी और तीखी होती होगी। उससे बचने के ये उपाय होंगे।

भारत और म्यांमार के बीच एक फर्क एकदम से समझ में आया कि उधर से आनेवाले लोग दाहिनी पटरी पकड़कर आ रहे हैं। हमारे यहाँ बायें चलने का नियम है, लेकिन वहाँ दाहिने चलने का। मैनाल नदी के पुल पर इस नियम की भी अदला-बदली होती है।

लोहे का पुल पार करके हमने म्यांमार की सड़क पर पैर धरा। फिर पैदल चलकर हम एक देश से दूसरे देश में पहुँच गए? आश्चर्य! बिना वीजा, बिना पासपोर्ट के हम उस देश में चल-फिर रहे हैं फिर भी हमें कोई रोक नहीं रहा है? यह भरोसा करने के लिए हमने म्यांमार की सड़क पर थोड़ी दूर तक वैसे ही चलकर देखा। परीक्षण किया।

किसी ने रोका नहीं। पुल के इस सिरे पर म्यांमार की पुलिस चौकी है। यहाँ पेड़ों पर एक तख्ती लटकी हुई है। इस पर अंग्रेजी में लिखा हुआ है—'म्यांमार में आपका स्वागत है।'

जहाँ सैन्य प्रशासन हो, वहाँ स्वागत की यह भाषा? स्वागत की इस भाषा का फोटो लेकर मैंने इन ऐतिहासिक क्षणों की स्मृति को अपने पास सहेज लेना चाहा। लेकिन म्यांमार चौकी पर तैनात एक सैनिक ने रोक दिया। उसने कैमरे के सामने अपना हाथ अड़ा दिया और कहा—"नो फोटो।"

फिर उसने सामने, भारतीय सीमा की तरफ, जिधर से हम इधर आए हैं, उँगली दिखाकर कहा—"फोटो युअर साइड।"

मना करने के बाद उसने अफसोस जताया और 'सॉरी' भी कहा। लेकिन 'सॉरी' कहना उसे पसन्द नहीं आया, यह भी समझ में आया। मैं उसके लिए अफसोस जताना चाहता था कि तुम क्या जानो, कितनी पुरानी परम्पराओं से हम जुड़े हुए है? इतनी पुरानी, जितना कि इतिहास। इतिहास के उन दिनों में यहाँ, इस चौकी की कोई जगह नहीं थी, जहाँ खड़े होकर तुम उँगली दिखा रहे हो। मैं तो आज भी भारत का वह नक्शा बना सकता हूँ जो मैंने और मेरे समकालीनों ने अपने स्कूल के दिनों में बनाया है। इसमें बर्मा होता था, बर्मा से भी आगे जावा, सुमात्रा, बालि द्वीप होते थे। और तो और यहाँ पहुँचने के रास्ते भी हम बना सकते थे।

ये पुराने रास्ते आपस में नए सिरे से क्यों नहीं जुड़ सकते? प्रयोग के तौर पर की गई, मुक्त आवाजाही की इस व्यापारिक संधि को पारम्परिक मैत्री संधि तक पहुँचाने के लिए व्यापक दृष्टिकोण पर एक कार्यक्रम बनाया जा सकता है। इसका आधार यह हो कि गरम मसालों का पुराना जल मार्ग और चीन का ऐतिहासिक रेशम पथ फिर से खुल सके। इसके खुलने से, पंचशील के राजनीतिक समय के बाद, व्यापार आधारित राजनीति के इस युग में भारतीय उप महाद्वीप के लिए विश्व नेतृत्व का एक और अवसर बन सकता है। इन रास्तों के जरिए भारतीय उप महाद्वीप, सुदूर पूर्व के देशों का समूह और चीन आपस में जुड़ेंगे। तब यह पारम्परिक जिन्सों और इलेक्ट्रॉनिक उपकरणों की, सम्भवतः दुनिया की सबसे बड़ी साझा मंडी होगी। तीसरे विश्व का यह प्रस्तावित स्वरूप अमरीकी शस्त्र बाजार और योरोपीय औद्योगिक बाजार के बीच आर्थिक सत्ता सन्तुलन की निर्णायक भूमिका में होगा।

व्यापारिक जरूरतों के लिए हमें छोटे और सस्ते रास्ते तो चाहिए। इसलिए म्यांमार की तरह बांग्लादेश के साथ भी सरहदी दरवाजे खोलने की बातें चल रही हैं। लेकिन पता नहीं क्यों पुराने पारम्परिक और ऐतिहासिक मार्गों को फिर से आपस में जोड़कर एक व्यापारिक महापरिपथ विकसित करने जैसी कोई धारणा इसमें नजर नहीं आ रही है।

इस समय, नेपाल से लेकर बर्मा और बांग्लादेश तक फैला हुआ, हमारा पूर्वोत्तर सीमान्त मादक पदार्थों और अवैध हथियारों के परिवहन के लिए सबसे चालू रास्ता बना हुआ है। मोरेह से इम्फाल के रास्ते में पड़नेवाली सैनिक चौकियों पर, तलाशी के दौरान, चीन में बने हथियार अक्सर पकड़े जा रहे हैं। ये हथियार पाकिस्तान के भाड़े के आतंकियों के काम में आते हैं। खदेड़े जाने पर जब कभी पाक समर्थित आतंकवादी हथियार छोड़कर भागते हैं तब पता चलता है कि चीन में बने इन हथियारों के जरिए हमारे यहाँ खूनखराबा कराया जा रहा है और आतंक फैलाया जा रहा है। एक सीमा चौकी पर तैनात सैनिक से मैंने पूछा—"आखिर, इस तरह जगह-जगह सवारी बसों को रोक कर तलाशी लेने से क्या मिलता है?"

सैनिक को मेरा सवाल पसन्द नहीं आया। उसने मुझे अपनी अप्रसन्नता के साथ देखा और फिर कहा—"देखने में पढ़े-लिखे लगते हो। इतना भी नहीं

समझते कि इन रास्तों से ऐसा भी कुछ आता-जाता होगा, जो हमें नुकसान पहुँचानेवाला होगा और जिसे नहीं आना चाहिए?"

अब यह रास्ता मादक पदार्थों और चीनी हथियारों के अलावा नकली भारतीय नोटों (मुद्रा) को भारतीय बाजारों में पहुँचाने के लिए भी काम में लाया जा रहा है। मोरेह नाम्फालांग स्थित सरहदी दरवाजा मणिपुर राज्य के लिए आव्रजन की ऐसी समस्या पैदा करने जा रहा है जो, यहाँ की जनसंख्या का स्वरूप ही उलट-पुलट कर रख देगा। इस दरवाजे से होकर म्यांमार के सीमान्त पहाड़ी जिलों से विभिन्न जनजातियों के लोग मणिपुर में आ रहे हैं। लेकिन वापस, म्यांमार लौट नहीं रहे हैं। इन्हें पहचान कर अलगाया भी नहीं जा सकता, क्योंकि रूप-रंग, बोली-बानी और ओढ़ना पहरावा के आधार पर ये लोग स्थानीय जनजातियों के साथ एकदम घुल-मिल जाते हैं। यहाँ इनकी नाते रिश्तेदारियाँ भी हैं। और प्रशानिक तौर पर इस आव्रजन का कोई रिकॉर्ड नहीं रखा जा रहा है।

मैनाल नदी के पुल और गेट नम्बर दो के बीच बहुत दूरी नहीं है। सूर्यास्त से पहले वहाँ पहुँचा जा सकता है। ऑटो रिक्शा वाले ने बताया कि बाजार उठने में अभी समय है। एक झलक मिल सकती है। नाम्फालांग बाजार तक जाने के लिए और वहाँ से वापस लौटने के लिए गेट नम्बर एक और गेट नम्बर दो पर केवल अपने नाम और पते लिखवाने भर की कागजी कार्रवाई पूरी करनी पड़ती है। साथ में प्रति व्यक्ति 10 रुपये का टिकट। और इसमें कोई समय नहीं लगता। दस रुपये का यह टिकट एक औसत मध्यमवर्गीय भारतीय उपभोक्ता को एक बाजार में नहीं बल्कि सीधे एक जादुई संसार में प्रवेश दिलाता है जहाँ वह सब का सब उसके सामने सच में बिखरा हुआ होता है जो अब तक उसके सपनों में संचित रहा होगा। अब तक सपनों में संचित इन सामानों की यथार्थता को छूकर विश्वास किया जा सकता है। और मोल-भाव करके सपने की अदला-बदली (एक्सचेंज) अपनी जेब की सामर्थ्य से की जा सकती है।

यहाँ सबसे अधिक बर्मी महिलाएँ मिलेंगी। पूरे बाजार में इनका हिस्सा लगभग आधा होगा। बकाया आधे में नेपाली और भोटिया महिलाएँ शामिल हैं। सब-की-सब कुशल दुकानदार होती हैं। यहाँ जबर्दस्त मोल-भाव चलता

है। मुझे तो लगता है कि बाजारू मोल-भाव को यहाँ महिलाओं ने कलात्मकता के दर्जे तक पहुँचा दिया है। एक मोटे अनुमान के अनुसार भारत-म्यांमार अन्तर्राष्ट्रीय सीमा पर खुले इस बाजार में प्रतिदिन 50 करोड़ भारतीय रुपयों के मूल्य से भी अधिक की उपभोक्ता वस्तुओं और इलेक्ट्रॉनिक उपकरणों का कारोबार होता है।

नाम्फालांग का यह बाजार, जहाँ प्रतिदिन 50 करोड़ भारतीय रुपयों के मूल्य से भी अधिक का अनुमानित कारोबार होता है, टिन के अस्थायी शेड्स के नीचे छोटी-छोटी दुकानों वाले किसी बहुत बड़े सब्जी बाजार की तरह फैला हुआ है। दुकानें सामानों से ठसाठस भरी होती हैं। सुबह जब बाजार भरता है तब ये सब सामान बाहर निकालकर सजाए जाते हैं। शाम को जब बाजार उठता है तब अपनी-अपनी दुकानें बढ़ाकर ये सारी की सारी कुशल व्यापारी महिलाएँ कहाँ जाती होंगी, रात कहाँ रहती होंगी? नाम्फालांग में कोई बस्ती नहीं, कोई घर नहीं। यह एक बहुत बड़ा पड़ाव है, बस।

सरहद के उधर नाम्फालांग में और इधर, वापस मोरेह में दो अलग-अलग इतिहास बोध अपने भीतर बराबर स्पंदित होता रहता है। नाम्फालांग में सुदूर पूर्व के उन देशों की प्रतीति होती है, जिन्हें बर्मी चीनी समुदाय का कहा जा सकता है। कल्पना में किसी चीनी रेशम के सौदागार की प्रतीक्षा सी बनी हुई होती है, आहट सी होती रहती है, कि उधर से कोई पालकी आती होगी जिसमें से कोई चीनी सुन्दरी उतरेगी, जो मिंग राजवंश की कोई रानी होगी या कोई गणिका होगी, एक साथ सारा का सारा रेशम खरीद कर निकल जाएगी। बाजार एकबारगी सूना पड़ जाएगा। और रेशम का सौदागर?

मोरेह में, लगता है कि हम मध्य एशिया के किसी बहुत बड़े पड़ाव पर आ पहुँचे हैं। खास तौर पर, शाम के वक्त पूरी की पूरी बस्ती जैसे किसी जादू के जोर से, कारवांसराय की शक्ल में तब्दील हो गई हो। इन कारवांसरायों में दूर देशों के सौदागर आकर ठहरे हुए होंगे और इस समय रास्ते की थकान मिटा रहे होंगे। इन सौदागरों के दिल बहलाने के लिए, थोड़ी देर में यहाँ रक्स शुरू होने को है। इस गहमा-गहमी से अलग कोई एक अकेला ऐसा भी होगा जिसके पास अपनी बुलन्द आवाज होगी और वह किसी कोने में बैठा दर्द भरी धुन में कोई प्रेम गीत गा रहा होगा।

दोपहर के बाद मोरेह पहुँचनेवाली सवारी बसें यहाँ आकर ठहर जाती हैं। और इन बसों से उतरनेवाले यात्री सुबह के बाजार की प्रतीक्षा में किन्हीं-किन्हीं होटलों में टिक जाते हैं। तब यह बस्ती सचमुच का कारवांसराय हो जाती है। यहाँ सर्दी नहीं है। शुरुआती दिसम्बर के इस समय यहाँ का मौसम कुछ ऐसा है जैसा सर्दी के भरे-पूरे दिनों में समुद्र तट के किसी नगर में होता है। पैदल-पैदल घूमने का मन हुआ। जब से पूर्वोत्तर के पहाड़ों में आए हैं, शामें बन्द कमरों की अभिरक्षा में व्यतीत हुई हैं। कुछ, भारी सर्दी के कारण और कुछ, आतंकवादी गतिविधियों की आशंका में। यहाँ इतना बड़ा बाजार खुले में फैला हुआ है। सुरक्षा होगी तभी तो इतनी निश्चिन्तता है?

मोरेह चारों तरफ से पहाड़ियों से घिरी एक बस्ती है। पहाड़ी पर से देखने पर यह बस्ती, शाम के समय कितनी रहस्यमय दिखती है? सड़क के किनारे की पटरियों पर दोनों तरफ लगी हुई दुकानें जो यहाँ से दिखाई नहीं पड़ रही हैं उन दुकानों के सामने ढिबरियों और किरासिन लैम्पों और कन्दीलों की धुँधली-धुँधली रोशनियाँ हैं। यहाँ से देखने पर ये धुँधली रोशनियाँ हिलती-डुलती लग रही हैं। हिलती-डुलती सी लगनेवाली ये रोशनियाँ बस्ती की रहस्मयता को और भी सघन बना रही हैं। दिन भर की थकी हुई बस्ती इस समय आराम कर रही है। कल सुबह के बाजार के लिए व्यापारी और खरीदार, दोनों अपनी अपनी व्यूह रचना कर रहे होंगे।

मालूम हुआ कि सात बजे के बाद यहाँ भोजन कहीं नहीं मिलेगा। पूरा बाजार बन्द हो जाता है। जहाँ हमने भोजन किया, वह दो भाइयों का एक पंजाबी ढाबा है, जो अमृतसर से आकर यहाँ बस गए हैं। पहले छोटा भाई यहाँ आया था। तब यह सरहदी दरवाजा खुला नहीं था। फिर भी यह बहुत बड़ा बाजार था। और सरहद के उस पार से माल का आना-जाना होता था। उसने यहाँ एक मणिपुरी लड़की से विवाह कर लिया। और यहीं घर बसा लिया। अब उनके दो सुन्दर सुन्दर बच्चे हैं। फिर उसने अपने बड़े भाई को भी यहाँ बुला लिया।

पंजाबी ढाबे में उत्तरी भारत की रोटी-सब्जी का भोजन मिला। और सुबह के नाश्ते में आलू के पराँठे का वायदा भी। इसके साथ, उस पार जाने के और वहाँ खरीदी के व्यावहारिक नियम और सावधानियों के सूत्र भी। बताया गया कि उधर जाने से पहले हमें वहाँ खर्च करने के अनुमान से उतने भारतीय रुपयों

के बदले बर्मी रुपये यहाँ से ही ले लेने चाहिए। कहीं भी मिल जाएँगे। यह सस्ता पड़ेगा। दस भारतीय रुपयों के बदले हमें सत्तर बर्मी रुपये मिल जाएँगे। सुबह पाँच बजे चाय पीकर निकले तो परमिट, पास वगैरह बनवा कर आसानी से छह बजे तक गेट नम्बर दो के बाजार में पहुँच जाएँगे। अर्थात् म्यांमार में?

सुबह के इस वक्त यहाँ हल्की सी ठंडक है। सड़क किनारे की पटरियों पर जगह-जगह अलाव जलाकर लोग ताप रहे हैं। अलाव की राख को देखकर लगता है कि ये लोग सोए नहीं होंगे, रात भर अलाव तापते यहीं बैठे रहे होंगे और सुबह का रास्ता देखते रहे होंगे। ये मजदूर किस्म के लोग दिखते हैं। इनमें मणिपुरी और बर्मी, दोनों शामिल हैं।

अभी सूर्योदय नहीं हुआ है। सुबह का उजाला फैला हुआ है। बाजार की हलचल पूरी तरह चैतन्य हो चुकी है। पहाड़ों से उतरी हुई जनजातीय स्त्रियाँ जलाऊ लकड़ियाँ लेकर आई है। एक तरफ सड़क किनारे की पटरी में कोयले की दुकानें लगाकर बैठी हुई है। सर पर खजूर का बर्मी हैट पहने और गालों पर चन्दन का लेप की हुई बर्मी महिलाएँ भी बाजार की इस चैतन्य हलचल में शामिल हैं और गेट नम्बर दो तक पहुँचने की जल्दी में हैं। अचानक ध्यान आया कि हो न हो, ये करेन सुन्दरियाँ हों। अब इनका ओढ़ना पहरावा बदल गया है इसलिए मैं इन्हें पहचान नहीं सका? किसी से पूछ भी नहीं सकता। क्योंकि कोई मेरी बात को समझेगा नहीं।

उधर जाने के लिए परमिट बनवानेवाले लोगों की अच्छी भीड़ पुलिस थाने में जमा हो चुकी है। लेकिन कोई रुकावट नहीं आ रही है। सब कुछ सुव्यवस्थित रूप से चल रहा है। क्योंकि यह तो रोज की बात है। हर व्यक्ति अपनी दरख्वास्त खुद बना रहा है, रजिस्टर में खुद इन्दराज कर रहा है और प्रति व्यक्ति बीस रुपये नगद जमा कर रहा है। थानेवाले तो बस नाम लिखकर परमिट भर दिए जा रहे हैं जो सील सिक्के और दस्तखत के साथ पहले से तैयार रखा हुआ है। लेकिन यह सब कच्चा काम है। परमिट लेकर उधर जानेवाला कौन है, उधर जाकर वह वापस लौटा या नहीं, वहाँ उसके साथ क्या सलूक हुआ, यहाँ, पुलिस थाने में उसका कोई रिकॉर्ड नहीं रखा जा रहा है।

परमिट की जरूरत तामू जाने के लिए पड़ती है, जो इधर से जानेवालों के लिए म्यांमार की पहली बस्ती है। तामू का बाजार, गेट नम्बर दो के,

नाम्फालांग बाजार से बड़ा बताया जाता है। इस परमिट पर तामू से भी आगे, बर्मा में उतनी दूर तक जाया जा सकता है जहाँ से लौटकर सूर्यास्त से पहले भारतीय सीमा में वापस पहुँच सकें। गेट नम्बर दो के लिए इस परमिट की जरूरत नहीं पड़ती। बस, दस रुपये जमा करने पर गेट पास मिल जाता है।

अपने परमिट दिखाकर हम, गेट नम्बर दो पर, गेट पास के लिए प्रतीक्षा कर रहे थे तभी एक गड़बड़ी हो गई जो बिलकुल अनपेक्षित थी। गेट पास बनाने के बदले, चौकी पर तैनात अधिकारी ने डॉ. चन्द्रा के हाथ से हमारा परमिट ले लिया और हमें थोड़ी देर रुकने को कहा। हमने पूछा कि आखिर बात क्या है? इसके जवाब में दुहराया गया कि अभी रुकिए। फिर हमसे पूछा गया कि हम क्या करते हैं? डॉ. चन्द्रा ने बताया कि वे भारत में, नगालैंड विश्वविद्यालय में अंग्रेजी विभाग के अध्यक्ष हैं और मैं उनका मेहमान हूँ। तभी मुझे सुनाई पड़ा, जर्नलिस्ट।

कल जो सैनिक हमें मैनाल नदी के पुल पर म्यांमार की चौकी में मिला था और जिसने फोटो खींचने से मुझे मना कर दिया था, उसने मुझसे सम्बन्धित यह महत्त्वपूर्ण सूचना अपने अधिकारियों को दी, जर्नलिस्ट। मालूम नहीं वह कब से और कहाँ से हम पर नजर रखे हुए था और यहाँ कैसे आ पहुँचा? कल उसने मुझे फोटो उतारने से रोका था, आज हमें गेट नम्बर दो से आगे बढ़ने को रोक दिया। कल उसने अपनी इच्छा के विरुद्ध मुझसे, 'सॉरी' कहा था, यह उसका बदला था। एक जर्नलिस्ट की जानकारी देना और फिर उसे ठीक सरहद पर रोक देना, जरूर कोई शाबासी का काम होगा जो उसके सेवा विवरणों में प्रशंसा के तौर पर जोड़ा जाएगा?

दुनिया में जहाँ सैन्य प्रशासन होता है वहाँ पढ़ने-लिखने और चिन्तन करनेवालों से सावधानियाँ बरती जाती हैं, यह बात अब तक मेरी पढ़ी हुई या सुनी हुई थी। अब यह बात मेरे अपने साथ घटित हुए अनुभव की हो रही है।

चौकी पर तैनात सिपाहियों की आपस में, हमारे सम्बन्ध में बराबर बातें हो रही थीं। फोन पर उच्च अधिकारियों से भी बातें हो रही थीं। बात ऊपर तक पहुँचा दी गई थी, इसलिए अब निर्णय भी ऊपर से ही आना था। अब तक, ऊपर से भेजा हुआ, मझोली हैसियत का कोई अधिकारी वहाँ आ पहुँचा। उसने हमारे परमिट को नए सिरे से देखा। हमसे बात करने की कोई जरूरत

नहीं समझी जा रही थी। मैंने उन्हें एक आसान रास्ता सुझाया कि हमारे पुलिस थाना से पूछताछ करके देखें, जहाँ से यह परमिट जारी हुआ है और जिसके आधार पर गेट पास बनाए जाते हैं।

मझोली हैसियत के अधिकारी ने कहा कि वे लोग आपस में बातें कर रहे हैं और ऊपर से आनेवाले निर्णय की प्रतीक्षा कर रहे हैं। हम भी प्रतीक्षा करें। आखिर ऊपर से फोन आया और रास्ता इस तरह निकाला गया कि न तो परमिट को अमान्य किया जाए और न ही गेट पास जारी किया जाए। किया यह जाए कि एक सैनिक पहरे में हमें जाने दिया जाए। हमारे लिए यह, म्यांमार सैन्य प्रशासन की तरफ से दस रुपये प्रति व्यक्ति, प्रति गेट पास की छूट थी। यह छूट हमें लगभग बारह मानव घंटों का दाम देकर हासिल हुई। हम छह लोगों को लगभग दो घंटे तक गेट नम्बर दो पर रोका गया था क्योंकि हममें से एक व्यक्ति जर्नलिस्ट था।

नाम्फालांग से तामू के बीच दिन भर टैक्सियाँ चलती रहती हैं। ताँगे भी चलते हैं। लेकिन ताँगे कुछ महंगे पड़ते हैं। समय भी अधिक लेते हैं। लगभग घंटे भर। हमने महंगा और अधिक समय लगनेवाला रास्ता अपनाया। अपनी अभिरक्षा में हमें साथ ले चलनेवाले सैनिक ने हमारे इस फैसले को ठीक बताया कि कुछ देखना है तो यही ठीक होगा।

उसने हमें बाईं तरफ की ऊँची पहाड़ी को दिखाया। ऊँची पहाड़ी पर एक विशाल बौद्ध विहार है, जो आसमान पर लटकता हुआ दिखाई देता है। यह एक प्रसिद्ध बौद्ध मोनेस्ट्री है जिसे देखने के लिए दुनिया भर के पर्यटक यहाँ आते हैं और मनोकामनाएँ करते हैं। यह दर्शनीय है। सैनिक ने सुझाव दिया कि वापसी में हम यहाँ आ सकते है। उसने ही हमारे लिए ताँगे का किराया भी तय कर दिया। पचास बर्मी रुपये प्रति सवारी। लगभग घंटे भर की दूरी के लिए लगभग सात भारतीय रुपये प्रति व्यक्ति।

हमने यहाँ आने से पहले ही नोट बदल लिए थे और अपनी अनुमानित जरूरत के हिसाब से बर्मी रुपयों के नोट ले लिए थे। भारतीय रुपए के मुकाबले बर्मी रुपयों के नोट वजन में एकदम कागजी हैं और इनका कागज पतला है। दूर से देखने पर मौद्रिक नोट नहीं बल्कि माचिस की डिब्बियों पर चिपकाए जानेवाले रंगीन लेबल नजर आते हैं।

तामू पहुँचने के लिए एक ही रास्ता है, जो मैनाल नदी के पुल पर से होकर गुजरता है। लेकिन सड़कें दो हैं। कल हम भारतीय सड़क पर से होकर इस पुल तक पहुँचे थे। अभी म्यांमार की सड़क पर से होकर पुल पर पहुँच रहे हैं। दोनों सड़कें समानांतर चलती हैं। लेकिन दोनों का फर्क अलग से महसूस होता है। भारतीय सड़क मजबूत और चिकनी है। म्यांमार की सड़क जर्जर और ऊबड़-खाबड़ है। जिस रास्ते पर से होकर हम चल रहे हैं, मेरा जाना-पहचाना हुआ है। अपने स्कूल के दिनों में हमने भूगोल की अपनी कक्षाओं में जो नक्शे बनाए हैं उनमें बर्मा हुआ करता था। यह सड़क भी उस नक्शे में कहीं-न-कहीं रही होगी।

सच कहूँ? मुझे ऐसा लग रहा है, जैसे मैं उसी नक्शे से होकर गुजर रहा हूँ। शायद मेरा समय बोध नक्शे के उन दिनों में स्थिर होकर रह गया है। यह वार्धक्य का लक्षण है। इसे छिपाने के लिए मैं चुप मारकर रह गया।

मैनाल नदी पर लोहे का पुल है। लेकिन इस पुल से आगे वाले पहाड़ी रास्ते पर काठ के कई पुल पड़ते हैं जिन पर से होकर हम गुजरे। काठ के इन पुलों से गुजरना अपने समय से हटकर विगत में प्रवास करने जैसा लगता है। बर्मा की इस शीर्षांत बस्ती के रास्ते में आज भी पुराने जमाने के काठ के घर हैं जो किसी भी यात्री को, अनुभूति के धरातल पर पुराने जमाने के उन दिनों में पहुँचा देंगे जिन दिनों में ये मकान बने होंगे और लोगों ने इनमें रहना शुरू किया होगा।

तामू पुराने मकान और पारम्परिक बर्मी रहन-सहन वाली एक नई और समृद्ध बस्ती है। इस बस्ती तक पहुँचानेवाला रास्ता हरी-भरी पहाड़ियों के बीच से निकलता है और काठ के पुलों से होकर गुजरता है। रास्ते की हरियाली बस्ती में भी बनी हुई मिलती है। घरों के अहातों में फूल-पत्तियों वाले पौधे और सड़कों के किनारे छायादार पेड़ हैं। यह एक सुन्दर और सुव्यवस्थित बस्ती है। बस्ती के बीच से होकर बाजार का रास्ता है। बाजार बहुत बड़ा है ओर चारों तरफ दीवारों से घिरा हुआ है। नाम्फालांग से आनेवाले ताँगे यहीं रुकते हैं। टैक्सियों की जगह दूसरी तरफ है।

हमने ताँगा यहाँ छोड़ दिया। सैनिक ने यही सुझाया कि ताँगे के साथ बँधे रहने के बदले हम उसे छोड़ दें और पूरे इत्मीनान से बाजार में घूमें, खरीदी

करें। वापसी के लिए ताँगे वाले को दूसरी सवारी मिल जाएगी और हमें दूसरा ताँगा मिल जाएगा। सैनिक यहीं का रहनेवाला है। हमें छोड़कर वह अपने घर चला गया। उसने कहा कि जब हम बाजार से खरीदारी करके बाहर आएँगे तब हमें वह यहीं पर मिलेगा।

दुकानें अभी-अभी खुली दिखती हैं। सफाई, सजावट, पूजा-पाठ, छिड़काव का ताजापन अभी बना हुआ है। नाम्फालांग बाजार की तरह भीड़ यहाँ नहीं है। होती भी नहीं होगी। वहाँ के मुकाबले यहाँ कम ग्राहक आते हैं। वहाँ की तरह यहाँ मोल-भाव नहीं होता जिसे वहाँ की भोटिया, नेपाली और उनके साथ बर्मी महिला दुकानदारों ने कला की हद तक विकसित किया है। तामू को कुछ मंहगा लेकिन विश्वसनीय और स्टैंडर्ड का बाजार माना जाता है।

नाम्फालांग और तामू के बाजार में बहुत से और भी बुनियादी फर्क हैं। वह एक पड़ाव है, जो सूर्योदय के साथ पड़ता है और अंधियारा पड़ने से पहले उठ जाता है। अपनी प्रकृति में नाम्फालांग प्रवासियों का बाजार है—प्रवासी दुकानदार, प्रवासी खरीदार। तामू स्थानीय दुकानदारों का पारम्परिक बर्मी बाजार है। यह प्रवासी खरीदारों पर आश्रित नहीं बल्कि, इसकी मानसिक संरचना बर्मी-स्वदेशी है।

इस समय हमारी घड़ी में सुबह के आठ बजे हैं। लेकिन यहाँ की घड़ी के अनुसार नौ बज चुके हैं। भारत और म्यांमार की घड़ियों में एक घंटे का अन्तर है। पूर्व में सूर्योदय जल्दी होता है इसलिए म्यांमार की घड़ियाँ एक घंटा आगे चलती हैं। दो घड़ियों के समय में यह अन्तर हमारे लिए बड़ी अटपटी बात होगी, जब हम गेट नम्बर एक और दो के आमने-सामने होंगे। गेट नम्बर एक पर, जो भारतीय सीमा में है, जिस समय सुबह के छह बजे होंगे, ठीक उसी समय गेट नम्बर दो पर, जिधर से म्यांमार की सरहद शुरू होती है, सुबह के सात बजे होंगे। एक जगह, एक ही समय में, दो-दो समय मान हमारे सामने होंगे।

सामने से बौद्ध भिक्षुओं के एक दल ने अपने पूरे तामझाम के साथ बाजार में प्रवेश किया। सबसे आगे प्रमुख भिक्षु है जिसके हाथ में धर्म चक्र का यंत्र है। इस यंत्र को एक चक्कर घुमाने से 'ओम् म्हणे पद्मे हुम्' मंत्र की एक आवृत्ति अपने आप पूरी हो जाती है। हाथों में धूपदान लिए हुए दो

भिक्षु इसके पीछे हैं। ये भिक्षु धूपदान में हवा कर रहे हैं और प्रत्येक दुकान को धुआँ दे रहे हैं। बीच में भिक्षा पात्र लिए हुए एक वृद्ध भिक्षु। इससे भी पीछे एक अन्य भिक्षु। इसके हाथ में पीतल का एक घंटा है। भिक्षा मिलने के बाद घंटे पर टंकार देकर यह भिक्षु पवित्र ध्वनि उत्पन्न करता है। काषाय वस्त्रधारी ये बौद्ध भिक्षु प्रत्येक दुकान के सामने क्षण भर को ठहरते हैं और फिर भिक्षा ग्रहण करके अगली दुकान के लिए बढ़ जाते हैं। भिक्षा पात्र में बर्मी रुपयों के वही नोट, जो भारतीय रुपयों मुकाबले वजन में हल्के और पतले कागज पर छपे हैं और माचिस के रंगबिरंगे लेबलों की तरह दिखते हैं, लबालब भरे हुए हैं।

भाषा यहाँ एक समस्या है। न हिन्दी से ठीक तरह काम चलता है, न अंग्रेजी काम आती है। बर्मी उच्चारण में हिन्दी-अंग्रेजी की जैसे एक अजब लुगदी सी मुँह में बन जाती है जिसमें किसी भी बोली का अपना कुछ अलग से नहीं बच पाता और एक नई किस्म की भाषा अपने आप व्यवहार में आ जाती है, जिसमें अपनी और उनकी भाषा के साथ हमारे इशारे और अपनी-अपनी जरूरतों के दबाव भी शामिल हो जाते हैं। खरीदारी का सामान ग्राहक की जरूरत होती है इसलिए किसी-न-किसी तरह वह अपने मन्तव्य दुकानदार तक पहुँचा ही देता है। दाम वसूलने का दबाव दुकानदार पर होता है और इसमें उसकी तरफ से कोई गलती नहीं होती। यहाँ और नाम्फालांग में भी, दुकानदारों की तरफ से दो दाम एक साथ बताए जाते हैं—बर्मी रुपी और इंडियन रूपी में। और इसे समझाने, समझने में न दुकानदार को कोई दिक्कत आती, न खरीदार को।

बर्मा के बाजार में, उनके अपने देश का नया नाम, म्यांमार अभी तक चलन में नहीं आया है। भारतीय सरहद के पार, म्यांमार की इस शीर्षांत बस्ती में भारत को इंडिया कहा जाता है, जो भारत बर्मा विभाजन के साथ अंग्रेजों ने दिया होगा?

यह बाजार कोरिया, चीन, ताइवान, इंडोनेशिया, हांगकांग से लेकर जापान तक की उपभोक्ता सामग्री और इलेक्ट्रॉनिक उपकरणों और तरह-तरह के कपड़ों से भरा हुआ है। क्या ये सारे देश, जो समुद्री परिवहन मार्ग से एक-दूसरे से सीधे जुड़े हुए हैं और एक भौगोलिक समूह के देश हैं, आपस में मिलकर एक बाजार महासंघ बनाने की दिशा में अग्रसर हो रहे हैं? इसमें भारत कहाँ होगा,

भारत की अपनी व्यापार नीति की दिशा क्या होगी ओर इस बाजार महासंघ में किसी एक देश की मुद्रा का वर्चस्व होगा अथवा यहाँ भी योरोपीय संघ की तरह किसी संयुक्त मुद्रा प्रणाली के विकसित होने की सम्भावना बन रही है?

दुकानों के सामने पटरियों पर चीनी रेशम के कपड़ों की ढेरियाँ लगी हुई हैं। रेशम का कपड़ा तराजू पर तौल कर बिक रहा है। यह दृश्य मन में एक सदिच्छापूर्ण आशा जगाता है कि शायद ऐतिहासिक रेशम पथ के फिर खुलने के रास्ते बन रहे हैं। अब, पहले की तरह, इस रास्ते से होकर रेशम के सौदागर चीन से आएँगे। और एक जिज्ञासा भी मन में होती है कि अब जब वहाँ के यात्री इस रास्ते से वापस लौटेंगे तो अपने यात्रा संस्मरण में क्या लिखेंगे?

इस भरे-पूरे बाजार में भारतीय साड़ियों की एक भी दुकान नहीं है। नाम्फालांग का लगभग पूरा बाजार आधुनिक वेशभूषा वाली युवतियों के नियंत्रण में है जो जीन्स, टी शर्ट्स, जैकेट्स और नाइके या एडिडास के स्पोर्ट्स वाले जूते पहन कर रहती हैं। वहाँ बर्मी युवतियाँ भी यही पहनती हैं। सच तो यह है कि पोशाकों से या देखने-सुनने से वहाँ बर्मी युवतियों को, उनके गालों पर चन्दन के लेप के अतिरिक्त अलग से पहचाना ही नहीं जा सकता। तामू के इस बाजार में बर्मी महिलाओं को अपनी पारम्परिक वेशभूषा में और स्थानीयता की पूरी गरिमा के साथ देखा जा सकता है। सुन्दर, रंगबिरंगी लुंगी को लपेटने के उनके तरीके में पता नहीं कैसी कलात्मकता है कि एक आक्रामक उद्दीपन संचारित होने लगता है। इंडोनेशियाई महिलाओं के लुंगी पहनने में जैसा आक्रामक उद्दीपन होता है, यह वैसा ही है। जैसे असम में अंडी की चादरों के दाम जोड़े में बताए जाते हैं, यहाँ भी वैसे ही बर्मी लुंगियों के दाम भी जोड़ी में बताए जाते हैं।

बर्मा में रंगबिरंगी छतरियों का खूब चलन है। कामकाजी महिलाएँ तो खजूर के बर्मी हैट पहन कर रहती हैं। लेकिन भद्रलोक की महिलाएँ छतरियों की छाया करके सड़क पर निकलती हैं। शायद, यहाँ गर्मी अधिक पड़ती है और धूप तीखी होती है। धूप से बचने का यह एक उपाय होगा। बर्मी छतरियाँ इतनी मोहक और लुभावनी होती हैं कि खरीदने को मन अकुलाने लगे। अपने साथ ले जाने के लिए रंगीन बर्मी छतरी और सुन्दर बर्मी लुंगियाँ यहाँ की अच्छी निशानी हो सकती हैं लेकिन निशानी के लिए कहीं, कोई तो हो? बिना

उसके, मन की इस आवारगी का क्या मतलब निकलता हैं? हाँ, अपने लिए एक टिकाऊ किस्म की चीनी जैकेट मिल जाए तो ऐसे कच्चे-पक्के सफर में काम आएगी।

एक जैकेट दिखी जरूर, लेकिन दुकान पर कोई नहीं दिखी जिससे पूछताछ की जा सके। लौटने को हुआ तो एक युवती ने आवाज देकर बुलाया। यह, उसकी दुकान थी। उसकी गोद में उसका बच्चा था और बाहर बैठी हुई वह, अपने बच्चे को दूध पिला रही थी। वह उठकर दुकान में आई और उसने जैकेट खोलकर मुझे दिखाया। फिर दाम बताया। मैंने मोल-भाव किया तो उसने मना कर दिया। मोल-भाव वहाँ, गेट नम्बर दो में, यहाँ मोल-भाव नहीं। मैं आगे बढ़ गया कि जाते हुए अपने ग्राहक को आवाज देकर वह वापस बुलाएगी।

उसने मुझे वापस नहीं बुलाया। लेकिन जिस जैकेट पर मेरा मन आ गया था, वह मुझे बुला रही थी। मुझे ही लौटना पड़ा और उसके बताए दाम पर वह जैकेट खरीदनी पड़ी। उसका बच्चा अभी तक उसकी छाती के साथ चिपका हुआ था और दूध पी रहा था। इतनी देर में उसने बच्चे का सर इधर से उधर करके दूसरा स्तन उसके मुँह में दे दिया था। जिन बच्चों के हिस्से में माँ का दूध नहीं आता, वे कैसे बड़े होते होंगे? शायद, ऐसे बच्चों के लिए ही एल्विस प्रिस्ले ने गाया होगा—'सम टाइम, सम टाइम आई फील लाइक अ मदरलेस चाइल्ड...' (कभी-कभी मुझे लगता है, मैं हूँ एक शिशु मातृविहीन।)

बाजार से बाहर वह सैनिक, जो रास्ते में हमारा दोस्त बन चुका था और अब यहाँ हमारा गाइड भी था क्योंकि यहाँ उसका घर है और वह यहाँ का जानकार है, हमारी प्रतीक्षा कर रहा था। इतनी देर में वह अपने घर से होकर वापस आ गया था। वापसी के लिए दूसरा ताँगा आसानी से मिल गया। आए थे तब हमने पचास बर्मी रुपए प्रति व्यक्ति के हिसाब से दिए थे। वापस हो रहे हैं तो सत्तर बर्मी रुपए प्रति व्यक्ति के हिसाब से देना होगा। वापसी में बौद्ध विहार जुड़ गया है। अभी बस्ती का एक चक्कर भी लगाएँगे। इसमें समय अधिक लगेगा।

ताँगेवाला चौदह वर्ष से भी कम उम्र का बच्चा सा दिखता है। लेकिन अपने काम में कुशल और व्यवहार में होशियार है। शायद, म्यांमार में बाल श्रम पर प्रतिबंध नहीं होगा। तभी, यह बच्चा ताँगा चला पा रहा है और अपने

घर-परिवार के लिए कमाई कर रहा है।

हँसती, मुस्कुराती और चमकदार आँखों वाले इस लड़के ने हल्के कत्थई-भूरे रंग की ऊँची टोपी पहन रखी है और एक कथा पात्र की तरह दिखता है। संतुष्ट दिखने और आनंदित रहनेवाला यह लड़का जैसे-जैसे बड़ा होगा, उसकी आँखों के दोनों किनारों पर धारियाँ पड़ती जाएँगी। हँसते रहनेवाले लोगों के चेहरों पर ऐसी धारियाँ पड़ जाया करती हैं। इस कथा पात्र पर टॉमस हार्डी के उपन्यास 'फॉर फ्रॉम द मेडिंग क्राउड' के कोचवान गैब्रिएल ओक की गहरी छाया पड़ती हुई सी है। वह भी, एक, हँसते रहनेवाला कथा पात्र है और इस कारण उसकी आँखों के दोनों किनारों पर धारियाँ पड़ गई हैं। उसका नाम हैन्चर्ड है अथवा गैब्रिएल ओक अथवा कुछ और? अभी ठीक-ठीक याद नहीं आ रहा। ताँगेवाले से मैंने उसका नाम पूछा। लेकिन वह समझा नहीं। क्योंकि वह मेरी भाषा नहीं समझता। तब सैनिक ने, एक कागज पर अंग्रेजी में लिखकर मुझे उसका नाम बताया—म्यो विन मिंग।

यहाँ किसी पारम्परिक बर्मी रेस्तराँ में बैठकरचाय पीना अभी बाकी है। वहाँ जाकर बताने को होगा। जैसे अरब देशों के कहवाघर या जापान में चाय पीने का पुरातन, पारम्परिक तरीका, वैसे ही यहाँ बैठकर चाय पीना भी किसी-न-किसी किस्म के एकदम अलग अनुभव से जुड़ी बात होगी। देखने में, यहाँ के रेस्तराँ किसी चीनी पारम्परिक होटल जैसे दिखते हैं। बाँस की ढलवां छतें नीचे पहुँचकर एक कलात्मक वक्र में ऊपर की तरफ वापस मुड़ जाती हैं। ढलवां छतों वाले इन रेस्तराओं में गाढ़े लाल, पीले और हरे रंगों की सजावट इस तरह है कि ये रेस्तराँ किसी चीनी बस्ती के रंगीन चित्र नजर आ रहे हैं। हिन्दी और अंग्रेजी फिल्मों के, और खास तौर पर चीनी मार्शल आर्ट वाली फिल्मों के सौजन्य से हम ऐसी चीनी बस्तियों को तुरन्त पहचान सकते हैं।

रेस्तराँ खूब खुला सा है, भीतर और बाहर, दोनों तरफ अहाते निकले हुए हैं। अहातों में सफाई है। शान्ति है। बैठने के लिए बाँस की कुर्सियाँ और मेजें है। भाषा की समस्या यहाँ बनी हुई है। फिर भी, मेरा अनुमान है कि चाय कॉफी तो समझ में आती ही होगी।

चाय के साथ कुछ खाने को मिल जाता तो वह भी इस बर्मी बस्ती की याद से जुड़ जाता। इतनी देर में थोड़ी भूख भी लग आई है। रेस्तराँ के मालिक

या मैनेजर ने अपने से ही, प्लेट्स में कुछ रखकर हमारी मेजों पर पहुँचवा दिया। यह, किसी बड़ी पाव रोटी को लम्बे टुकड़ों में काटकर बनाया गया कोई रोल है जो एकदम ताजा है और शायद अभी-अभी नानबाई के यहाँ से लाया गया है। हमने पूछा—वेज या नानवेज? मालिक ने या मैनेजर ने, जो भी हो, वेज पर 'हाँ' में और 'नानवेज' पर 'ना' में सर हिलाया।

हमारी मेजों पर बिना कानों वाले छोटे-छोटे प्याले और कॉफी परकोलेटर की तरह के दो-तीन पात्र रख दिए गए। इनमें पीले रंग का कोई घोल है। मैंने अनुमान किया कि यहाँ इसी तरह की चाय पीने का रिवाज होगा। पीकर देखा तो घोल में न कोई स्वाद मिला, न कोई खुशबू मिली जिससे कुछ समझ में आए। बस, गरम पानी है। म्यो विन मिंग इस बेस्वाद घोल को स्वाद लेकर पी रहा है वह भी हमारे साथ शामिल है। मैंने उससे पूछा—चाय, कॉफी? लेकिन उसने न चाय पर सर हिलाया, न कॉफी पर। फिर मैंने आँखों के सहारे पूछा कि आखिर यह क्या है? म्यो विन मिंग आराम से बैठा, पीले घोल की चुस्की लेता रहा और उसकी आँखें निर्लिप्त भाव से मुस्कराती रहीं। तब तक बोन चाइना के प्यालों में गरम-गरम कॉफी हमारे सामने आ गई। अब समझ में आया कि, यहाँ चाय या कॉफी से पहले, आराम से, इस घोल की चुस्की लेने का रिवाज है।

बस्ती में एक जगह 'इंडो बर्मीज फ्रेंडशिप सोसाइटी' का साइन बोर्ड लगा दिखा। मन हुआ कि यहाँ रुक कर देखें। कुछ लोगों से मुलाकात हो जाएगी। शायद, दोस्ती की कोई नई बात भी शुरू हो जाए। लेकिन सैनिक ने बताया कि यह एक साइन बोर्ड भर है। वहाँ एक कमरा है, जिस पर ताला पड़ा रहता है। फ्रेंडशिप सोसाइटी में कोई नहीं मिलता।

तामू में बौद्ध विहार भी है और विशाल गिरजाघर भी है। बौद्ध विहार को देखने के लिए तो दुनिया भर से, पर्यटक आते हैं। लेकिन ये पर्यटक गिरजाघर को देखने के लिए नहीं जाते। बौद्ध विहार एक सुन्दर हरी-भरी पहाड़ी पर है। पहाड़ी पर भगवान बुद्ध की एक विशाल प्रतिमा नीले आकाश के नीचे अविचल खड़ी दूर तक देख रही है, दूर से दिखाई पड़ रही है। यहाँ मनोकामनाएँ की जाती हैं। मनोकामनाएँ पूरी होती हैं या नहीं, क्या मालूम?

इस विहार में भगवान बुद्ध की, विभिन्न मुद्राओं में सात प्रतिमाएँ हैं। इनमें

से प्रत्येक मुद्रा सप्ताह के प्रत्येक दिन के लिए निर्दिष्ट है। यहाँ पहुँचनेवाले श्रद्धालुजन अपने जन्मदिन के लिए निर्दिष्ट मुद्रा वाले बुद्ध के सामने अपनी मनोकामना करते हैं। मैंने बुधवार के लिए निर्दिष्ट बुद्ध प्रतिमा के समक्ष शीश नवाया। लेकिन मनोकामना में भ्रमित हो गया। अपूर्ण कामनाओं की मेरी सूची लम्बी है। तुरत-फुरत मैं अपनी प्राथमिकताएँ निर्धारित नहीं कर पाया। इसलिए मेरा मन आशंकित है कि मेरी मनोकामना वृथा हो गई होगी।

पहाड़ी पर जहाँ भगवान बुद्ध खड़े हैं वहाँ से नीचे देखने पर ऊचे, नुकीले शिखरों वाला गिरजाघर दिखाई देता है। यह एक पुरानी और ऐतिहासिक इमारत है। देखने से लगता है कि अब यहाँ पूजा-पाठ नहीं होता। इस इमारत के साथ विशाल प्रांगण है। इस विशाल प्रागंण में बर्मी सैनिकों की कवायद हो रही थी। बाहर सैनिकों की कवायद हो रही थी इसलिए भीतर जाकर हम गिरजा घर को नहीं देख पाये। वैसे ही लौटना पड़ा।

बर्मी सैनिकों की वर्दी का रंग गहरा नीला है। हरी-भरी पहाड़ी पर नीले आकाश के नीचे अविचल खड़े भगवान बुद्ध को गहरी नीली वर्दी वाले सैनिकों की कवायद वहाँ से दिख रही होगी। इन सैनिकों के बूटों की धमक, गिरजाघर के भीतर प्रभु यीशु मसीह के दिल को भी दहला रही होगी।

"यहाँ से रंगून कितनी दूर होगा?" अपने साथ वाले सैनिक दोस्त से हमने पूछताछ की। रंगून का नाम बदलकर अब याँगून हो गया है। फिर भी सैनिक ने समझ लिया और बताया, "दो सौ किलोमीटर।"

फिर उसने संशोधन किया—"शायद, तीन सौ किलोमीटर।"

एक सैनिक ठीक से अनुमान नहीं लगा पा रहा था कि उसके अपने देश की राजधानी यहाँ से कितनी दूर होगी? मैंने उसके ही अनुमान से एक मध्य मान (मीन) निकालना ठीक समझा—"डेढ़ सौ किलोमीटर?"

इस पर उसने "हाँ" कहा। लेकिन मैं स्वयं अलग से हिसाब में उलझ गया। रंगून में आंग सान सूची का घर है। क्या वह घर यहाँ से इतनी दूरी पर है कि वहाँ तक जाकर सूर्यास्त से पहले भारतीय सीमा में वापस पहुँच सकते हैं? लेकिन उस घर के बारे में इस सैनिक से कोई बात नहीं की जा सकती। जहाँ वह घर होगा, वहाँ से यह नापा जा सकेगा कि म्यांमार में लोकतंत्र की बहाली का रास्ता कितनी दूर पर है?

यहाँ से मांडले कितनी दूर होगा जहाँ, अंग्रेजों ने आखिर मुगल बादशाह बहादुर शाह जफर को, उससे दिल्ली छीनकर, कैद में डाल दिया था? हो सकता है, उस कैदखाने में आज भी उस शायर बादशाह की शायरी रंज और मायूसी के तरन्नुम में गूँज रही हो—

दो गज जमीं भी न मिली,
कूए यार में...

क्या वहाँ तक जाकर सूर्यास्त से पहले भारतीय सीमा में वापस पहुँच सकते हैं?

म्यांमार की जमीन के इस आखिरी छोर पर जो राजधानी याँगून से और रंगून के उस कैदखाने से नामालूम कितनी दूर पर है, पैर धरते ही यह मेरा मन कहाँ-कहाँ नहीं पहुँचना चाह रहा है? यह सब बेवजह के नाते-रिश्ते जोड़ने का प्रपंच है। जिनका कहीं, कोई अपना नहीं होता उनके साथ ऐसा बहुत कुछ होता है। ऐसे लोगों का मन जमीन, पेड़-पहाड़-नदियों, और तो और इतिहास के पात्र और पात्रों और चरित्रों के साथ के साथ भी नाते जोड़ने लगता है। दुबारा लौटने के लिए हवा में भी घर ढूंढ़ता, नाम-पते दर्ज करता चलता है। फिर भी मैं अपने मन को दोष नहीं देता।

नगालैंड

इस बार सांताक्लाज

आतंक का स्वयं अनुभव किए बिना इस शब्द के अर्थ को और इसके मनोवैज्ञानिक दबाव को नहीं समझा जा सकता। और जब इसका सम्बन्ध सामाजिक सन्दर्भ से हो, तब तो बिलकुल भी नहीं। नगालैंड इस अर्थ को उसका पूरा विस्तार देता है। नगालैंड की ऐतिहासिक पृष्ठभूमि इसे सघन बनाती है। नगा एक योद्धा जनजाति रही है। इनके यहाँ नरमुंडों के शिकार को पुरुषों के शौर्य के साथ जोड़कर देखा जाता था। क्या, नरमुंडो के शिकार की यह शौर्य परम्परा नगालैंड में कभी स्थगित हो सकी? मंगलवार, 30 नवम्बर, 1999 को, अपराह्न लगभग 4.30 बजे, नगालैंड की राजधानी कोहिमा से लगभग 12-15 किलोमीटर इधर, टूटी हुई पहाड़ी सडक पर, इस प्रश्न से मेरा सीधा आमना-सामना हुआ।

सामने सड़क टूटी हुई थी और नीचे गहरी खाई थी। टैक्सी से बाहर देखा तो पैरों में कँपकँपी महसूस हुई। खाई की अतल गहराई को देखकर या वहाँ की तीखी पहाड़ी सर्दी की वजह से या फिर उस घटना स्थल के साक्ष्य से, जहाँ अभी से कुल जमा 24 घंटे पहले इस राज्य के मुख्यमंत्री ए.सी. जमीर के प्राण को घात लगी थी? यह सब, कुछ इस तरह घुला-मिला था कि उस

समय ठीक-ठीक समझ पाना मुश्किल था। वैसे, ऊँचाइयों पर मुझे ऐसा भय नहीं होता कि नीचे देखने से पैर कँपकँपाने लगें। हाँ हवा जरूर तीखी हो चुकी थी और शरीर को भेद रही थी। दिमापुर में सर्दी का पता नहीं है। लेकिन वहाँ समझ में आ चुका था कि आगे का रास्ता कैसा होगा?

दिमापुर नगालैंड का प्रवेश द्वार है। बाहरी लोगों को नगालैंड में प्रवेश के लिए 'इनर लाइन परमिट' की जरूरत पड़ती है। बाहरी से आशय विदेशी से नहीं बल्कि उन भारतीयों से है जो नगालैंड के निवासी नहीं है। इसलिए यहाँ रुक कर सुबह की प्रतीक्षा करनी थी और इनर लाइन परमिट बनवा कर शाम से पहले कोहिमा पहुँच जाना भी जरूरी था। अँधेरा पड़ने के बाद नगालैंड का प्रसार असुरक्षित हो उठता है। इसके बाद भी, ट्रेनों के यहाँ पहुँचने के समय कुछ ऐसे अटपटे हैं कि देर रात के पहले आदमी पहुँच ही नहीं सकता। बाकी की रात रेलवे स्टेशन पर दुबकी और सहमी हुई व्यतीत होती है।

कामरूप एक्सप्रेस गुवाहाटी से रवाना हुई तब सब दिख रहा था। शुरुआती रात में वह पौराणिक नगर प्राग्ज्योतिषपुर बिजली की रोशनी से जगमग था। थोड़ी दूर तक वह दिखता रहा और फिर अँधेरा छाने लगा। पूर्वोत्तर की पहाड़ियों को ढाँकनेवाले आकाश से जो गाढ़ा घना काला रंग टपकता है, उसी का गहरा अँधेरा। बाहर का कुछ भी दिखना धीरे-धीरे बन्द होता गया। ट्रेन बीहड़ अँधेरे में दौड़ रही थी, और डिब्बे क्रमशः स्तब्ध होते चले जा रहे थे। रास्ते के स्टेशनों से बैठनेवाले यात्री कपड़ों से कुछ इस तरह ढके-मुंदे थे कि बस कपड़े ही दिखाई पड़ रहे थे, कपड़ा पहनने ओढ़नेवाले लोग नहीं। उनके कपड़े और हमारे कपड़े हमें एक-दूसरे से अलगा रहे थे। इस अलगाव ने हमें अल्पसंख्यता में ला दिया। हमारे साथ दो बिहारी साथी, एक मुस्लिम और एक युवा व्यापारी था, जिसका परिवार एक पीढ़ी पहले हरियाणा से आकर नगालैंड में बस गया था। इस युवा व्यापारी की अपनी व्यथा है कि उन लोगों को यहाँ आए एक पीढ़ी गुजर गई फिर भी वे बाहरी के बाहरी हैं। और नगालैंड में जैसे हालात हैं, उसमें उनकी अगली पीढ़ी भी बाहरी ही मानी जाएगी।

बाहर सर्दी थी और भीतर निर्वासन। नगालैंड में क्या-क्या खतरे हो सकते

हैं, और उनसे बचने के लिए क्या-क्या सावधानियाँ बरतनी चाहिए, इस पर आपबीती और परबीती कहानियाँ शुरू हो गईं। इससे पहले ऐसी कहानियाँ जो सुननेवाले को आतंकित करती हैं, मैंने मध्य प्रदेश और गुजरात के सीमावर्ती झाबुआ जिले के अलिराजपुर में सुनी थी। वहाँ, 16 किलोमीटर का एक ऐसा खतरे का घेरा बताया जाता है जिसमें, किसी भी दिशा से चलाया हुआ भीलों का बाण आकर आपको भेद सकता है। इसके लिए किसी दुश्मनी, किसी कारण का होना जरूरी नहीं होता। बस, आपका वहाँ होना ही आपके लिए प्राणघातक हो सकता है, दंड का कारण बन सकता है।

इन कहानियों का असर सहमानेवाला था। ऊपर से बिहारी साथियों ने चेताया कि लामडिंग से आगे खतरा और बढ़ जाता है। थोड़ा सावधान रहना होगा। अलिराजपुर में खतरे का घेरा 16 किलोमीटर का है और भीलों के बाणों से जुड़ा हुआ है। उससे बचकर निकलने के रास्ते निकाले जा सकते हैं। लेकिन, यहाँ खतरा क्रमशः गहराता जाता है और हम नहीं जानते कि वह कहाँ से और किस रूप में हो सकता है। इसलिए उसका आतंक हमारे भीतर क्रमशः बींधता चला जाता है। डॉ. चन्द्रा ने भी अपने पत्रों में यही चेतावनी दी थी कि दिमापुर पहुँचने के बाद हम, रात में किसी भी सूरत में, रेलवे स्टेशन से बाहर न आएँ।

छत्तीसगढ़ के डॉ. एन.डी.आर. चन्द्रा नगालैंड विश्वविद्यालय में अंग्रेजी विभाग के अध्यक्ष है। उनके ही आमंत्रण पर मैं कोहिमा जा रहा हूँ। वहाँ, विश्वविद्यालय में, मुझे उनके विभाग में व्याख्यान देना है। कामरूप एक्सप्रेस आधी रात को दिमापुर पहुँची। तब तक आतंक पूरी तरह व्याप चुका था। आतंक हमारे भीतर था और आतंक बाहर भी था। हमारे वश में केवल सुबह की प्रतीक्षा थी।

दिमापुर एक व्यापारिक बस्ती है। इस बस्ती में घूमते हुए, पता नहीं क्यों, ऐसा लगता है कि हम नेपाल की किसी व्यापारिक बस्ती में घूम रहे हैं। एक नजर में देखने पर ऐसा लगता है कि इसके व्यापार पर मारवाड़ियों का नियंत्रण है, जैसा गुवाहाटी में भी लगता है। नेपाल और बर्मा के रास्ते से होकर आनेवाले चीन, जापान, ताइवान, हांगकांग, कोरिया, इंडोनेशिया आदि देशों की उपभोक्ता वस्तुओं और इलेक्ट्रॉनिक उपकरणों के लिए दिमापुर पूर्वोत्तर भारत की सबसे बड़ी और सबसे सस्ती मंडी है। लेकिन आतंकवादी गतिविधियों

के भय से यह मंडी शाम 5 बजे से पहले बन्द हो जाती है। और फिर, बस्ती साँस रोक कर पड़ जाती है।

अपने देश में हम कितने पराए और स्वयं के प्रति कितने सन्दिग्ध हो सकते हैं, इस अनुभव से होकर गुजरने के लिए पूर्वोत्तर भारत के इस हिस्से की यात्रा और इस यात्रा को सम्पन्न करने के लिए इनर लाइन परमिट हासिल करना एक पूरा पाठ्यक्रम है।

मेरी योजना थी कि सुबह, जितनी जल्दी हो सकेगा, यहाँ के जिला कलेक्टर से मिलकर इनर लाइन परमिट हासिल कर लूँगा और कोहिमा के लिए निकल पड़ूँगा। या, हो सकता है कि मुझे इसकी जरूरत ही न पड़े। मैं मध्य प्रदेश का, एक राज्यस्तरीय अधिमान्य पत्रकार हूँ। मेरा परिचय-पत्र मेरे पर्स में सुरक्षित है। और यह एक बड़ी ताकत है। लेकिन, जिला कलेक्टर दिमापुर में नहीं थे। कल, 29 नवम्बर को कोहिमा के पास, मुख्यमंत्री पर प्राणघातक हमला हुआ था। सुरंगी बारूद लगाकर मुख्यमंत्री के काफिले को उड़ाने की कोशिश की गई। मुख्यमंत्री बच गए। लेकिन, अब पूरे राज्य में 'अलर्ट' है। यहाँ के कलेक्टर इसी सिलसिले में कहीं गए हुए हैं। इनर लाइन परमिट जारी करने का जिम्मा यहाँ के एस.डी.ओ. (सिविल) का है। उनके दफ्तर जाना पड़ेगा।

एक स्थानीय नगा युवक ने हमें एस.डी.ओ. के दफ्तर तक पहुँचा दिया और वहाँ, एक काम के आदमी से मिला भी दिया। उसके साथ नगामी में बात करके उसने हमें अंग्रेजी में समझा दिया कि यह काम का आदमी है। काम का यह आदमी एस.डी.ओ. (सिविल) का चपरासी है। चपरासी ने अपनी जेब से पर्स बाहर निकाला। पर्स में इनर लाइन परमिट के छपे हुए आवेदन-पत्र हैं। किन्हीं अन्य लोगों के नामों से, पहले से बने हुए परमिट भी हैं। उसने, हम दो व्यक्तियों के परमिट के लिए, हमसे 30 रुपये माँगे। बीस रुपये परमिट के और 10 रुपये आवेदन-पत्र के। उसने दो रास्ते सुझाए। बने हुए परमिट पर, किसी अन्य का नाम काट कर, वह हमारे नाम पर कर सकता है। या फिर हम आवेदन-पत्र भर कर दे दें और रास्ता देखें। परमिट आज भी बन सकता है, और इसमें एक दो दिनों का समय भी लग सकता है। मैंने आवेदन-पत्र भरकर देना उचित समझा। मुझे विश्वास है कि अपना परिचय-पत्र दिखाने के

बाद कोई असुविधा नहीं होगी। देर भी नहीं लगेगी।

लेकिन मेरा विश्वास, मेरे काम नहीं आया। एस.डी.ओ. को मेरे परिचय-पत्र से कुछ भी समझ में नहीं आया। मध्यप्रदेश सरकार द्वारा जारी किया गया यह परिचय-पत्र हिन्दी में है और नगालैंड की सरकार हिन्दी नहीं जानती। दिमापुर में इनर लाइन परमिट हासिल करना, पाकिस्तान के लिए वीजा हासिल करने से कम नहीं। या, शायद उससे कुछ अधिक ही होगा। पाकिस्तानी वीजा के आवदेकों की भीड़ और उनकी बदहवासी को मैंने, दिल्ली में पाकिस्तानी दूतावास में देखा है। दिमापुर में, इनर लाइन परमिट हासिल करने की जटिल प्रक्रिया से होकर गुजर रहा हूँ और इसके त्रास का अनुभव कर रहा हूँ। इस जटिल प्रक्रिया ने कुछ लोगों के लिए रोजगार के सहायक अवसर उपलब्ध करा दिये हैं। कामरूप एक्सप्रेस में मिले युवा हरियाणवी व्यापारी ने इसकी भी जानकारी दी थी। यहाँ, रोजाना 100 से भी अधिक इनर लाइन परमिटों के लिए आवेदन किए जाते हैं। इनके आवेदक प्राय: पूर्वोत्तर के ही जनजातीय लोग होते हैं अथवा नेपाल, भूटान के लोग या फिर बांग्लादेश से आकर बस गए शरणार्थी। इनके लिए आवेदन-पत्र भरने का और परमिट बनवा कर देने का धंधा यहाँ वैसे ही चल पड़ा है जैसे आर.टी.ओ. दलाल लाइसेंस और परमिट बनवाने का अपना धंधा चलाते हैं। लेकिन, मुझे अपने परिचय-पत्र की ताकत पर भरोसा था। वह ताकत यहाँ किसी काम नहीं आई। कल मुख्यमंत्री पर प्राणघातक हमला हुआ था, इसलिए आज कड़ाई की जा रही है।

दिमापुर का कलेक्टरेट, जिसके एक हिस्से में एस.डी.ओ. (सिविल) का दफ्तर है, आज के नगालैंड की एक झाँकी है। नगालैंड की सामाजिक व्यवस्था में महिलाओं का वर्चस्व है। उस वर्चस्व की झलक यहाँ भी मिलती है। सरकारी नौकरियों में भी यह वर्चस्व बना हुआ है और यहाँ वह दृष्टिगोचर है। अधुनातन फैशन में सजी-धजी इन नगा महिलाओं को देखते रहने पर, थोड़ी देर में मुझे ऐसा लगने लगा जैसे मैं टी.वी. पर चलनेवाले एफ. चैनल में फैशन प्रदर्शनी देख रहा हूँ। ये फैशनेबल युवतियाँ पान खाने की शौकीन होती हैं और कहीं भी पान की पीक थूकने में परहेज नहीं करतीं। तब भरोसा हो जाता है कि ये एफ. चैनल की विदेशी सुन्दरियाँ नहीं बल्कि स्थानीय

जनजातियों की युवतियाँ हैं, जिन्होंने अधुनातन फैशन के बाद भी अपनी कुछ जनजातीय आदतें ऐसी बचा रखी हैं जिनसे उन्हें पहचाना जा सके। इनर लाइन परमिट की व्यवस्था अंग्रेजों के जमाने से, 1873 ई. से चली आ रही है। अंग्रेज शासकों और स्थानीय नगा जनजातीय संगठनों के बीच समय-समय पर समझौते होते रहे और इस व्यवस्था को थोड़े-बहुत संशोधनों के साथ बनाए रखा गया। अंग्रेज अब यहाँ नहीं रहे, लेकिन उनके द्वारा लागू की गई व्यवस्था बनी हुई है। इसमें नगा जनजाति की परम्पराओं के प्रति सम्मान और बाहरी लोगों के प्रति उनकी आशंकाओं को ध्यान में रखा गया है। नगा जाति के प्रमुखों को इस बात की बराबर आशंका रही कि इस दुर्गम पर्वतीय प्रदेश में बाहरी लोगों के प्रवेश से घुलना-मिलना होगा और उनकी अपनी रक्त शुद्धता बनी नहीं रह सकेगी। नगा नस्ल को रक्त मिश्रण के खतरों से बचाकर रखने के एक उपकरण के रूप में भी इनर लाइन परमिट को देखा गया। इस व्यवस्था से, नगालैंड में बाहरी लोगों के प्रवेश को तो नियंत्रित किया जा सका लेकिन, रक्त मिश्रण के खतरे से कितना बचाया जा सका, यह एक जागृत प्रश्न है।

मंगोल-भोटिया समूह की इस जनजाति ने, इतने वर्षों में जैसे अपनी नस्ल ही बदल डाली हो। इनकी त्वचा का रंग पीले से गुलाबी हो चुका है। इनके नाक-नक्श अब सपाट नहीं बल्कि तीखे दिखते हैं और इनकी लम्बाई क्रमशः बढ़ रही है।

यहाँ, कलेक्टरेट भवन की दीवारों पर और खंभो पर जगह-जगह पोस्टर चिपके हुए हैं। इन पोस्टरों पर आमंत्रण और स्वागत की इबारतें दर्ज हैं। नगालैंड को राज्य का दर्जा मिले हुए, कल, 1 दिसम्बर, 1999 को 35 वर्ष हो जाएँगे। राजधानी कोहिमा में कल इसका बड़ा समारोह आयोजित है।

नगालैंड को राज्य का दर्जा मिलने के पैंतीसवें वर्ष का यह समारोह तब मनाया जा रहा है, जब पूरी दुनिया नई सहस्त्राब्दी में प्रवेश की तैयारी कर रही है। पैंतीसवें वर्ष के समारोह के साथ इस नई सहस्त्राब्दी के स्वागत का समारोह भी जुड़ा हुआ है। राजधानी कोहिमा में इसकी भव्य तैयारियाँ हो रही होंगी। पोस्टरों पर दर्ज आमंत्रण और स्वागत की ईबारतें सरकारी तैयारियों और उनके उत्साह का संकेत देती हैं। लेकिन, इस ऐतिहासिक पर्व से दो दिन

पहले मुख्यमंत्री के काफिले पर हुए प्राणघातक हमले के बाद यह भी समझ में आ रहा है कि यहाँ कैसे स्वागत की मानसिकता बन रही है?

एक योद्धा जनजाति ने शौर्य की अपनी परिभाषा में कोई परिवर्तन नहीं किया है। क्या नगालैंड नरमुंडों के शिकार की अपनी परम्परा के साथ नई सहस्त्राब्दी में प्रवेश को उद्यत है? कल का खूनी इरादा, मुख्यमंत्री पर हमले से कहीं आगे जाकर, इस ऐतिहासिक प्रश्न के सामने जवाबदेह ठहरता है।

इस जनजातीय पर्वतीय राज्य की जनजातीय सरकार अपने यहाँ सक्रिय भूमिगत संगठनों की आतंकवादी गतिविधियों के सामने कितनी असहाय नजर आती है? यह असहायता अकेले इस पर्वतीय राज्य की जनजातीय सरकार की नहीं, बल्कि यहाँ, भारत संघ का गृह मंत्रालय भी घुटने टेके हुए दिखता है। नेशनल सोशलिस्ट काउंसिल ऑफ नगालैंड (एन.एस.सी.एन.) यहाँ का प्रमुख भूमिगत संगठन है। और यह संगठन प्रतिबन्धित है। लेकिन भारत सरकार के गृह मंत्रालय ने इस प्रतिबन्धित संगठन के साथ युद्ध विराम का समझौता किया है। यह समझौता है, इसलिए लोगों के सर उनके धड़ों पर सलामत हैं। अगस्त 1997 में हुआ यह समझौता जुलाई 2000 में पूरा हो जाएगा। तब कोई नया समझौता होगा। नए समझौते के तेवर क्या होंगे? उन्तीस नवम्बर की यह एक घटना उस तेवर से भी आगाह करती है।

नगालैंड में युद्ध विराम का यह समझौता जिस समय हुआ था उस समय नेशनल सोशलिस्ट काउंसिल ऑफ नगालैंड (एन.एस.सी.एन.) समूची नगा जनजाति की तरफ से बात करने की स्थिति में था। आज वह स्थिति नहीं रही। इस बीच नगालैंड में और नगालैंड से बाहर भी, मणिपुर के पहाड़ी जिलों में रहनेवाली नगा जनजाति के बीच कई भूमिगत संगठन सक्रिय हो चुके हैं। एन.एस.सी.एन. इनमें सबसे बड़ा है। लेकिन नेतृत्व के मुद्दे पर यह दो गुटों में बँट चुका है—खापलांग गुट और मुइवा गुट। अभी जो युद्ध विराम प्रभावशील है इसके समझौते पर खापलांग गुट ने हस्ताक्षर किए थे। अब जो समझौता होगा, उसमें मुइवा गुट द्वारा खापलांग गुट की बातों का विरोध किया जाएगा।

इनर लाइन परमिट हासिल करने में हमें दो बज गए। लेकिन यह समय व्यर्थ नहीं गया। इतना समझ में आ गया कि इस प्रवेश द्वार से होकर हम

जिस नगालैंड में प्रवेश करने जा रहे हैं, वहाँ का जनजीवन इस समय किस दशा में मिलेगा। भूमिगत संगठनों की आपसी प्रतिस्पर्धा ने यहाँ के जनजीवन को असुरक्षित और अनिश्चित बनाकर रख दिया है। हद तो यह है कि राज्य के मुख्यमंत्री की सुरक्षा भी इस अनिश्चय से बरी नहीं है।

दिमापुर से कोहिमा जानेवाली सभी बसें यहाँ से, दोपहर में एक बजे तक निकल जाती हैं। अब टैक्सियाँ बाकी हैं। टैक्सियाँ दो-अढ़ाई घंटों में कोहिमा पहुँचा देती हैं। वहाँ 5 बजे तक पहुँच गए तो भी ठीक है। इसके बाद चिन्ता का समय शुरू हो जाता हैं। निकलने से पहले मैंने डॉ. चन्द्रा के घर फोन किया। उनकी पत्नी मिलीं—प्रभा। डॉ. चन्द्रा अभी विश्वविद्यालय में हैं। मेरी प्रतीक्षा में होंगे। इस समय मुझे वहाँ व्याख्यान देना था, लेकिन मैं यहाँ, रास्ते में अटका हुआ हूँ।

कभी सर्पीले, कभी तीखे मोड़ वाले ऊँचे-नीचे पहाड़ी रास्तों पर टैक्सी पानी की तरह चली। दिमापुर से चले तो गर्मी थी, पसीना था और टैक्सी के शीशे खुले हुए थे। अब शीशे चढ़ गए हैं। बाहर सर्दी है। कल, जहाँ बारूद से सड़क को उड़ाया गया था वहाँ सेना के जवानों ने कब्जा कर लिया है। जवानों ने तेजी से काम किया है और आवा जाही बनाए रखने लायक मरम्मत करके एक तरफ से वाहनों को निकाल रहे हैं। दूसरी तरफ मरम्मत का काम अभी चल रहा है। यहाँ से पार होने में, फिर भी, कोई आधे घंटे का समय लग ही गया।

कोहिमा पहुँचना किसी घटना की तरह घटित होता है। इसका बोध, कहीं पहुँच सकने से एकदम अलग, वहाँ प्रक्षेपित होने जैसा हुआ। ऐसा, जैसे किन्हीं सामान्य परिस्थितियों वाले लोक से उठाकर एकदम असामान्य परिस्थितियों वाले और बिलकुल अपरिचित किसी अन्य लोक में फेंक दिया गया हो। ऐसा लगता है, जैसे यहाँ पहुँचकर, कहीं और के रास्ते बन्द हो चुके हों। पहली बार कहीं पहुँचने पर कोई व्यक्ति उस जगह को जहाँ तक और जितनी दिशाओं में देख सकता है, कोहिमा पहुँचकर मैंने वहाँ तक और उतनी दिशाओं में देखने की कोशिश की, ताकि, कोई पहचान तो मन में बना सकूँ। लेकिन, असम राइफल्स के जवानों से आगे, मुझे कुछ भी दिखाई नहीं दिया। शाम के 5 बजे के इस समय, यहाँ इतना अँधेरा पड़ चुका है कि दूर

तक, वैसे भी कुछ देखा नहीं जा सकता। राजधानी का यह नगर, इस नगर का बाजार पूरी तरह बन्द हो चुका है और सड़कों पर रोशनियाँ जल चुकी हैं। इक्का-दुक्का दुकानें ही खुली हुई हैं। वे भी बन्द हो रही हैं। असम राइफल्स के एक जवान से मैंने पूछा—"क्या कोई पी.सी.ओ. खुला मिल जाएगा, जहाँ से मैं एक लोकल फोन कर सकूँ?"

जवान ने सामनेवाले मोड़ की तरफ बताया—"वहाँ चले जाइए। लेकिन थोड़ा जल्दी कीजिए। वह भी बन्द हो रहा होगा।"

मैंने लगभग दौड़ लगाकर, बन्द होती दुकान को पकड़ा। बात हो गई। डॉ. चन्द्रा घर पहुँच गए हैं। हमें लिवाने के लिए यहाँ आ रहे हैं। टी.सी.पी. गेट के सामने, लाल रंग का जो लेटर बाक्स है वहीं, हम उनका रास्ता देख रहे हैं। अपने पत्र में भी उन्होंने, इसी जगह रुक कर प्रतीक्षा करने के लिए कहा था। उनके पत्र ने इस जगह की, एक रोमांटिक किस्म की कल्पना कराई थी। किन्हीं अनजान जगहों में रुक कर प्रतीक्षा करने के लिए अंग्रेजी साहित्य में ऐसे रोमांटिक स्थल कई बार मिलते हैं, जो आदमी को किसी कल्पना लोक में पहुँचानेवाले होते हैं। लेकिन यहाँ, टी.सी.पी. गेट के सामनेवाले लाल रंग के लेटर बाक्स के आसपास अंग्रेजी साहित्य का कोई कल्पना लोक नहीं, बल्कि आज के नगालैंड का ठोस यथार्थ है। इस यथार्थ में हम जैसे लोगों के लिए सचमुच का आतंक है। असम राइफल्स के एक जवान ने मेरे बगल में आकर, मुझसे पूछा—क्या आपको लेने के लिए यहाँ कोई आ रहे हैं?

वह चिन्तातुर लगा। उसने मिलिट्री खाकी रंग का लम्बा बरान कोट पहन रखा है। हमारे कपड़े वही हैं, जो दिमापुर से चलते समय हमने शरीर पर डाल रखे थे। वहाँ से यहाँ तक पहुँचने में, इतनी देर में मौसम कितनी तेजी से बदला है, दृश्य भी बदला है। घाटी में अँधेरा लबालब भर चुका है। इस लबालब भरे अँधेरे में सर उठाए पहाड़ों की छायाएँ फिर भी दिख रही हैं। जवान ने अपनी चिन्ता जाहिर की—"यहाँ शाम के समय, इस तरह अकेले-दुकेले खड़े रहना सुरक्षित नहीं होता। फिर आप तो बाहर से आए हुए हैं।"

बाहर से आए हुए हम लोग एकदम अकेले न पड़ जाएँ और अकेले होने की वजह से किसी लूट-पाट के शिकार न हो जाएँ, इसलिए असम राइफल्स

का वह जवान हमारे आसपास बना रहा। डॉ. चन्द्रा के पहुँचने तक वह हमारे आसपास गश्त करता रहा और बीच-बीच में हमसे बातें भी करता रहा। अपनी बातों में वह, यहाँ के हाल-चाल भी हमें सुनाता जा रहा था।

हमारे ठहरने की व्यवस्था डॉ. चन्द्रा ने अपने घर में की है। घर में घर मिलेगा। होने को तो विश्वविद्यालय का गेस्ट हाउस भी है। लेकिन वह खूब ठंडा हो जाता है। गेस्ट हाउस शहर से बाहर की तरफ लकड़ी की इमारत में है इसलिए वहाँ अधिक ठंडक होती है। और इससे भी अधिक, सुरक्षा की चिन्ता है। घर पर प्रभा रास्ता देख रही थीं। जहाँ, अपना कोई नहीं और जहाँ पहुँचने के लिए इतनी देर तक असुरक्षा के आतंक से होकर गुजरना पड़ा हो, वहाँ कोई अपनी प्रतीक्षा में मिल जाए? घर, इससे अलग और क्या हो सकता है? प्रभा ने मुझे भइया कहकर सम्बोधित किया। मैंने कहा—"भाई कहा है तो फिर निभाना भी।" घर में पहुँचकर, अब समझ में आ रहा है कि बाहर, मौसम कितना ठंडा रहा होगा जिसमें प्रतीक्षा करते हम खड़े थे। प्रभा ने जल्दी-जल्दी पानी गर्म करवा कर बाथरूम में रखवा दिया और भोजन की तैयारियों में जुट गईं।

मैं अभी बाथरूम में ही था कि बिजली चली गई। बाहर आया तो डॉ. चन्द्रा ने बताया कि यहाँ ऐसा होता रहता है। गर्म पानी से नहाकर बाहर आने के बाद, अब ठंड कुछ अधिक ही महसूस हो रही है। डॉ. चन्द्रा ने सिगड़ी जलाकर लाने के लिए कहा। थोड़ी देर में कोयला आँच पकड़ने लगा और कमरा धीरे-धीरे गर्म होने लगा। बचपन के दिनों में, घर के हम सभी लोग, ऐसे ही कोयले की सिगड़ी या उपले (कंडे) वाली अँगीठी (गोरसी) के पास घेरा बनाकर इकट्ठा हो जाते थे और सर्दी की रातों में देर तक आग तापते बैठे रहा करते थे। वे पुराने दिन और घर के साथ जुड़ी बातें, कब कितना पीछे छूटती चली गईं। अकस्मात घर खूब याद आने लगा। बचपन की याद आने लगी।

बचपन की बात है। किसी बात पर नाराज होकर मैं घर से निकल गया था। ऐसे ही ठंड के दिनों की बात है। ऐसी ही रात का समय था। रास्ते में, किसी गाँव के गौंटिया (प्रमुख व्यक्ति) ने मुझे सूनी सड़क पर अकेले देखा तो, या शायद उस समय मैं रो रहा था—उससे, उसने सब समझ लिया। वह

गौंटिया घोड़े पर सवार था और शहर से वापस, अपने गाँव लौट रहा था। वह मुझे, अपने साथ अपने घर ले गया। बात इतनी पुरानी पड़ चुकी है कि सब कुछ ठीक-ठीक याद नहीं आ रहा है। याद नहीं आ रहा है कि उसने मुझे घोड़े पर बिठा लिया, या फिर हम दोनों पैदल-पैदल चलकर उसके घर पहुँचे। लेकिन, वहाँ मुझे गर्म पानी मिला था, ऐसे ही आग तापने की सिगड़ी या अँगीठी मिली थी। वहाँ सब लोग थे। गौंटिया के बच्चे थे। उन बच्चों की माँ थी। वह माँ सचमुच की माँ थी। उसने अपने बच्चों और मुझमें कोई भेद-भाव नहीं किया। वह घर सचमुच का घर था। वहाँ मुझे घर जैसा ही लगा। फिर उसी रात या दूसरे दिन, मुझे घर वापस लिवाने के लिए पड़ोस के लोग आ गए थे। लेकिन तब का शुरू हुआ भटकाव आज तक भटकाए चला जा रहा है। इसमें घर और-और दूर होता जाता है। बीच-बीच में ऐसे ही, कभी कुछ हो जाता है और यादों के रिश्ते फिर से जोड़ जाता है।

लेकिन, इस समय बन्द कमरे की सुरक्षा में बैठकर आग तापते हुए डॉ. चन्द्रा स्वयं कैसा अनुभव कर रहे होंगे। शायद, अंग्रेजी साहित्य के किसी 'कंट्री साइड' को अनुभूत कर रहे होंगे। इस साहित्यानुभूति में कोई एक कॉटेज होगी, फायर प्लेस होगा, भीतर उजाला और बाहर गहरा काला अँधेरा होगा जिसमें सर उठाए हुई चिमनी अपने भीतर से धुआँ उगल रही होगी। बिजली वापस आ गई और सब कुछ साफ-साफ दिखने लगा है। ऐसा लगा, जैसे बिजली के बिना, बातों को समझने में कुछ जोर पड़ रहा था, जैसे देखने में जोर पड़ रहा था। क्या, ऐसा होता है?

घर के पिछवाडे वाली सड़क पर एक विशाल चर्च है। चर्च के शिखर इतने ऊँचे हैं कि ऊँची पहाड़ी के कटाव पर बने, इस घर के बराबर पहुँच रहे हैं। चर्च के कंगूरे पर अभी से क्रिसमस का सितारा टाँग दिया गया है। चर्च के भीतर खूब रोशनी की गई है। बाहर, कंगूरे पर लाल रंग का सितारा टँगा हुआ है। इसकी रोशनी के सहारे फरिश्ते आसमान से उतरेंगे। घर और चर्च के बीच में सड़क की दूरी न होती तो मैं क्रिसमस का सितारा चर्च के कंगूरे से उतारकर इस घर की छत पर, बाँस में टाँग सकता था। बाँसों से बँधी हुई डोरें धूप में कपड़े सुखाने के काम आती हैं। क्या फरिश्ते धोखा खा सकते हैं और सितारों की रोशनी के सहारे आसमान से उतरते हुए, चर्च के बदले

किसी घर की छत पर उतर सकते हैं, जहाँ धूप में कपड़े सुखाए जाते हैं? इस काल्पनिक सम्भावना पर, अंग्रेजी साहित्य के प्राध्यापक से बात करने को मन किया। लेकिन मन की मन में रहने दी। लगा, यह बहुत अधिक फिक्शनल (औपन्यासिक) होता जा रहा है।

कहीं पास-ड़ोस में जबर्दस्त धमाका हुआ। लगा कि क्रिसमस सितारे के अवतरण के साथ इस ईसाई बहुल राज्य की राजधानी में, क्रिसमस का माहौल अभी से रंग पकड़ने लगा है। रंग ओर रोशनी के साथ, यहाँ पटाखे और आतिशबाजी की शुरुआत भी अभी से हो गई? लेकिन मेरा सोचना सही नहीं निकला। धमाके की आवाज के साथ, वहाँ चारों तरफ सन्नाटा खिंच गया और अँधेरा छा गया। लोगों ने अपने घरों में रोशनियाँ बुझा दीं, भीतर से दरवाजे बन्द कर लिए और खिड़कियों पर पर्दे डाल दिये। कुछ ऐसे, जैसे भारत-पाक युद्ध के दौरान शहरों में 'ब्लैक आउट' का अभ्यास कराया जाता था जिससे कि घरों का उजाला बाहर न जाने पाये और बाहर, टोह लेनेवाले विमानों को घरों के ठिकाने न मिलें। सुरक्षा के लिहाज से हमने भी पर्दे डाल दिये। दूसरी सुबह के अखबार से पता चला कि वह आतंकवादियों के बम का धमाका था।

यहाँ ऐसा होता रहता है। यह धमाका कल, यहाँ आयोजित होनेवाले राजकीय समारोह, जिसमें नगालैंड राज्य के गठन के 35 वें वर्ष का और नई सहस्त्राब्दी का स्वागत एक साथ होना है, के विरोध में भूमिगत संगठनों की प्रतिक्रिया है। यहाँ जब-जब इस तरह के, या इससे अलग किस्म के भी, राजकीय आयोजन होते हैं तब उन आयोजनों के विरोध में भूमिगत संगठन अपने उत्पात बढ़ा देते हैं। समारोह और उत्सव के विरुद्ध भय और आतंक इतना सघन कर देते हैं कि लोग शामिल होने का साहस ही न जुटा पाएँ। इससे भी बड़ी और एकदम सीधी, कोई वारदात हो सकती है। उससे बचने की सूरत यह निकाली गई कि कल हम लोग यहाँ रहें ही नहीं। मणिपुर के लिए निकल जाते हैं और चार-पाँच दिनों बाद जब लौटेंगे तो तब तक यहाँ के उत्पात शान्त हो चुके होंगे।

डॉ. चन्द्रा का एक शोध छात्र थिया भी हमारे साथ चल रहा है। थिया एक स्थानीय नगा है और नगालैंड की युवा ईसाई राजनीति में सक्रिय भी है।

थिया का कहना है कि नगालैंड के लिए वह कुछ भी करने को तैयार है। इसके बहुत से अर्थ निकलते हैं। अब, जब साथ ही चल रहे हैं तो रास्ते में बातें होंगी। देखने में, यह छह फुटा युवक, एक नगा कम और कोई अमरीकी अधिक नजर आता है। बातचीत में समझदार लगता है और अपने रिसर्च गाइड के प्रति सम्मान रखता है। गुरु-शिष्य परम्परा वाला सम्मान, जो दिनोंदिन दुर्लभ होता जा रहा है, यह भी, नगा जनजाति का एक विशिष्ट गुण है। एक बार जिसे मन से मान लिया, फिर उसके लिए कोई हद नहीं होती।

वहीं, जब दूसरे युवक शराब के नशे में धुत्त होकर घरों में घुस आते हैं और लाल आँखें लिए हुए बातें करते हैं तो? तो फिर, उनकी हर माँग मानने के अलावा कोई रास्ता नहीं बचता। जो भी उनके मुँह से निकल जाए। किसे क्या पता हो सकता है कि उनके घर में घुस आया कोई किस आतंकवादी संगठन से सम्बन्धित है?

ऐसे लोग अक्सर गिरोह में आते हैं और आने के लिए रात का समय अधिक पसन्द करते है। घरों पर दस्तक देकर ऐलानिया दरवाजा खुलवाते हैं, फिर भीतर तक जाकर मुआइना करते हैं। घर की साज-सजावट, घर के लोगों के रहन-सहन, उनके तौर-तरीके और उनके बारे में अपने पास पहुँची सूचनाओं के आधार पर उनकी हैसियत का मूल्यांकन करते हैं। फिर, हिसाब बनाकर, अपनी माँग रखते हैं। इसमें कोई रोक-टोक, कोई आपत्ति नहीं की जा सकती। बस, एक बार इस दौर के गुजर चुकने के बाद, दूसरे दौर की आशंका में लगातार एक तनाव में बने रहते हुए जीने और यथासंव सावधानियाँ बरतने के अलावा किसी के हाथ में कुछ नहीं होता।

अब मेरा ध्यान इस ओर गया कि डॉ. चन्द्रा के घर में फर्नीचर तो हैं, लेकिन एकदम नंगे और बूचे। इनको ढाँकने के लिए कोई कवर और इनको सजाने के लिए कोई कुशन नहीं। और यह फर्नीचर भी उनका अपना नहीं, उनके मकान मालिक का है जो स्थानीय नगा है और जिसका फर्नीचर का रोजगार है। एक विश्वविद्यालय के विभागाध्यक्ष के घर में ब्लैक एंड व्हाइट पोर्टेबल टी.वी. है। यह विभागाध्यक्ष अपने घर से विश्वविद्यालय तक पैदल जाता है या फिर सिटी बस से जाना-आना करता है। जितना बन सकता है, डॉ. चन्द्रा उतनी सादगी से और उतना ही दब कर रहते हैं। वसूली के लिए

आनेवाले गिरोह इस आधार पर भी वसूली तय करते हैं कि किसके घर में कैसा सामान उपयोग में आ रहा है।

विश्वविद्यालय के गेस्ट हाउस में ठहरता तो वहाँ एक अतिथि होता, किसी होटल में होता तो एक मुसाफिर होता या नगालैंड पर्यटन विकास निगम के किसी कॉटेज में रहता तो एक पर्यटक होता। तब, कैसे जान पाता कि यहाँ घरों में रहनेवाले लोगों के लिए, अपने घरों में रहना कितना दूभर हो चुका है।

यहाँ, जल्दी सोने का रिवाज है। शाम होते ही खाना-पीना हो चुकता है। फिर लोग सोने लगते हैं। लेकिन, जब घर में दुख-सुख की बातें शुरू होती हैं तो ऐसे में समय का ध्यान कहाँ रह पाता है? देर तक बातें चलती रहीं। रात चढ़ती रही और सिगड़ी में, कोयले की आँच मंद पड़ती गई। नींद, इसी बीच, कभी आई होगी।

मुर्गे लगातार बांग दिये जा रहे हैं। उठाए बिना दम नहीं लेंगे।

रात से सुबह बिलकुल अलग है। अभी छह भी नहीं बजे हैं, लेकिन धूप फैल गई। धूप का रंग सफेद है। यह सफेदी पहाड़ों के नीले रंग से भी कोमल और मुलायम है। और इसमें वह नीलापन ऐसे घुला-मिला है जैसे कच्चे दूध में नीले रंग की झांईं पड़ती है। खिड़की से बाहर जो भी दिख रहा है, वह अतल है। पहाड़ और पहाड़ों पर बसी बस्तियाँ आकाश पर झूल रही हैं। जहाँ तक दिखाई पड़ता है, पहाड़ और फिर पहाड़ और फिर उससे आगे भी पहाड़। सब के सब घाटी में तैर रहे हैं और धूप स्नान कर रहे हैं। इन पहाड़ों के शिखर नुकीले हैं और इनके रंग कोमल मुलायम नीले हैं।

सामने छत पर मुर्गे धूप ताप रहे हैं। शानदार कलगियों वाले रंगबिरंगे मुर्गे बीच-बीच में गर्दन उठाकर सूर्य को देखने लगते हैं। मुर्गियाँ सर झुकाये पीछे-पीछे घूम रही हैं। और फर्श पर, जमीन पर, घरेलू कचरे के ढेर में खाने लायक कीड़े-मकोड़े ढूँढ़ रही हैं।

ऊपर वाली दोछत्ती की नगा युवती ने मुस्कुरा कर मुझे गुडमार्निंग कहा। उसने बताया कि यहाँ सब लोग कितने दिनों से मेरी प्रतीक्षा कर रहे थे। यह तीन तलों वाला मकान है। बीच वाले तल में, जो मुख्य तल है, डॉ. चन्द्रा रहते हैं। यहाँ इसी तरह के मकान बनते हैं। इसी तल में पानी का नल है। सुबह, पानी आने के समय सब कोई इस तल पर इकट्ठा हो जाते हैं। वह पानी पंचायत

का समय होता है। सब लोग एक घरेलू किस्म के आपसीपन से जुड़े हुए हैं। नगा युवती सुन्दर है।

यह सुन्दर युवती सुबह की धूप में पैर फैलाये बैठी है। उसकी पिंडलियाँ सुडौल हैं और उसने अपने बच्चे को अपने पैरों पर लिटाया हुआ है और जैतून के तेल से उसकी मालिश कर रही है। उसका बच्चा उससे भी सुन्दर है। गोल-मटोल। उसकी आँखें काली और चमकदार हैं और उसके होंठ एकदम लाल हैं। जैसे रात के अँधेरे में लाल रंग का क्रिसमस सितारा चमक रहा था। मैंने उसके सामने जाकर बेवकूफों की तरह कुछ हरकतें कीं। इन हरकतों को देखकर बच्चा हँसने लगा और उसके होंठ और भी अधिक लाल हो गए। मैंने उस सुन्दर नगा युवती से कहा—'यहाँ पहुँचने के बाद, जब से मैंने क्रिसमस सितारा देखा तब से कोई फरिश्ता बराबर मेरे मन में रहा। मुझे क्या पता हो सकता था कि वह फरिश्ता मुझे सुबह की धूप में मिलेगा—इस तरह, तुम्हारी गोद में!'

नंगधड़ंग बच्चे की माँ खूब खुलकर हँसी। खुलकर हँसती हुई वह पहाड़ी युवती और भी सुन्दर हो गई।

हमें देर नहीं लगानी है। जल्दी से तैयार होकर बस स्टैंड पहुँचना है। थिया का फोन आ चुका है। वह पहले से वहाँ पहुँच जाएगा और टिकटें कटवा कर रखेगा। यहाँ, बसों में भारी भीड़ चलती है और टिकट के लिए लम्बी कतार में लगना पड़ता है।

अभी, बस आने में समय है। तब तक, डॉ. चन्द्रा ने सुझाया—"कुछ दूर तक चहलकदमी करते हैं और कोहिमा की एक झलक देखते हैं।"

राजधानियों के जैसे नगर देखने का हमारा अब तक का अभ्यास है, कोहिमा उससे बेमेल ठहरता है। ऊँची पहाड़ी पर एक छोटा सा पठार है। इसमें जितनी और जैसी जगह निकाली जा सकी होगी, उसमें ही नगालैंड की इस राजधानी को बसाया गया है। बसने को तो हिमाचल प्रदेश की राजधानी, शिमला भी ऐसे ही ऊँचे पहाड़ पर बसी है। लेकिन वहाँ बसाहट के लिए और फैलाव के लिए भी, जगह है। भारत की ग्रीष्मकालीन राजधानी रह चुका शिमला, जहाँ कभी अंग्रेज वायसराय आकर रहा करते थे, एक राज्य की राजधानी के लिए छोटा नहीं लगता। कोहिमा उससे अलग है। दिल्ली से दूर

और फिर कोई पर्यटन-आकर्षण भी नहीं, राजधानी जैसा लगता ही नहीं। एक बात और मन में आती है कि बाहरी संसर्ग से बचकर रहने की नीति के तहत तो, यह, बन्द और ढकी-मुंदी राजधानी बड़ी अनुकूल ठहरती होगी।

मुख्य सड़क संकरी, ऊबड़-खाबड़ और बेहद धूल भरी है। इस सड़क पर अक्सर ट्रॉफिक जाम होता रहता है। खुले वाहनों पर चलनेवाले लोग, धूल से बचने के लिए नाक पर सफेद रूमाल ढाँक कर निकलते हैं। मुख्य चौराहे पर पर मुख्यतया वे सड़कें हैं, जो अलग-अलग दिशाओं वाले रास्तों को आपस में जोड़ती हैं और आगे बढ़ा देती हैं। दुकान और मकान इस पर कम हैं।

दाईं-बाईं तरफ से जो रास्ते नीचे उतरते हैं, इन्हीं में से दाहिने हाथ वाला रास्ता पकड़कर हम नीचे उतरते गए। सब्जी बाजार पीछे छोड़कर, एक ऐसे छोर तक पहुँच गए जहाँ बाईं तरफ लकड़ी के बारजों और खिड़कियों वाले मकान कतार से बने हुए हैं। इन मकानों की सीढ़ियाँ भी लकड़ी की ही बनी हुई हैं। लकड़ियों वाले इन घरों में लड़कियाँ ही लड़कियाँ दिखाई दीं। कोई नेपाली, कोई सम्भवतया स्थानीय जनजातियों की। कोई खिड़की पर शृंगार करती हुई तो कोई लकड़ी की सीढ़ी पर अलसाई सी बैठी हुई। नगालैंड में सुबह बहुत जल्दी होती है। प्रायः 4 बजे के आसपास। लेकिन इनकी सुबह अभी हो रही है? इन्हें रात में देर तक जागना पड़ता होगा। मैंने डॉ. चन्द्रा से पूछा कि यह कौन सी जगह है? उन्होंने बताया कि इससे पहले वे भी यहाँ नहीं आए थे। मुझे कुछ ऐसा अहसास हुआ कि लोग हमें देख रहे हैं।

यहाँ, लम्बे रास्तों पर चलनेवाली बसें एकदम सुबह निकल जाती हैं और ये अच्छी बसें होती हैं। हमें देर हो चुकी है, इसलिए, इम्फाल के लिए कोई सीधी बस नहीं मिल रही है। अब किसी तरह, यहाँ से माओ गेट पहुँचें। फिर वहाँ से इम्फाल के लिए कोई दूसरी बस बदलें। या फिर हो सकता है कि कोई टैक्सी मिल जाए। नगालैंड से मणिपुर के रास्ते में, माओ गेट पर पहली मुख्य सैनिक चौकी है जहाँ यात्री बसों की जाँच की जाती है। इसे जाँच न कहकर तलाशी कहना ठीक होगा। लेकिन इसे आपत्तिजनक मानना ठीक नहीं होगा। इस समय प्रायः पूरा पूर्वोत्तर भारत अवैध हथियारों और मादक पदार्थों के अवैध परिवहन के लिए, आसान रास्ता बनता जा रहा है। सैनिक चौकियों

पर कड़ी तलाशियाँ न हों तो, पता नहीं क्या हो जाए?

हमें जो बस मिली, ठसाठस भरी मिली। किसी तरह खड़े-खड़े माओ गेट तक पहुँचे और नगालैंड में पहली बस यात्रा का अनुभव लिया। इम्फाल के लिए सामने से दूसरी बस मिल गई। इसमें थोड़ा आराम है। थोड़ी देर में सबके बैठने के लिए जगह भी हो गई। थिया को सेनापति पहुँचने की उत्सुकता है। नगालैंड की युवा ईसाई राजनीति से जुड़े इस युवक की, जो कहता है कि वह नगालैंड के लिए कुछ भी कर सकता है, सेनापति पहुँचने में क्या उत्सुकता हो सकती है और वहाँ पहुँचकर वह क्या करेगा? मैं समझना चाहता हूँ। इससे, बिना बात किए ही मुझे, थिया को और नगालैंड के युवा मानस को समझने में सहायता होगी। मणिपुर और नगालैंड के बीच चार पहाड़ी जिले—सेनापति, तामेंगलांग, उखरूल और चांडिल—पूर्वोत्तर भारत के दो पड़ोसी राज्यों की आपस में विसंगतियों का कारण बन रहे हैं। मणिपुर के इन पहाड़ी जिलों में रहनेवाली जनजातियों में नगाओं का और कूकी लोगों का संख्यात्मक बाहुल्य है। नगा भूमिगत संगठन नेशनल सोशलिस्ट काउंसिल ऑफ नगालैंड (एन.एस.सी.एन.) ने माँग की है कि नगा बाहुल्य के आधार पर इन चारों पहाड़ी जिलों का विलय नगालैंड में कर दिया जाए। इसके मुकाबले में एक अन्य प्रतिबन्धित भूमिगत संगठन 'कूकी नेशनल फ्रंट' ने माँग की है कि सेनापति और चांडिल जिलों के साथ चूड़ाचाँदपुर जिले को भी मिलाकर, कूकी जनजाति के लिए स्वतंत्र राज्य-कूकीलैंड का गठन किया जाए।

इन विवादित पहाड़ी जिलों की भौगोलिक स्थिति को सामने रखकर देखें तो यह, भारत संघ के दो पड़ोसी राज्यों की आपसी विसंगति से अलग, कोई और बात दिखने लगती है। नगालैंड और मणिपुर राज्य की सरहदें बहुत दूर तक भारत-म्यांमार अन्तर्राष्ट्रीय सीमा की साझा संरचना भी करती हैं। इन विवादित पहाड़ी जिलों को मिलाकर जिस प्रस्तावित नगालैंड अथवा कूकीलैंड की माँग की जा रही है, इनका नक्शा भारत संघ के अन्तर्गत एक स्वायत्त जनजातीय सरहदी राज्य की तरह भी बनता है और भारत-म्यांमार के बीच एक पूर्ण स्वतंत्र, सार्वभौम सरहदी देश की तरह भी बनता दिखाई पड़ता है। यह नक्शा भारत संघ से बिलकुल अलग होकर भी अपनी मुक्त आवाजाही के

लिए म्यांमार से वैसे ही निकासी का रास्ता पा सकेगा, जैसे रास्ते की सुविधा वर्तमान में भारत ने अपने पड़ोसी पहाड़ी राज्य नेपाल को दे रखी है।

नगालैंड के राजनीतिक मनोविज्ञान को समझने के लिए, प्रस्तावित नक्शे की इस महत्त्वाकांक्षा को समझना होगा। यह राजनीतिक नक्शा ए.जेड. फिजो के समय से नगालैंड के, अन्य भारतीय राज्यों के साथ, भ्रातृत्व और सौहार्द्र के रास्ते में अवरोध बनाए रखने के काम में लाया जा रहा है। विद्रोही नगा नेता फिजो अपने जीवनपर्यन्त इंग्लैंड में रहते हुए इस नक्शे के तरह-तरह के ब्लू प्रिंट्स तैयार करते रहे। इसके लिए फिजो की राजनीतिक महत्त्वाकांक्षा को उकसाते रहना इंग्लैंड के लिए भी एक ऐसी राजनीतिक चाल बना रहा, जिससे भारत को एक अन्तर्राष्ट्रीय दबाव में बनाए रखा जा सके। नगालैंड को पूर्ण राज्य का दर्जा मिले हुए 35 वर्ष हो चुकने के बाद भी अलगाववाद का यह खेल जारी है। फिजो की जगह अब थुईगालेंग मुइवा ने ले रखी है। प्रतिबन्धित भूमिगत संगठन एन.एस.सी.एन. के मुइवा गुट का संचालन थुईगालेंग मुइवा के हाथों में है। और मुइवा इसका संचालन किसी अन्य देश की जेल में रह कर करते हैं।

मेरी समझ में राजनीतिक अति महत्त्वाकांक्षा का और कुछ हद तक वैयक्तिक राजनीतिक अति महत्त्वाकांक्षा का, जिसके लिए जनतंत्र में कोई सम्मानजनक स्थान नहीं हो सकता, एक आतुर और विकृत रास्ता आतंकवाद है। अलगाववाद किसी भी राजनीतिक अति महत्त्वाकांक्षा की अन्तिम सीमा होता है। यदि ऐसा है, तो फिर अपने यहाँ आतंकवाद की जड़ तक पहुँचने के लिए हमें नगालैंड पहुँचना चाहिए। कश्मीर, शायद इसके बाद में आएगा। कश्मीर में जनमत संग्रह की बात स्वतंत्रता के बाद की है। इसके अन्तर्राष्ट्रीयकरण के प्रयास पाकिस्तान के अस्तित्व में आने के बाद शुरू हुए। इसलिए इसका इतिहास बँटवारे के बाद शुरू होता है।

लेकिन नगालैंड के सन्दर्भ में ऐतिहासिक पृष्ठभूमि जटिल है। यह जनजाति आधारित है और इसे रचने का काम ब्रिटिश शासकों ने, भारतीय स्वातंत्र्य से काफी पहले से शुरू कर दिया था। फिजो ने इस जनजातीय सांस्कृतिक पार्थक्य को अपनी राजनीतिक अति महत्त्वाकांक्षा का आधार बनाया। भारत में रहते हुए भी और भारत से निर्वासन के बाद, इंग्लैंड के अपने प्रवास काल

में भी इंग्लैंड में रहकर इस अलगाववादी राजनीति को संचालित करना फिजो के लिए सुविधाजनक था, क्योंकि वह ब्रिटिश राज की उस भारत नीति के, जिसकी रचना ब्रिटिश शासकों ने भारतीय स्वातंत्र्य से पहले ही शुरू कर दी थी, अनुकूल थी। सचाई तो यह है कि भावनात्मक रूप से नगा मानसिकता भारतीय स्वातंत्र्य के साथ आज तक नहीं जुड़ पाई है, क्योंकि इसके सामने, भारतीय स्वातंत्र्य से पहले, अलगाव के मन्तव्य रखे गए। सेनापति सहित चारों पहाड़ी जिलों को मिलाकर बननेवाले, वृहत्तर नगालैंड का यह प्रस्ताव, अलगाव के उस मन्तव्य का एक नया विस्तार है। और यह विस्तार नई पीढ़ी के शिक्षित नगाओं को किस तरह उत्साहित कर रहा है, थिया हाउ की उत्सुकता में इसका उत्तर निहित है।

कोहिमा से इम्फाल के बीच इस रास्ते से गुजरनेवाले यात्री-वाहनों के लिए, सेनापति एक मुख्य पड़ाव है। इधर से जाने पर, यहाँ पहुँचने तक दोपहर के भोजन का समय होने लगता है।

प्रभा ने बहुत सुबह उठकर, साथ ले चलने के लिए भोजन तैयार कर लिया था। अभी उससे काम चल गया। लेकिन शाकाहारी भोजन? नगालैंड में सचमुच की एक समस्या है। दिमापुर में एक बिहारी के होटल में पूरियाँ और स्क्वाश की सब्जी खाने को मिली थी। वही सब जगह मिलती है। स्क्वाश की रसेदार सब्जी कुछ-कुछ लौकी की तरह और कुछ-कुछ टिंडा की तरह लगती है। या फिर, लाई पाता। यह सरसों या मूली की तरह चौड़े पत्तों वाली हरी भाजी होती है, जिसे पानी में उबाल कर रसेदार परोसा जाता है। रोटियाँ यहाँ बहुत चलन में नहीं। मिलेंगी भी तो मैदे की रोटियाँ ही मिलेंगी। यहाँ का सर्वसुलभ भोजन है—चावल और मछली। अपने साथ का शाकाहारी भोजन खाने के लिए, एक होटल वाले ने अपने यहाँ बैठने को जगह दे दी। इसके एवज में भोजन के बाद उसके यहाँ चाय पी। चाय पीकर बाहर निकले तो ठीक सामने गन्ने के रस वाले ठेले पर नजर पड़ी। बिलकुल दूध की तरह सफेद, गाढ़ा और झागदार गन्ने का रस देखकर रहा नहीं गया। चाय पीकर निकले थे। ऊपर से गन्ने का रस भी पी लिया। नगालैंड और मणिपुर के पहाड़ी रास्तों से होकर जिधर भी निकले, ऐसा ही गन्ने का रस पीने को मिला—बिलकुल दूध की तरह सफेद, गाढ़ा और झागदार।

नगालैंड में और मणिपुर के ईसाई बहुल पहाड़ी जिलों में रविवार का दिन जैसे पूर्ण स्थगन का समारोह मनाता है। प्रभु यीशु की आराधना में या फिर परिवार के साथ आराम। यहाँ तक कि रविवार के दिन बसें भी अनिश्चित हो जाती हैं। इम्फाल से वापसी में, यह अनिश्चितता हमारे भी आड़े आई। लेकिन एक बस मिल गई। सीधे कोहिमा के लिए, आरामदेह बस।

रविवार का स्थगन कोहिमा में सघन है। दिसम्बर की ठंडी शाम सीधे सड़कों पर उतरने उतरने को है। लेकिन राजधानी की मुख्य सड़क निस्पंद और उदासीन है। 4-6 दिनों से बन्द पड़े, एक गृहस्थी के घर को जगाने के लिए कुछ क्रियाएँ करनी पड़ती हैं। मैंने प्रभा से कहा, जितनी देर घर की साफ-सफाई में लगती है, उतनी देर में हम लोग बाजार जाकर सब्जी ले आते हैं। देखें, शायद कोई दुकान खुली मिल जाए।

बीच के इन चार-पाँच दिनों में यहाँ वातावरण बदला है। ऐसा दिखता है कि आतंकवादी उत्पात का वह दौर, जिसे छोड़कर हम यहाँ से निकल गए थे, हमारी पीठ पीछे थमा है। क्रिसमस की रंगत नजर आने लगी है। अब, इस रंगत में शामिल हुआ जा सकता है। इसमें शामिल हो पाना तभी होगा, जब कोई, इस बाहरी व्यक्ति को मंजूर करे।

थिया अपने गाँव चला गया है। क्रिसमस पर होनेवाले सांस्कृतिक उत्सवों की तैयारियों के लिए, वहाँ युवा ईसाइयों की बैठक है। थिया उनके संगठन का सांस्कृतिक सचिव है। देखने में, किसी अमरीकी सा नजर आनेवाले इस उत्साही नगा युवक ने, गाँव जाने से पहले मुझे क्रिसमस का उपहार दिया। वह एक किताब है—'कम्फर्ट फ्रॉम गॉड'। ईश्वर में आस्था रखनेवाले इस युवक ने एक औपन्यासिक पात्र के घर का पता भी मुझे दिया। यह, नीनी नाम की एक नगा ईसाई मध्यवयी महिला है जो साहित्य के रस में भीनी हुई है। पढ़ती भी है और अंग्रेजी में लिखती भी है। नगालैंड में नारी मुक्ति का आन्दोलन भी चलाती है। लेकिन, उसे जाननेवाले, उसके जीवन का वह पक्ष सामने रखते हैं जो उसके अपने एकान्त से सम्बन्धित है। और यह उसका नितान्त घरेलू पक्ष है।

नारी मुक्ति के लिए आन्दोलन चलानेवाली यह मध्यवयी महिला अकेली, एकान्त में रहती है। सिगरेट पीती है और शराब से भी परहेज नहीं करती।

नगालैंड में, वैसे भी शराब से परहेज नहीं किया जाता। लेकिन, जब एक अकेली महिला अपने एकान्त में शराब पीती है और सिगरेट पीती है तो उसके अपने समाज में, उसकी सामाजिक पहचान एक कथा पात्र की तरह कराई जाने लगती है। यह कितनी विचित्र बात है और कितने गहरे अन्तर्विरोध इसमें समाए हुए हैं। फिर भी, थिया को विश्वास है कि इसके साथ मेरी मुलाकात अच्छी रहेगी। जैसी, दो समझदार लोगों की मुलाकात होनी चाहिए। क्योंकि नीनी एक समझदार महिला है।

लेकिन नीनी से मेरी मुलाकात नहीं हो पाई। दूसरे दिन, जब मैं उसके घर गया तो, वहाँ कोई नहीं था। बाहर से भीतर तक सन्नाटा और सूनापन था। पहले तो हम दरवाजे पर खड़े होकर कॉल-बेल के जवाब में आहट लेते रहे। फिर, जिन्होंने मुझे यहाँ तक पहुँचाया, उन्होंने बगल के रास्ते से भीतर जाकर देखा। वहाँ ताला पड़ा हुआ है। एक अकेली रहनेवाली औरत का घर एकदम अकेला है। अहाते में पड़ी पेड़ों की पत्तियाँ कई दिनों पुरानी हो चुकी हैं। यह एक सुन्दर कॉटेज है और इसकी सुरुचि सम्पन्नता दिखाई पड़ती है। बाहरी दीवारों पर लता और बेलें पड़ी हुई हैं और भीतर भी अच्छा बगीचा है। लेकिन सबको सम्हालनेवाला कोई नहीं दिखता। पेड़ों पर, पत्तियों पर और यहाँ तक कि बाहर वाले लोहे के गेट पर धूल की कई पर्तें चढ़ चुकी हैं। किसी उपन्यास में, ऐसे किसी लोहे के गेट को वापस बन्द करके लौटता हुआ, अन्य पात्र अपने मन को क्या कहकर समझा रहा होगा? उसके मन की बात मैं बता सकता हूँ—लगता है, इस घर में रहनेवाली कई दिनों से यहाँ नहीं है।

कोहिमा में, बाहर से आनेवालों के लिए दो प्रमुख दर्शनीय स्थल बताएँ जाते हैं। वार सीमेट्री (युद्ध काल की कब्रगाह) और जनजातीय संग्रहालय। कल, विश्वविद्यालय में अपने व्याख्यान के बाद मैं कोहिमा को अलविदा कहूँगा। उससे पहले वार सीमेट्री जाकर, वहाँ सो रहे लोगों को अलविदा कहूँगा।

दूसरे विश्वयुद्ध के दौरान मारे गए सैनिकों की इस कब्रगाह की देखदेख इंग्लैंड के 'कॉमनवेल्थ वार ग्रेव्ज कमीशन' के द्वारा की जाती है। यह आयोग दुनिया भर की ऐसी कब्रगाहों की देखभाल करता है—

चीड़ो की छाया में
सो रहे हैं सैनिक यहाँ
कब से, गहरी नींद में
लिए फूलों का सिरहना...

आज का पूरा दिन मेरे पास है। विश्वविद्यालय में कोई जरूरी बैठक चल रही है। डॉ. चन्द्रा उसमें उलझे हुए हैं। और मैं अकेले, जैसे कोई सैलानी भटकता है, कोहिमा की सड़कों पर भटकूँगा और कहीं मन को भटकाने का कोई खेल खेलूँगा, जैसे एक अकेला आदमी करता है। संग्रहालय में क्या रखा है? उसमें मेरी कोई दिलचस्पी नहीं।

एक लांड्री में मैंने अपना कोट प्रेस करने के लिए दे दिया। कल विश्वविद्यालय जाना है, थोड़ा सलीके से जाना होगा। काउंटर पर एक सुन्दर, पढ़ी-लिखी लड़की बैठी है। लड़की ने बताया कि अभी-अभी बिजली गई है। अब, बिजली वापस आने के बाद ही कोट मिल सकेगा। मैंने उससे कहा कि कोई हर्ज नहीं, बिजली कुछ अधिक देर तक नहीं लौटे तो भी कोई हर्ज नहीं। मुझे उतनी अधिक देर तक एक सुन्दर लड़की के पास रुकने का बहाना मिल जाएगा। सुन्दर लड़की हँसी। यह युवती नगा नहीं बल्कि, असम से आकर यहाँ बस गई एक असमिया ईसाई है।

यह प्रभा को जानती है। फिर उसने बताया कि यहाँ, मेरे आने की बात भी उसे मालूम है। मैंने उससे कहा कि अब, जब हम अपरिचित नहीं रहे तो क्यों नहीं, जब तक बिजली वापस नहीं आती तब तक वह मुझे अपने साथ ले चलकर कोहिमा का बाजार घुमा देती? कोहिमा में भी नाइके, एडिडास, रीबॉक वगैरह के खिलाड़ियों के जूते और लगेज के सामान और चीन, ताइवान वगैरह की इलेक्ट्रॉनिक वस्तुओं का अच्छा बाजार है। सुन्दर लड़की ने अपनी मजबूरी बताई कि जब तक बिजली नहीं है तब तक वह काउंटर पर अकेली है और बिजली वापस आने के बाद वह भी काम में व्यस्त हो जाएगी। अलबत्ता, उसने मुझे बताया कि वहाँ बाजार में उससे भी सुन्दर लड़कियाँ मिलेंगी। और यहाँ, लड़कियाँ परहेजी नहीं होतीं, बशर्ते कोई अपनी शालीनता न छोड़े।

मुझे लगा कि हमारे बीच भरोसे के सम्बन्ध बन रहे हैं और बिना दुराव-

छिपाव के बात हो सकती है। इसी भरोसे मैंने उससे पूछा कि क्या यहाँ भूमिगत संगठनों के लोग प्रत्येक दुकान से वसूली करते हैं? लेकिन, इस पर वह साफ बिछल गई। उसने कहा कि यहाँ, इसका सीधा जवाब कोई नहीं देगा। बल्कि, अपनी समझ के अनुसार, मुझे ही समझना पड़ेगा।

जब मैं अपना कोट लेने के लिए उसके पास वापस गया, तब तक बिजली आ चुकी थी। मेरा कोट उसने प्रेस कर रखा था। लेकिन उसके लिए पैसे लेने से उसने एकदम मना कर दिया। क्योंकि, मैं उसकी प्रभा मैडम का गेस्ट हूँ।

विश्वविद्यालय में, पता नहीं ऐसा क्या हो गया कि बोलने का मन ही नहीं हुआ। ऐसा लगा कि किसी का सुनने का मन ही नहीं है। जहाँ मैं समझ रहा था कि, मेरी प्रतीक्षा होगी वहाँ, मैं समझ पा रहा हूँ कि मुझे मंजूर ही नहीं किया गया है। लगभग 30 उपस्थित संख्या की इस कक्षा में छात्रों की संख्या 10 से भी कम है, बाकी छात्राएँ हैं। छात्राओं का यह वर्चस्व सांख्यिक भी है और सांकेतिक भी। और यह वर्चस्व वास्तविक भी है। अंग्रेजी विभाग की ये छात्राएँ सम्पन्न घरों की हैं या फिर शासक परिवारों की हैं। इनके सामने यह पूरी तरह सुनिश्चित और उतना ही आश्वस्तिपूर्ण भी है कि यहाँ से निकलकर उन्हें कहाँ जाना है और क्या पाना है? इसके लिए उन्हें इधर-उधर देखने की कोई जरूरत नहीं है।

नगालैंड की प्रशासनिक सेवाओं में नगालैंड के लोगों के लिए ही जगह रखी गई है। यहाँ भारतीय प्रशासनिक सेवाओं में भी, नगालैंड के मूल निवासियों का प्रतिशत सुरक्षित है। यहाँ सम्पन्न वर्ग की सामाजिक संरचना में अर्थ और सत्ता का मजबूत गठबंधन है। इस गठबंधन में राजनीति और नौकरशाही की हिस्सेदारी बराबरी पर आधारित है। इनके तौर-तरीके और तेवर एक जैसे हैं। विश्वविद्यालय में इन्हीं तेवरों का तीखापन देखकर मैं लौटा हूँ। इन तेवरों ने, हमारी आपस में जान-पहचान बनने से पहले ही कहीं नामंजूरी तय कर दी।

जन आधारित राजनीति का दायित्व शायद आन्दोलनकारियों के लिए छोड़ दिया गया है। भूमिगत आन्दोलनकारियों के लिए। सरसरी तौर पर दिखाई पड़नेवाले, इस विभाजन ने नगालैंड की कुल सामाजिक संरचना को सीधे-सीधे

दो टुकड़ों में बाँटकर रख दिया है। एक तरफ अवसरों की विपुलता और उनकी सुनिश्चितता है। यह विशेषाधिकारयुक्त समाज है, जिसकी पहचान अंग्रेजी और अंग्रेजी संस्कृति से निर्धारित होती है। इसके सम्मुख जो बहुसंख्य समाज खड़ा हुआ है उसकी पहचान स्थानीय बोलियों और जनजातीय परम्पराओं से निर्धारित होती है। यह एक अधिकारविहीन समाज है और इसके लिए अवसरों की उपलब्धता पूरी तरह अँधेरे में है।

मणिपुर के सेमिनार में पढ़े गए अपने पर्चे में प्रोफेसर आई. गंभीर सिंह ने इसी नये वर्ग भेद की बात की थी। एक अंग्रेजी जाननेवाला विशेषाधिकारयुक्त समाज जिसे सर्वाधिकारयुक्त समाज कहना अधिक प्रासंगिक होगा, और दूसरा अंग्रेजी नहीं जाननेवाला अवसरविहीन समाज, जो यहाँ का वंचित समाज है, क्या इसीलिए वह भूमिगत हो गया? यदि ऐसा न होता तो युद्ध विराम के समझौते के लिए एन.एस.सी.एन. (नेशनल सोशलिस्ट काउंसिल ऑफ नगालैंड) कैसे सामने आता और कैसे यह जिम्मा ले सकता कि युद्ध विराम समझौता के बने रहने तक शान्ति नियंत्रित रहेगी? इसका अन्तर्विरोध यह है कि जो शान्ति को नियंत्रित करने का जिम्मा ले रहा है और समझौते पर हस्ताक्षर कर रहा है वह भी यही, अंग्रेजी जाननेवाला, विशेषाधिकारयुक्त वर्ग का ही है। वंचितों की शक्ति का प्रतिनिधित्व करनेवाला सर्वाधिकारयुक्त वर्ग? कभी यह फिजो होता है, कभी खापलांग तो कभी यह मुइवा। मुझे लग रहा है कि मैं प्रोफेसर आई.गंभीर सिंह के पर्चे को समझने के नजदीक पहुँच रहा हूँ।

नगालैण्ड की यह राजधानी—कोहिमा इस समय अंग्रेजी के रसरंग और धुन में पूरी तरह भीग चुकी है। दुकानें क्रिसमस के उपहारों से भरी हुई हैं। म्यूजिक शॉप्स में अंग्रेजी गीतों और धुनों के कैसेट्स और सी.डी. बज रहे हैं। मुझे किसी भी दुकान में नगा जनजातीय गीत, संगीत या नृत्यों की धुन का एक भी कैसेट ढूँढ़े नहीं मिला।

कोहिमा के मुख्य चौराहे पर खूब बड़ा सा सांताक्लाज अवतरित हो चुका है। यह, कल यहाँ नहीं था। जरूर पिछली रात उसी क्रिसमस सितारे की रोशनी के सहारे उतरा होगा, जो सितारा घर के पिछवाड़े वाले चर्च के कंगूरे पर लटक रहा है। पीले रंग के ढीले-ढाले कपड़े पहने और उस पर लाल रंग

की लम्बी टोपी लगाये यह सांताक्लाज अब क्रिसमस तक इसी मुख्य चौराहे पर ट्रैफिक की छतरी के सामने बना रहेगा। मैं ईसाई नहीं हूँ फिर भी मुझे सांताक्लाज का विश्वास है। मैं अपने विश्वास से, विश्वासपूर्वक पूछ सकता हूँ कि क्या इस बार सांताक्लाज, यहाँ भय और आतंक में रह रहे लोगों के लिए मुक्ति और स्वस्ति का उपहार लेकर आया होगा?

मणिपुर

काव्यात्मक भ्रान्तिलोक

इम्फाल से यहाँ, विष्णुपुर तक पहुँचानेवाली बस हमें उतारकर आगे निकल गई और हम अपने असबाब के साथ सड़क के किनारे अँधेरी शाम में छूट गए। मणिपुर में अँधेरा जल्दी पड़ता है और उसका रंग भी खूब गहरा काला होता है।

डॉ. चन्द्रा यहाँ के आयोजकों को खबर करने के लिए गए हुए हैं कि हम, उनके आमंत्रित अतिथि, उनके यहाँ पहुँच चुके हैं। छत्तीसगढ़ के डॉ. एन.डी. आर. चन्द्रा नगालैंड विश्वविद्यालय, कोहिमा में अंग्रेजी विभाग के अध्यक्ष हैं। सीधे, खुले आसमान के नीचे से हटकर, हम वहीं सड़क किनारे की एक दुकान की छाया में सिमट गए कि सीधी सर्दी से कुछ तो बचेंगे। मणिपुर में सर्दी खूब पड़ती है। राजधानी इम्फाल से कुल सत्ताईस किलोमीटर दूर एकदम खुले में बसी, विष्णुपुर की यह पहाड़ी बस्ती अपेक्षा से कहीं अधिक ठंडी और असुरक्षित मिली। विष्णुपुर का पुराना नाम, सरकारी कागजों में और डाक के पते में भी, बिशेनपुर ही चला आ रहा है।

यहाँ अंग्रेजी अध्ययन का राष्ट्रीय सेमिनार हो रहा है। कुछ स्थानीय लोगों ने अनुमान किया कि हम उनके यहाँ इसी में शामिल होने के लिए आए हो सकते हैं। परिचय हुआ। बात हुई। मैंने अपना मन्तव्य उनके सामने रखा कि

अनुवादों के जरिए हमारे सम्बन्ध विश्व साहित्य के साथ तो बन रहे हैं लेकिन अपने यहाँ की ही क्षेत्रीय भाषाओं में रचे जा रहे साहित्य के साथ हमारे सम्बन्ध नहीं बन पा रहे हैं। हिन्दी साहित्य भी इसमें शामिल है, जहाँ गतिरोध है। कोई तो सूरत बननी चाहिए, रास्ता निकलना चाहिए। बस, यही कहने के लिए इतनी दूर का रास्ता तय करके मैं, मैदानों से यहाँ, इस पर्वत प्रदेश में आया हूँ।

बात आगे बढ़ाने के बदले उन लोगों ने सुझाया—ये बातें तो कल होंगी। पहले जरूरी है कि आप लोग उस सुरक्षित स्थान में पहुँच जाइए, जहाँ आयोजकों ने आपको ठहराने की व्यवस्था कर रखी हो।

पत्रकारिता से अर्जित मेरी सावधानी ने, सुरक्षित स्थान तक पहुँचने के अर्थ को उसमें निहित चेतावनी के साथ ग्रहण किया। थोड़ी देर पहले सेना के जवान भी आकर हमसे पूछताछ कर गए थे। मेरा अनुमान था कि अन्य पूर्वोत्तर पहाड़ी राज्यों में सक्रिय भूमिगत संगठनों के आतंक से मणिपुर सुरक्षित, शान्त होगा। लेकिन मेरा अनुमान गलत निकला। आतंक यहाँ भी है और शाम के साथ वह घना होता जाता है। उसके सामने बस्ती साँस रोक कर पड़ जाती है। लोग घरों में दुबक जाते हैं। अँधेरे में जो घटित होता है, कोई उसका गवाह नहीं होता।

हिन्दी साहित्य को अपने यहाँ की क्षेत्रीय भाषाओं में रचे जा रहे उस साहित्य के साथ भी, जो आतंक के बावजूद रचा जा रहा है, सम्बन्ध निभाने होंगे। तभी बात बनेगी।

यहाँ सुबह बहुत जल्दी होती है, 5 बजे के आसपास उजाला होने लगता है। मुर्गे की बांग से नींद खुली। तब 5 भी नहीं बजे थे लेकिन बाहर उजाला होने लगा था। सफेद-सफेद उजाला फैला हुआ था और वह नर्म और गीला भी था। इस उजाले में रात के आतंक की छाया तक नहीं थी। मैं अपने मन की बात किसी से कहना चाहता था कि मुर्गे की बांग पर, यह नींद का खुलना कितना अच्छा लग रहा है। लेकिन किससे कहता? मन की बात मन में रहने दी और थिया को साथ लेकर सर्किट हाउस के पीछे झील की तरफ निकल आया।

झील का पानी धूप में चाँदी-चाँदी हो रहा है। चाँदी वाले पानी के बीच छोटी-छोटी नौकाएँ पड़ी हुई हैं। नौकाओं के बदन डोल रहे हैं। जहाँ तक दिखाई पड़ता है, सारे का सारा पर्वत शृंखलाओं का मुक्त प्रसार है। पर्वतों

का बुनियादी रंग नीला है। कुछ बैगनी, कुछ गहरे नीले और कुछ का रंग आसमानी। आसमानी तो इतना आसमानी कि पर्वत और आसमान के बीच विभाजक रेखा ढूँढ़ पाना मुश्किल लगने लगे।

यहाँ के पर्वत सौम्य और सुरम्य हैं। नगालैंड से होकर आ रहा हूँ इसलिए पर्वतों के भेद बता सकता हूँ। नगालैंड के पर्वतों की दुर्गमता और उनकी बीहड़ता में सघन आदिमपन है। मणिपुर के पार्वत्य प्रसार में सभ्य, शिष्ट आतिथ्य आमंत्रण सा कोई भाव है। मेघालय के लिए कहा जाता है कि वहाँ बादलों का अलौकिक सौन्दर्य देखने को मिलता है। वह बादलों का प्रदेश है। इसीलिए जब असम का विभाजन करके उस नए राज्य का गठन किया गया तो उसका नामकरण हुआ—मेघालय। मणिपुर के इस हिस्से में भी बादलों का वही सौन्दर्य मिलता है। यहाँ पर्वतों और आसमान के बीच बादलों की उपस्थिति अद्‌भुत शिल्प की रचना करती है और मन को अलौकिक स्वप्नलोक की यात्रा पर ले जाती है—

वहाँ, बादलों के पीछे छिपा बैठा
कोई बजा रहा होगा बाँसुरी
देव कन्या को रिझाने के लिए
नौका लिए आ पहुँचा
रंगीन फूलों से भर कर
देव कन्या को सजाने के लिए
जो बजा रहा था बाँसुरी
बादलों के पीछे छिपा बैठा...

चमचमाती धूप के बाद भी, सुबह खूब ठंडी है। सड़क काँच की तरह चिकनी है और धूप, पता नहीं किस कोण से पड़ रही है कि परावर्तित होकर सीधे आँखों में आ रही है। सामने देख पाना मुश्किल हुआ जा रहा है। बगल में खेत फैले हुए हैं। खेतों में कहीं धुआँ उठ रहा है? कहीं जोताई हो रही है। कल जब हम यहाँ आ रहे थे तब भी रास्ते के खेतों से उठनेवाला धुआँ दूर तक फैल रहा था, धरती और आसमान के बीच ठहर रहा था। खेतों में आग लगाकर 'झूम पद्धति' से खेती करना नगालैंड में प्रचलित विधि है। वहाँ इस

पद्धति को बदलने के उपाय सुझाए जा रहे हैं। झूम पद्धति की खेती मणिपुर में भी प्रचलन में है। यहाँ रहनेवाले नगाओं ने इसे अपनाए रखा है। मणिपुर में बहुत अच्छी किस्म का चावल होता है। अपनी खुशबू और मिठास के लिए प्रसिद्ध मणिपुरी चावल हमारे आज के भोजन में होगा।

चावल और मछली यहाँ का मुख्य भोजन है। मणिपुर के वैष्णव ब्राह्मण भी मछली खाते हैं। शायद मछली को यहाँ शाकाहार में शामिल कर लिया गया है। बिहार के मैथिल ब्राह्मणों में और दक्षिण के तटीय ब्राह्मणों के सम्बन्ध में भी यही बताया जाता है। वनस्पतीय शाकाहारी भोजन के लिए प्रयास करना पड़ता है। रोटियाँ भी आसानी से नहीं मिलतीं। मिलती भी हैं तो, मैदे की रोटियाँ।

सर्किट हाउस एक पहाड़ी टेकड़ी पर है। बस्ती नीचे, समतल में है। थिया को साथ लिए हुए मैं नीचे, बस्ती की तरफ निकल आया। बस्ती से मिलने, बात करने। क्या बस्ती बात करेगी? हाँ, बस्ती बात करेगी, यदि तुम्हें बस्ती से बात करना आता हो तो। थिया हाऊ ने नगालैंड विश्वविद्यालय सें अंग्रेजी में एम. ए. किया है और इस राष्ट्रीय सेमिनार में अपनी कविता पढ़कर सुनाने के लिए वह यहाँ आया है। नगा है। और नगाओं में आओ समुदाय का है।

कल शाम जिस जगह हम एकदम अपरिचितों की तरह खड़े थे, उस जगह को मैंने आसानी से पहचान लिया। अब अपरिचय नहीं है। यहाँ एक साइनबोर्ड लगा हुआ है, जिस पर विष्णुपुर का नाम लिखा हुआ है। सामने मंदिर है। मैंने अनुमान किया कि विष्णु मंदिर होगा। मणिपुर वैष्णव है। मैंने सोचा, यहाँ वैष्णवी कीर्तन भी होता होगा। मणिपुर का जो सबसे कोमल, सबसे प्रांजल रूप हो सकता है वही मन में लिए हुए मैं यहाँ आया हूँ। इसमें मणिपुर नृत्य की थिरकन है और इसमें वैष्णवी कीर्तन की धुन है। मणिपुर की वर्तमान राजनीतिक परिस्थितियाँ इसे आक्रांत करनेवाली हैं। फिर भी मणिपुर का यह रूप अपनी समस्त सांस्कृतिक भावनात्मक सत्ता के साथ अस्तित्वमान है। कभी किसी सघन अव्यक्त की तरह, तो कभी किसी अगम अगोचर रहस्यबोध की तरह, तो कभी किसी दिव्य स्वप्न की तरह, जो दृश्य से ध्वनि और ध्वनि से दृश्य के बीच रूपांतरित, तरंगित होता हुआ है। इसमें एक क्षण वह भी आता है जब कांस्य मजीरे की ध्वनि से गौरांग महाप्रभु का कीर्तन प्रस्फुटित होने लगता है। इस ध्वनिलोक में सब कुछ गोविन्द-गोविन्द हो जाता है।

देवालय के पट अभी खुले नहीं थे। लेकिन प्रांगण में डबाडब धूप थी। यहाँ के सेवायत हरिहर देव शर्मा ने बताया कि अभी अग्रहायण मास चल रहा है। अभी कीर्तन नहीं होते। इस समय यहाँ के किसान अपनी फसल काटने में व्यस्त हैं। माघ में लोग फुर्सत हो जाएँगे तो कीर्तन फिर से होंगे। शर्मा जी ने कहा—"कीर्तन सुनना हो तो माघ में आइए।"

मणिपुर में जनजातियाँ भी हैं। अब तक इनके और वैष्णवों के आपस में सामंजस्यपूर्ण सम्बन्ध रहे होंगे। इसलिए अब तक कोई समस्या यहाँ के सामाजिक ढांचे को प्रभावित या दुष्प्रभावित नहीं कर रही थी। आज भूमिगत गतिविधियाँ मणिपुरी समाज को आतंकित कर रही हैं तो यह संकेत है कि यहाँ की जनजातियों और गैर जनजातियों के आपसी सम्बन्धों में सामंजस्य की जगह टकराहट ने ले ली है। समस्या का बीज राजनीति की जमीन में पड़ चुका है। इसका निदान राजनीति या प्रशासनिक ढांचे में ढूँढ़ना उपयुक्त होगा अथवा सामाजिक ढांचे में ढूँढ़ना उपयुक्त होगा, थोड़ा ठहरकर इस पर विचार करें, फिर आगे बढ़ें। अन्यथा कोई बड़ी दुर्घटना भी घट सकती है। किसी भी समाज में लम्बे समय तक सेना की उपस्थिति अथवा उस समाज का अधिकाधिक सैन्य सुरक्षा पर आश्रित होते चले जाना हमारी जनतान्त्रिक चेतना को धीरे-धीरे निष्प्रभावी बनाता जाएगा, और उससे पहले हमारे बुनियादी सामाजिक ढांचे को मनोविकृत करेगा। इस समय, दूसरी सहस्त्राब्दी के अवसान पर्व पर, जब हमारे चारों ओर 21 वीं सदी के स्वागत के लिए बन्दनवार सजाए जा रहे है, अकेले मणिपुर में नहीं बल्कि सप्त वनिताओं वाले सम्पूर्ण उत्तरपूर्वी सीमान्त के पहाड़ी राज्यों की नागरिक सुरक्षा सैनिक अथवा अर्द्धसैनिक संगठनों की बंधक है।

मणिपुरी भाषा को भारत की सूचीबद्ध भाषाओं में स्थान प्राप्त है। लेकिन इन दिनों मणिपुरी समाज में भाषा का एक प्रश्न भी विभाजन के लिए कारण जुटा रहा है। मणिपुरी भाषा से अलग यह प्रश्न विष्णुप्रिया मणिपुरी भाषा की मान्यता से जुड़ा हुआ है और असम-मणिपुर के बीच विवाद की स्थितियों को आमंत्रित कर रहा है। असम सरकार ने अपने यहाँ के विद्यालयों में विष्णुप्रिया मणिपुरी भाषा पढ़ाने का निर्णय किया है। इस पर मणिपुर की सरकार का कहना है कि असम में मणिपुरी भाषा पढ़ाएँ, विष्णुप्रिया मणिपुरी नहीं। क्योंकि

मणिपुरी ही मान्यता प्राप्त भाषा है।

हिन्दी और अंग्रेजी में द्वंद्व के बीच क्षेत्रीय भाषाओं के विकास को बराबर क्षेत्रीय राजनीतिक आकांक्षाओं से जोड़ने की कोशिशें चल रही हैं। ऐसा लगता है कि कोई शक्तियाँ बड़े सधे हुए ढंग से भाषा के प्रश्न को एक घातक भावनात्मक दिशा की ओर मोड़ने में सफल हो रही हैं। यह दिशा सामाजिक विघटन के रास्ते पर ले जानेवाली होगी। पहले हिन्दी और अंग्रेजी के द्वंद्व को हिन्दी और क्षेत्रीय भाषाओं के द्वंद्व में केन्द्रित किया गया और प्रच्छन्न रूप से अंग्रेजी को एक सर्वमान्य सम्पर्क भाषा के रूप में प्रस्तावित किया गया। और अब क्षेत्रीय भाषा और क्षेत्रीय भाषा के आपस में भाषायी राजनीति की यह नई प्रतिस्पर्धा?

असम से आए एक प्राध्यापक, श्री आई. गंभीर सिंह ने अपने आलेख में, भाषायी आधार पर विकसित होनेवाले एक नए वर्गभेद का उल्लेख किया। गंभीर ने कहा कि यह वर्गभेद अंग्रेजी जाननेवाले विशेषाधिकारयुक्त समाज और अंग्रेजी नहीं जाननेवाले वंचित समाज की कूट रचना करता है।

मैं किसी पर्यटक की तरह यहाँ नहीं आना चाहता था। पत्रकार की तरह भी नहीं। इस तरह आना चाहता था कि यहाँ के कोमल, प्रांजल सौन्दर्य को अनुभूत कर सकूँ उसका स्पर्श कर सकूँ और जब यहाँ से लौटूँ तो इस अनुभूति को, इसके स्पर्श को अपने भीतर बसा कर लौटूँ। जब यहाँ से चला जाऊँ तो भी यहाँ बना रहूँ। किसी मन में, किसी प्रतीक्षा में मेरे लिए एक निमंत्रण हो चाहे व्यक्त चाहे अव्यक्त, किसी और मौसम में फिर आने के लिए। जैसे सेवायत हरिहर देव शर्मा ने आमंत्रित किया—'कीर्तन सुनना हो तो माघ में आइए।'

मणिपुर में और महीने भी तो होंगे, और अवसर भी तो होते होंगे जिनके बहाने अतिथियों को और अपने किन्हीं अन्तरंगों को आमंत्रित किया जाता होगा?

इन्दिरा गांधी राष्ट्रीय मानव संग्रहालय, भोपाल ने 1995 की गर्मियों में, भिलाई में एक बहुत बड़ा आयोजन किया था। उसमें देश भर की जनजातियों के समूह आमंत्रित किए गए थे। उस आयोजन को शीर्षक दिया गया 'चिन्हारी'। 'चिन्हारी' में मणिपुरी नृत्य दल भी आया था। तीखे नासिकाग्र से लेकर मस्तक तक वैष्णवी केसरी चन्दन के तिलक धारण की हुई मणिपुरी नृत्यांगनाओं को मानवीय सामीप्य के भीतर देखने का वह मेरा पहला अवसर था। इससे पहले

मैंने मणिपुरी नृत्यों के चित्र या पोस्टर्स देखे थे, सिनेमा के पर्दे पर देखा था या फिर मणिपुरी की सम्पूर्ण सज्जा में प्रीति पटेल, श्रुति बैनर्जी को देखा था। मैं अवाक रह गया था। शायद, भीतर से भयभीत हो उठा था। केसरी चन्दन के तिलक धारण की हुई उन मणिपुरी नर्तकियों के सौन्दर्य की दिव्यता इतनी प्रखर थी कि मानव स्पर्श से उसके मलिन हो जाने का भय अपने मन में जागना ही था।

कल शाम बस्ती से बाहर खड़ा मैं एक अपरिचित था यहाँ। अब मैं वहाँ पहुँच चुका हूँ जहाँ हमें ठहराने की व्यवस्था नियत थी। यहाँ मैं एक विशिष्ट अतिथि हूँ और अपने अतिथि पर सबकी दृष्टि है, दृष्टि में स्वागतभाव भी है। लेकिन, मैं आत्मीयता का स्पर्श चाहता हूँ जिससे अपने ही मन में, जाने कब से, जाग रहे भय को काट सकूँ। मैं स्वयं को विश्वास कराना चाहता हूँ कि यह दिव्य सौन्दर्य मेरे स्पर्श से मलिन नहीं होगा। मानवीय स्पर्श से सौन्दर्य मलिन नहीं होता। सच कहूँ? मैं यह विश्वास करना चाहता था कि मैं किसी देवलोक में नहीं आ पहुँचा, मनुष्यलोक में ही हूँ।

पंक्तिबद्ध छात्र-छात्राओं ने तालियाँ बजाकर हमारा स्वागत किया। पुष्प गुंथित केश और पंकज श्वेत पारम्परिक मणिपुरी परिधान में सजी-धजी छात्राएँ कभी नन्ही परियाँ लगीं तो कभी अप्सराएँ, जो विशेष रूप से इस अवसर के लिए ही देवलोक से उतरी हों। नहीं रहा गया तो किसी एक छात्रा को छूकर मैंने देख लिया। मेरे स्पर्श से न तो वह मलिन हुई, न ही तिरोहित हुई। बल्कि उससे अगली वाली छात्रा ने अपना हाथ मेरी तरफ बढ़ा दिया। फिर एक के बाद एक, छात्राएँ हाथ बढ़ाती गईं और विश्वास सहेजती गईं। जब मेरा, बोलने का, अवसर आया तो मैंने कुछ नहीं छिपाया। साफ-साफ कह दिया कि यही स्पर्श मैं अपने साथ लेकर जा रहा हूँ। क्योंकि यह मेरे विश्वास को प्रमाणित करता है।

सेमिनार कक्ष चन्दन और धूप के धुएँ से धुआँ-धुआँ हो रहा है। मंच पर बड़े-बड़े दीपाधार रखे हुए है। नासिकाग्र केसरी चन्दन का तिलक, पुष्प गुंथित केश और पंकज श्वेत पारम्परिक मणिपुरी परिधान में सज्जित छात्राएँ बीच-बीच में चन्दन चूर्ण और धूप डालकर धुएँ को नए सिरे से उकसा देती हैं। उन्हें क्या पता होगा कि काव्यात्मक भ्रान्तिलोक की यह सृष्टि आदमी को कहाँ से लेकर

कहाँ पहुँचा रही है? नील नदी की रानी क्लियोपैट्रा का कक्ष ऐसे ही चन्दन और धूप की धुंध में रहस्यालोकित करता रहा होगा। कहते हैं कि क्लियोपैट्रा ने इस रहस्यालोकित दृश्य का साक्षात्कार देवी अफ्रोदिते के मंदिर में किया था। देवी अफ्रोदिते को प्रेम की देवी माना जाता है। सिकन्दरिया नगर के समुद्र तट पर अफ्रोदिते का मंदिर बताया जाता है। है न यह चमत्कार की बात कि कहाँ मणिपुर का यह पार्वत्य प्रदेश, कहाँ नील नदी की वह रहस्यमय घाटी जहाँ रानी क्लियोपैट्रा की प्रेम गाथाएँ आज भी जागती हैं, और कहाँ सिकन्दरिया नगर का वह समुद्र तट—धुएँ के भ्रान्तिलोक ने कहाँ से कहाँ पहुँचा दिया?

असम से हम जितना पूर्वोत्तर की ओर बढ़ते हैं, मंगोल किरात रक्तवर्ण के लक्षण क्रमश: उतने गहरे होते जाते हैं और इसके साथ किसी नए प्रदेश में पहुँचने की अनुभूति भी उतनी ही सघन होती जाती है। यह अनुभूति चाक्षुष और संवेदनात्मक, दोनों स्तरों पर होती है। मणिपुर में यह अनुभूति जटिल हो जाती है। यहाँ के सौन्दर्य में मंगोल किरात के साथ आर्य प्रभाव भी लगभग समानुपात में मिलता है। कभी लगता है कि हम यक्ष-यक्षिणियों के लोक में विचरण कर रहे हैं। कभी लगता है कि हम देवलोक में आ पहुँचे जहाँ अप्सराएँ रहती हैं। इन्द्र की उर्वशी यहीं रही होगी?

जिनके स्पर्श से मैंने अपने विश्वास को प्रमाणित किया उनमें से कुछ के पास, उनकी आटोग्राफ बुक्स में, मैं अपने हस्ताक्षर छोड़कर आया हूँ। कागज के उन पन्नों के बीच जब तक अक्षरों का अस्तित्व रहेगा तब तक मैं उनके पास किसी-न-किसी स्मृतिरूप में बना रहूँगा। उनमें से कुछ के नाम, उनके पते उनके हाथों से लिखवा कर अपने साथ लाया हूँ कि कभी किसी पत्र की प्रतीक्षा के लिए ये नए आसरे होंगे। ये देवियों के नाम हैं, देवबालाओं के नाम हैं। जैसे पूनम तम्फासना देवी, चनमब नानौबी देवी, कीशम सविता देवी, अंशुम इन्दू बाला देवी खुंदराक्पम पुष्पबाला। देवियाँ और देव बालाएँ तो देव लोक अथवा यक्ष लोक में रहती हैं। उनके सान्निध्य सामीप्य के लिए इन्द्र का ऐश्वर्य चाहिए या फिर अर्जुन का पुरुषार्थ। दोनों मानवीय सामर्थ्य से परे। मुझे बार-बार किसी देवलोक अथवा यक्षलोक की यात्रा से लौट कर आने जैसा लगता है तो इसमें असहज कुछ नहीं। मुझे क्या, किसी को भी लगेगा।

समान्यतया ऐसे आयोजनों के साथ आसपास के भ्रमण का कार्यक्रम भी जुड़ा होता है। वह यहाँ नहीं था। लेकिन हमारे अपने कार्यक्रम में वह है। मोइरांग यहाँ से बहुत दूर नहीं। नेताजी सुभाष चन्द्र बोस द्वारा स्थापित आजाद हिन्द फौज का मुख्यालय मोइरांग में है। रात पड़ने से पहले, सुरक्षित समयसीमा के भीतर, वहाँ से लौट कर यहाँ वापस आया जा सकता है। देवकन्याओं और पुष्पबालाओं ने हमारा समर्थन किया। उकसाने की हद तक हमारा समर्थन किया क्योंकि वे भी हमारे साथ चल रही हैं।

वे सुबह से अभी तक वैसी की वैसी, पंकज श्वेत पारम्परिक मणिपुरी परिधान में सजी-धजी, परी की परी बनी हुई हैं। न तो नासिकाग्र, मस्तक पर केसरी चन्दन के तिलक धूमिल पड़े हैं, न तो केशों को सजानेवाले पुष्प कुम्हलाए हैं। देवताओं और अप्सराओं के लक्षण बताए गए हैं कि उनको पसीना नहीं आता, उनकी छाया पृथ्वी पर नहीं पड़ती, उनकी पलकें नहीं झपकतीं तथा उनके द्वारा धारण किए जानेवाले पुष्प नहीं कुम्हलाते। कुछ अपनी श्वेत पारम्परिक मणिपुरी मेखला बदलकर रंगीन मेखला पहन आई थीं। वो परियों से तितली बन गई हैं।

मोइरांग से आगे मणिपुर की अत्यन्त रमणीय लोकताक झील है। पहले वहाँ चलते हैं, फिर, लौटते में मोइरांग रुकेंगे। अभी भागते हुए सूर्य को ठीक लोकताक झील पर पकड़ा जा सकता है। अँधेरे की दिशा में जाता हुआ सूर्य अपने पीछे लाल, पीले रंगों की जाने कितनी-कितनी प्रभाएँ बिखेरता जाता है कि आदमी की खुली आँखें न तो उनकी पहचान कर पातीं, न उनकी गिनती रख पातीं। सब के सब रंग और उनकी प्रभाएँ बारी-बारी से झील की सतह पर उतरती हैं फिर, देखते-देखते, जलसमाधि ले लेती हैं। कोई अपनी स्वर्ण आभा जल सतह पर छोड़ जाती है, कोई पूरी की पूरी झील को तांबई रंग में रंग जाती है। जल के तल में जरूर कोई माया महल होगा। ये जो, रंगों की प्रभाएँ यहाँ जलसमाधि ले रही हैं उस मायामहल में प्राण प्रतिष्ठा करेंगी। कल, जब सुबह होगी, सब-की-सब मत्स्य कन्याएँ बन कर बाहर निकलेंगी और लोकताक झील के टापुओं पर धूप तापती हुई मिल जाएँगी। किसी मनुष्य की आहट होते ही जल में छलांग लगा देंगी। शायद, चोरी से उन्हें देखना सम्भव हो। यह सम्भावना की बात है। लेकिन कल हम यहाँ कहाँ होंगे?

सुबह मैंने सूर्योदय की झील देखी थी। उसका पानी चाँदी था और उस पर सिहरती हुई नौकाओं के बदन डोल रहे थे। अभी मैं सूर्यास्त की झील देख रहा हूँ। झील का पानी कभी सोना तो कभी तांबा हो रहा है। जल सतह स्थिर है, झील स्तब्ध है। सूर्यास्त के रंग थके और उदास होते हैं। मुझे लगता था कि थके हुए इन रंगों का अवसाद अकेला पाकर मुझ पर हमला करता है। एक बार मैं पश्चिमी राजस्थान के रेगिस्तान में था और ऐसे ही, सूर्यास्त के थके हुए रंगों से सीधे आमना-सामना हो रहा था। लेकिन उस दिन मैं अकेला नहीं था। एक आस्ट्रेलियाई युवती, जेनेट लांग मेरे साथ थी। मैंने अपनी तसल्ली के लिए उससे पूछा—'क्या तुम भी उदास होती हो?'

उस विदेशिनी ने कहा—'हाँ, इन थके हुए रंगों का असर ही कुछ ऐसा होता है। जब मैं अकेली होती हूँ तो मन उदास हो जाता है।'

फिर जेनेट ने वापस मुझसे पूछा—'तुमने मुझसे यह क्यों पूछा?'

उस समय उसकी रंगीन आँखें झील हो रही थीं। मैं उस झील में उतर सकता था। मैंने जेनेट से कहा 'क्योंकि अभी तुम साथ हो।'

उदासी संक्रामक होती है। अपने साथ के किसी-न-किसी को छू ही लेती है। एक मृदुल स्पर्श मैंने अपनी किसी बाँह पर पाया। एक छात्रा ने मुझसे पूछा, "क्या बात है सर, आप उदास क्यों हो रहे हैं?"

अपने को छिपाने के लिए मैंने कविता की आड़ रची—"एक उदास कविता याद आ गई।"

"महानगर में शोक गीत?" उसने मेरी एक कविता का शीर्षक बताकर मुझसे पूछा। मेरी नोट-बुक उसके पास थी, जिसमें उसने अपना नाम-पता लिखकर मेरे लिए छोड़ा था? तभी उसने यह कविता पढ़ी होगी। इतनी देर तक मैं भ्रम में था कि अंग्रेजी साहित्य की ये छात्राएँ केवल अंग्रेजी जानती हैं या मणिपुरी या फिर कुछ आगे जाकर मणिपुरी बनाम विष्णुप्रिया—मणिपुरी के विवाद में पड़ेंगी। उसने मेरा भ्रम तोड़ा और मुझसे मेरी कविता माँगी कि मेरी हिन्दी कविता का मणिपुरी में अनुवाद करके वह अपनी उन सहेलियों को सुनाएगी जो हिन्दी नहीं पढ़ सकतीं। उसने मुझे विश्वास दिलाने के लिए मणिपुरी में एक गीत गाया और हिन्दी में उसका अर्थ समझाया, फिर बताया

कि मणिपुरी फिल्म 'माधवी' में इस गीत को अनुराधा पौड़वाल ने गाया है। वह मुझसे सहमत है कि हमें अपनी क्षेत्रीय भाषाओं में लिखे जानेवाले साहित्य से और हिन्दी में लिखे जानेवाले साहित्य से परिचित होना चाहिए। यही बताने के लिए वह साथ आई है।

लोकताक झील का सौन्दर्य अन्य झीलों से एकदम अलग है। पूरी झील में, जहाँ तक नजर जाती है, असंख्य छोटे-छोटे टापू दिखाई देते हैं। ये हरे-भरे टापू इस झील को जादुई बना देते हैं। लगता है, इनमें से किसी पर पैर धरा नहीं कि वह टापू या तो अदृश्य हो जाएगा या फिर अपनी जगह छोड़कर किसी दूसरी जगह उग आएगा। अभी, सूर्यास्त के समय जो टापू हम यहाँ देख रहे हैं, इसकी पहचान के लिए कोई निशान लगा कर हम सारी रात यहाँ पहरा देते रहें तो भी दूसरी सुबह जब सूर्योदय होगा तो हम पाएँगे कि हमारी पहचान बनाए हुए टापू अपनी जगह पर नहीं हैं। रातोंरात तैर कर किसी अदृश्य स्थान की ओर चले जा चुके हैं और उनकी जगह हमारे सामने अपरिचित टापू कहीं से चले आए हैं।

ऐसा होता नहीं होगा। लेकिन लोकताक झील मुझे सौन्दर्यमयी से अधिक मायावी लगी। सुनी-सुनाई कहानियों का एक भय अपने साथ लेकर मैं पूर्वोत्तर सीमान्त के पर्वतीय प्रदेशों की यात्रा कर रहा हूँ कि यहाँ की रूपसियाँ अपने जादू के जोर से पुरुषों को वश में कर लेती हैं और पालतू बनाकर अपने पास रख लेती हैं। अवचेतन का यही भय लोकताक झील से जुड़ रहा है और मुझे लग रहा है कि मैं यहीं का होकर रह जाऊँगा।

झील से ऊपर, पहाड़ी टेकड़ी पर टूरिस्ट-प्वाइंट है। यहाँ से पूरी घाटी का विहंगावलोकन किया जा सकता है। पर्यटकों के लिए एक रेस्तराँ भी है, जिसकी खिड़कियाँ हर दिशा में खुलती हैं। कुछ ऐसा है, जैसे काँच की दीवारों का ढांचा हो। काँच की दीवारों पर अँधेरे ने एकदम से हमला किया। हमारे देखते-देखते रात वहाँ फैल गई और हर दिशा मुंद गई। वही, काले आकाश वाली गहरी और भारी रात, जिसमें नींद की कोई दवा घुली होती है। मैंने अनुमान किया कि काँच के इस ढांचे से रोशनी छनकर बाहर जा रही होगी। बाहर विशाल काला सागर होगा। काँच का यह ढाँचा दूर से एक जहाज नजर आ रहा होगा, जो उस काले सागर में लंगर डाल कर खड़ा हुआ है।

लंगर डाल कर खड़े हुए जहाज में गीत गूँजने लगे। टी.वी. की संस्कृति ने गीत-संगीत के जिस सबसे घरेलू रूप को सबसे अधिक लोकप्रिय बनाया है, वह है—अन्त्याक्षरी। अन्त्याक्षरी ने हमारे बीच पीढ़ियों की एक बहुत अजीब सी प्रतिस्पर्धा प्रारम्भ कर दी जिसमें हमें अपने अपने समय के विरुद्ध दौड़ लगाकर दूसरी तरफ पहुँचना था। सामनेवाली पीढ़ी ने एक टेक ली—'मैं का करूँ राम, मुझे बुड्ढ़ा मिल गया...'

यह खुली छेड़छाड़ थी। फिर भी, इसे तो होना ही था। टेक को कोरस होने में देर नहीं लगी। फिर सामनेवाली पीढ़ी ने छेड़छाड़ का रास्ता छोड़ा और दोस्ती का हाथ बढ़ा कर अपनी तरफ बुलाया—'मेरे ख्वाबों में जो आए, आ के मुझे छेड़ जाए...।'

हम अपनी तरफ के समय में अटक कर रह गए। उनका गाना हमसे नहीं बना। बहुत बरस पहले, ऐसी ही असहायता में मैं घिरा था। मेरे एक बैंकर मित्र हैं, श्री विवेक जोगलेकर। सांस्कृतिक कलात्मक पृष्ठभूमि वाले व्यक्ति। विवेक एक यक्ष प्रश्न से उलझ गए। हमें शास्त्रीय संगीत पंसद है जो नई पीढ़ी को पसन्द नहीं। नई पीढ़ी को पॉप (पॉपुलर, लोकप्रिय) संगीत पसन्द है, जो हमारी अभिरुचि से परे है। इसका मतलब हुआ कि हम नई पीढ़ी को समझने में विफल हो रहे हैं। इसे समीकरण मानें तो, हम समय से बाहर (आउटडेटेड) हो चुके हैं क्योंकि यह समय नई पीढ़ी का है जिसके साथ चल पाने में हम विफल हो रहे हैं। है कि नहीं?

यक्ष प्रश्न का उत्तर हाँ या नहीं में कैसे दिया जा सकता है, तो मैं ही कैसे दे पाता? प्रश्न जागता रहा। फिल्म 'दिलवाले दुल्हनिया ले जाएँगे' में लता ने इसका उत्तर सुझाया। अपनी उम्र के 72वें वर्ष में उन्होंने तनूजा की बिटिया, काजोल के लिए गाया—'मेरे ख्वाबों में जो आए, आ के मुझे छेड़ जाए...'

इतने वर्षों में लता ने बराबर अपना गैरजरूरी वजन कम किया है। लता मंगेशकर से लता जी। और लता जी से केवल लता रह कई हैं। लता केवल वही हो सकती हैं जो 72वें वर्ष में 20 वें वर्ष के लिए गा सकें—'मेरे ख्वाबों में जो आए, आ के मुझे छेड़ जाए...'

लम्बा रास्ता तय करने के लिए अपना बोझ कम करना पड़ता है। नीचे

उतरकर हमने अपने अपने बोझ का वजन नापा। डॉ. चन्द्रा अभी तक अध्यक्ष, अंग्रेजी विभाग नगालैंड विश्वविद्यालय का बोझ लादे हुए थे। असमंजस में बने हुए थे कि इसे त्याग कर कैसे सहज हों, आगे बढ़ें और सबके साथ हिलें-मिलें, खेलें? मैंने छात्राओं को बताया—"आज मैं अपनी उम्र से, कम से कम, इतना भारमुक्त हो सका जितनी तुम्हारी उम्र होगी।"

इस भारविहीनता के लिए मैं उन देवबालाओं और पुष्पबालाओं के ऋण स्वीकारता हूँ।

मोइरांग पहुँचना कैसा होगा हठात, विस्मित-चमत्कृत कर देनेवाला कि सहज, सामान्य और फिर धीरे-धीरे समस्त चेतना को अभिभूत कर देनेवाला? इसका पहले से कोई निर्धारण कर पाना किसी के लिए भी एक श्रमसाध्य प्रक्रिया होगी। भारतीय स्वाधीनता संग्राम के इतिहास की साक्षात शौर्यगाथा यहाँ स्पंदित है। आजाद हिन्द फौज (आई.एन.ए.) का मुख्यालय रात के इस समय बन्द है। लेकिन उस शौर्यगाथा के पन्ने यहाँ खुले हुए हैं, समय उन्हें पढ़ रहा है, पढ़कर हमें सुना रहा है। यह इतिहासबोध इतना विपुल, इतना सघन है कि उसे आत्मसात् कर पाना अपने मानवीय सामर्थ्य से परे लगने लगे। मानवीय सामर्थ्य के सम्भवत: सबसे ओजस्वी रूप का साक्षात्कार यहाँ है। विस्तृत आकाश के सीधे नीचे, नेताजी सुभाष बोस की मानवाकृति प्रतिमा का, इस स्थान पर, दर्शन करना। सिंगापुर से बर्मा के रास्ते यहाँ पहुँचकर नेताजी ने ब्रितानी भारत में आजाद हिन्द फौज के इस मुख्यालय की स्थापना कैसे की होगी?

मध्ययुगीन राजपूताना के सबसे बड़े युद्धनायक महाराणा प्रताप को अलग इतिहास खंड में देखें तो जिन दो मानव प्रतिमाओं को मैं, उनकी समस्त गौरवमय सांदर्भिकता में देख पता हूँ उनमें आधुनिक भारत के द्रष्टा के रूप में, पंडित जवाहरलाल नेहरू की वह प्रतिमा है जो भाखड़ा बाँध के विहंग पर खड़ी हुई है और राष्ट्रीय स्वातंत्र्य चेता के रूप में नेताजी सुभाष बोस की यह प्रतिमा, मोइरांग में। यहाँ अपनी चेतना को झंकृत करने लगता है, यह प्रयाण गीत 'कदम-कदम बढ़ाये जा, खुशी के गीत गाए जा, ये जिन्दगी है कौम की, कौम पे लुटाए जा...।'

भारतीय स्वातंत्र्य संग्राम के इतिहास की यह, साक्षात, शौर्य गाथा यहाँ

के स्थानीय लोगों की अनुभूतियों को किस तरह स्पंदित करती होगी, क्या पता? यहाँ पहुँचनेवाले तो पर्यटक होते होंगे उनके पास, अनुभूति के किसी तल को स्पर्श करने का समय कहाँ होता। उन्हें तो कुछ ऐसे ही बताया जाता होगा—यह आई.एन.एस. का मुख्यालय और इसके परिसर में जो संग्रहालय है उसमें इतिहास से सम्बन्धित दस्तावेज, फोटो आदि हैं।

यहाँ से हम कल सबेरे वाली गाड़ी से चले जाएँगे। हमसे आगे हमारा रास्ता होगा। और हमसे अलग एक अकेला मेरा मन होगा जो बार-बार पीछे की ओर छूट रहा होगा क्योंकि बहुत सारे प्रश्न अब जाग रहे हैं जिनके उत्तर उन्हीं के पास होंगे जो, एक-एक करके, सब-की-सब रास्ते में उतरती गई थीं। दिन भर के बाद वे अपने अपने घरों को वापस लौट रही थीं। देवबालाएँ और पुष्पबालाएं। हमसे विदा ले रही मणिपुरी रूपसियाँ हमारे हाथों में कुछ न कुछ रख कर जा रही थीं। किसी ने टॉफी रखी, किसी ने केला, किसी ने कोमला। कोमला फल या कमला फल यहाँ संतरा को कहते हैं। शायद यहाँ का रिवाज हो कि अपने अतिथियों को खाली हाथ विदा नहीं किया जाता। जिसके पास न टॉफी रही, न केला, न कोमला फल, उसने कागज की एक मुड़ी-तुड़ी पर्ची मेरे हाथ में रख दी।

इस समय यहाँ इतनी सर्दी है कि सब कुछ जमता हुआ सा लग रहा है। लेकिन कागज की पर्ची पसीने से पसीजी हुई मिली। देर से बन्द मुट्ठी की गर्मी उसमें अभी बनी हुई थी। मेरी नोट-बुक वह पहले ही मुझे लौटा चुकी थी। सर्किट हाउस पहुँचकर मैंने मोमबत्ती के उजाले में देखा, नोट-बुक के पन्नों में लिखे गए पतों में उसका पता भी शामिल है। फिर अलग से इस पर्ची का क्या अर्थ? अन्त्याक्षरी वाली उस संध्या के अर्थ जटिल होने लगे। सर्किट हाउस में अँधेरा था। बाहर, बाल्कनी में जाकर मैंने नीचे झाँका तो पाया, वहाँ, बस्ती में भी अँधेरा है। यहाँ बिजली का आना-जाना इसी तरह चलता रहता है।

वहाँ, झील के ऊपर, टूरिस्ट प्वाइंट की पहाड़ी टेकड़ी से नीचे उतरते हुए भी हम अँधेरे में घिर गए थे। किसी ने कन्दील की रोशनी में हमें राह दिखाई थी। किसी ने मुझे अपना हाथ दिया था और फिर मुझसे पूछा था—"सर, आपको कैसा लग रहा है?"

सब लोग आगे निकल चुके थे। मैंने कहा—"हमें, उनके साथ हो जाना चाहिए। नहीं तो यहाँ, अँधेरे में, हम अकेले छूट जाएँगे।"

अब मैं मंजूर करता हूँ कि अकेले छूट जाने के बाद भी, उस घने अँधेरे में कन्दील का पीला उजाला एक रहस्यमय सम्मोहन पैदा कर रहा था और वहीं ठहर जाने के लिए उकसा रहा था। मैं यह भी मंजूर करता हूँ कि उस रहस्यमयी शाम में मैंने एक अशिष्ट अतिथि की तरह आचरण किया। अन्यथा, अँधेरे में अकेले छूट जाने के भय से ग्रस्त होने के बदले, मुझे कम-से-कम इतना तो वापस पूछना ही चाहिए था—"तुम्हें कैसा लगा?"

यह न्यूनतम शिष्टाचार तक मुझसे नहीं निभा।

मणिपुर, कहने में और सुनने में भी किसी एक सांस्कृतिक नगर के होने का बोध कराता है और राजधानी इम्फाल, किसी एक राज्य के होने का।

परिकल्पना उपजती है कि किन्हीं परिस्थितियों में इसमें कुछ ऐसा अदलबदल हो जाए जिससे राज्य का नाम—इम्फाल हो जाए और राजधानी—मणिपुर हो जाए, तो? इन दिनों जिस तरह देशों के नाम बदले जा रहे हैं और अपने यहाँ राजधानियों के नाम बदलने की राजनीति चलन में है, उसे देखते हुए यह परिकल्पना कपोलकल्पना होने से बच सकती है। पूर्वोत्तर के सातों पर्वतीय राज्यों में अकेले मणिपुर का वैदिक सन्दर्भ बताया जाता है, जिसमें मणिपुर का नामोल्लेख मणिपुर ही हुआ है। यह सन्दर्भ किस वेद से लिया गया है, मुझे नहीं मालूम। लेकिन सहमत होना पड़ता है कि यह एक प्राचीन नाम है। अत्यन्त प्राचीन।

मणिपुर की सांस्कृतिक संरचना कृषि पर आधारित गाँवों के एक बड़े समूह की है। इम्फाल को फलांग कर विष्णुपुर निकल जाने के पीछे हमारा एक दृष्टिकोण यह भी रहा कि पहले उस सांस्कृतिक-संरचना के साथ साक्षात्कार हो जाए जो अब तक अनुभूतियों को स्पंदित करता रहा और अपने सबसे कोमल, सबसे प्रांजल रूपाकार के साथ मन में था। राजधानी तो वापसी में भी देखी जा सकती है। जैसी अन्य राजधानियाँ होती हैं, इम्फाल उनसे बहुत अलग कैसे होगा?

हमारे अपने निषेधाग्रह कभी-कभी हमें बड़े असमंजस में फंसा देते हैं। पानी, पेशाब की बात करना इसमें शामिल है। वेद वर्णित मणिपुर की

राजधानी इम्फाल में, मैं ऐसे ही असमंजस में फंसा। अपने ठीक सामने मैंने एक आदिवासी महिला को देखा जो खड़ी हुई थी और सामने की तरफ थोड़ा झुकी हुई थी। एकदम से कुछ समझ में नहीं आया। फिर समझ में आया कि यह तो अशिष्टता की बात हो गई।

फिर भी इतना तो समझना ही पड़ेगा कि दुर्गम स्थानों में रहनेवाली जनजातियाँ स्थानिक और मौसम की प्रतिकूलताओं से बचाव के लिए जिस तरह के कपड़े पहनकर रहती हैं और बाजारों तक जाने-आने के लिए लम्बी-लम्बी दूरियाँ पैदल चलते हुए तय करती हैं, उनके लिए रास्ते में रुकना-बैठना कितना मुश्किल पड़ता होगा? बस्तर में भी मैंने यह देखा है। सबसे पहली बार जब मैं बस्तर गया था तब वहाँ के विस्मयों में से एक यह भी मुझे बताया गया था कि घर से बाजार जाती हुई या बाजार से घर वापस लौटती हुई आदिवासी स्त्री रास्ते में कहीं नहीं रुकती, न अपने सर का बोझ उतारकर खुद कहीं बैठती हैं।

जनजातियों की नैसर्गिक जरूरतों, व्यावहारिक उपायों और उनकी समूची जीवन पद्धति को अपने विस्मय बोध से प्रेरित होकर देखते-दिखाते समय हमें ध्यान नहीं रहता कि इसके ठीक विपरीत ऐसे ही विस्मय बोध से प्रेरित होकर हमें भी देखा जा रहा होगा? मेरी समझ में जनजातियों और शिष्ट समाज के अन्तर को समझने का यह एक सरल दृष्टिकोण हो सकता है। हो यह रहा है कि जनजातियों को ठीक से समझे बिना और उनकी सहमतियों को परखे बिना, उन्हें अपनी तरह शिष्ट और सभ्य बनाने के प्रयास में शिष्ट समाज वस्तुतः उनकी जीवन शैली को ही पूरी तरह बदलकर अपने अनुरूप ढालने का काम करने में लगा हुआ है। इसके औचित्य-अनौचित्य की परख के लिए निर्दिष्ट समाज वैज्ञानिक उपकरणों का सही उपयोग जानना किसी के लिए भी पहली व आखिरी अनिवार्यता होनी चाहिए। अंग्रेजों के पास इन उपकरणों के उपयोग का उन्नत कौशल दिखाई पड़ता है।

वहाँ, विष्णुपुर में, सेमिनार में पढ़े गए आलेखों में आई. गंभीर सिंह के आलेख ने मुझे प्रभावित किया था। इस आलेख का समाज शास्त्रीय दृष्टिकोण एक निष्कर्ष दे रहा था जिसके आधार पर बहुसंख्य समाज के लिए कुछ विचार किया जा सके और आपस में संवाद स्थापित किया जा सके। मैं गंभीर से बात करना

चाहता था। लेकिन अपना आलेख पढ़ने के तुरन्त बाद वे विष्णुपुर से चले आए थे। इम्फाल में गंभीर से फिर मुलाकात हुई। गंभीर पढ़ाते जरूर हैं—असम में लेकिन इम्फाल में उनका घर है। इसलिए हमें इम्फाल दिखाने का जिम्मा सहज ही उन पर आ गया।

इम्फाल में ऐसा कुछ भी दर्शनीय नहीं है जिसे किसी सैलानी की नजर से देखा और पीठ फेर कर आगे बढ़ जाएं। इम्फाल में ऐसा कुछ भी नहीं है जो दर्शनीय न हो और अपने पास रोक न ले। झील के किनारे बसा हुआ यह नगर सुन्दर है, इसकी सड़कें चिकनी-चौड़ी ओर साफ-सुथरी हैं। जिसे झील बताया जाता है उसे सुन्दर नहर का आकार दे दिया गया है। यह नहर नगर के बीच से निकलती है। इसे देखकर अनुमान होता है कि न झील, न नहर बल्कि यह कोई पुरानी खाई रही होगी जो इस ऐतिहासिक नगर का सीमा निर्धारण करती होगी। यहीं कहीं कोई सैन्य दुर्ग होगा जो इस खाई की सुरक्षा पंक्ति से घिरा होता होगा और उधर किले की रक्षा प्राचीरों से सैनिक बाहरी आक्रमणकारियों पर नजर रखते होंगे। राजपूताना के वैभवशाली महलों और विशाल सैन्य दुर्गों ने कुछ इसी तरह की पर्यटन दृष्टि हमें दी है, जिससे हम किसी ऐतिहासिक नगर की तलाश करते हैं।

मणिपुर में लम्बे समय तक अहोम राजाओं का शासन रहा है। लेकिन यहाँ राजपूताना की तरह के भव्य स्मारक नहीं मिलते जिनसे यहाँ की ऐतिहासिकता का भौतिक सत्यापन किया जा सके। इम्फाल का राजमहल पर्यटकों के लिए टिकट वाले संग्रहालय में अभी नहीं बदला है। लेकिन इम्फाल एक संस्कृति संरक्षक राजवंश का पता जरूर देता है। यहाँ एक आस्थावादी समाज के साथ हमारा साक्षात्कार होता है।

यहाँ गोविंद जी का भव्य और दर्शनीय मंदिर है। यहाँ के लोग अपने अतिथियों को सबसे पहले, देव दर्शन के लिए, यहाँ लाते हैं। इसका स्थापत्य दाक्षिणात्य और उत्तर भारतीय मंदिरों से बिलकुल अलग है, जिन्हें देखते रहने के हम अभ्यस्त हैं। वस्तुत: ओड़िशा से उत्तर-पूर्व की ओर बढ़ने के साथ-साथ यह, मंदिरों का स्थापत्य, हमें क्रमशः अलग शिल्प और अलग वास्तु समूह में पहुँचाता है। उत्तर-पूर्वी समूह में होने के बाद भी मणिपुर के मंदिर पश्चिम बंगाल, असम, और तो और त्रिपुरा के मंदिरों से भी अलग दिखते

हैं। इनका सौन्दर्य, इनकी भव्यता और सरल अलंकरणों से अलग, उस दिव्य भाव की प्रतीति में निहित होता है जो यहाँ किसी भी दर्शनार्थी को अपने में लीन करा देता है।

क्या किसी एक विशिष्ट स्थापत्य का ऐसा कोई प्रभाव हो सकता है अथवा किसी अलौकिक क्षण में ऐसा संयोग घटित हो जाता है, जो होती तो होगी हमारे ही अपने अन्तस में उपस्थित आध्यात्मिकता अथवा धार्मिकता की कोई प्रतिक्रिया लेकिन हम इसकी व्याप्ति को वहाँ की किसी जागतिक विलक्षणता में, वस्तु के चमत्कार में ढूँढ़ने लगें? मैं नहीं जानता। लेकिन उस दिन सुबह के उस समय गोविंद जी के मंदिर में मेरे साथ कुछ ऐसा ही घटित हुआ। मैं अभी तक नहीं समझ सका हूँ कि वहाँ व्याप रही शान्ति का प्रभाव था या उस सुबह की धूप मेरे अन्तस् में कुछ ऐसे व्यापी कि हर अँधेरा कोना उजास से आलोकित हो उठा। उसकी चौंध से आखें मुंद गईं।

मैं वापस हो रहा था और मेरे सामने दो महिलाएँ, जिनके लिए मेरा अनुमान है कि मां-बेटी होंगी, गोविंद जी के मंदिर में प्रवेश कर रही थीं। उनके हाथों में पीतल की स्वच्छ, चमकती हुई डालियाँ थीं, डालियों में पूजन सामग्री थी। दोनों के सद्य स्नात केश खुले हुए थे। माँ-बेटी ने वही नासिकाग्र मस्तक केसरी चन्दन के तिलक धारण कर रखे थे जो मणिपुरी सौन्दर्य को एक साथ तीक्ष्णता और दिव्यता प्रदान करते हैं। वहीं पंकज श्वेत पारम्परिक मणिपुरी परिधान माँ-बेटी ने पहने हुए थे। एक अन्तर था तो बस यही कि पंकज श्वेत परिधान पर, सफेद की जगह, गुलाब की पंखुड़ियों सी स्निग्ध रेशमी मेखला उन दोनों ने डाल रखी थी। देव अर्चना, पूजा के लिए यहाँ रेशम की गुलाबी मेखला धारण करने का विधान है। आस्थावान परिवारों में तो यह भी परम्परा है कि गुलाबी मेखला के लिए यह रेशमी वस्त्र घर में ही बुना जाता है। संस्कारी परिवारों में कहीं-कहीं तो विवाह योग्य कन्या के गुणों की एक परख इससे भी होती है कि पूजा के लिए अपनी गुलाबी मेखला का वस्त्र वह स्वयं बुनती है।

मणिपुर का सांस्कृतिक रूप उसकी कृष्ण चेतना से निर्मित होता है। मणिपुरी नृत्य की कोमल भंगिमाओं और लास्यपूर्ण थिरकन में यह रूपायित होता है। मणिपुरी नृत्य देखे बिना या किन्हीं मणिपुरी नृत्य गुरु के आश्रम

तक पहुँचे बिना लौटना मणिपुर से आधे-अधूरे लौटना है। मैं आधा-अधूरा ही लौटा क्योंकि मणिपुर में वह नृत्य का समय नहीं था। उस समय मणिपुर भूमिगत संगठनों के आतंक से आक्रांत था। लेकिन अपने साथ मैं, अच्छे मौसम में मणिपुर फिर आने, का आमंत्रण लेकर लौटा हूँ। इम्फाल के भाग्यचन्द्र स्टेडियम के साथ, अनेक स्तंभों वाला 'रास मंडप' दिखाकर गंभीर ने बताया कि होली पर्व पर यहाँ आयोजित होनेवाले वसंत रास के सामने ब्रज या बरसाने की होली फीकी पड़ेगी। गंभीर ने आमंत्रित किया रास देखना हो तो होली पर आइए।

मणिपुरी नृत्य को शास्त्रीय माना जाए कि इसे लोक परम्परा में रखा जाए? इस पर मत वैभिन्यताएँ हैं। लेकिन नृत्य की किसी भी शैली के लिए इतना विशाल मंडप मैंने इम्फाल के अतिरिक्त कहीं और नहीं देखा। दक्षिण के मंदिरों में भी नहीं।

शान्त, सौम्य मणिपुर का जन जीवन यहाँ सक्रिय भूमिगत संगठनों के क्रिया-कलापों से किस कदर आक्रांत है? इसका सहज अनुमान करने के लिए हमें एक सरल सांख्यिक विवरण अपने सामने रखना होगा। इसके अनुसार वर्ष 1999 की अवधि में यहाँ जातीय संघर्षों और इनसे सम्बद्ध हिंसक घटनाओं में कम-से-कम 360 जानें चली गईं। अर्थात् एक दिन में औसतन एक हत्या।

इन भूमिगत संगठनों द्वारा माँगे गए 'सुरक्षा टैक्स' से बचने के लिए बाटा जूता कम्पनी ने तो राजधानी इम्फाल में, अपनी सभी दुकानों को तब तक के लिए बन्द रखने का फैसला किया है, जब तक कि सुरक्षा की गारंटी न हो जाए। मणिपुर में न सुरक्षा है, न सुरक्षा की गारंटी।

हमें आगाह किया गया कि मोरेह जाने के लिए टैक्सी लेना जोखिम की बात होगी। उस रास्ते में आए दिन लूट-पाट की घटनाएँ होती रहती हैं। इन घटनाओं के शिकार अक्सर टैक्सी से यात्रा करनेवाले लोग होते हैं। बस यात्रा में यह खतरा सबसे कम होता है। बात यह होती है कि बस संचालकों की तरफ से जब तक भूमिगत संगठनों को 'सुरक्षा टैक्स' का भुगतान नियमित होता रहता है तब तक खतरा नहीं होता।

भारत म्यांमार (बर्मा) सीमा पर स्थित मोरेह का अन्तर्राष्ट्रीय बाजार इम्फाल से लगभग 125 किलोमीटर की दूरी पर है। कठोर चेहरे वाले पहाड़ों

का यह रास्ता कठिन चढ़ाई वाला है। इस पर जाते समय बसों को चार-साढ़े चार घंटे लगते हैं तो वापसी में यही दूरी 6 घंटों से भी अधिक का समय ले लेती है। पूरे रास्ते सशस्त्र सैनिकों की चौकियाँ हैं। बसों को जगह-जगह रोककर जाँच की जाती है। कुछ जाँच चौकियों पर तो सवारियों को बस से उतारकर पैदल बढ़ा दिया गया और जाँच के बाद बसों को पीछे से छोड़ा गया। शक होने पर सामान असबाब उतारकर तलाशी ली जाती है। ऐसी तलाशियों में आए दिन कुछ न कुछ मिलता ही रहता है, जो प्रतिबंधित की श्रेणी में आता है। जाते समय जाँच कुछ हल्की-फुल्की और रस्मी किस्म की होती है। लेकिन वापसी में यह कड़ी और सही अर्थो में जाँच होती है। इसमें समय अधिक लगता है। इधर से जानेवाली सवारी बसे क्वाँरी होती हैं, उनकी छतें खुली माँग होती हैं। लेकिन उधर से वापस आनेवाली बसें गर्भवती होकर लौटती हैं, उनकी माँगें भरी होती हैं। बर्मा के अन्तर्राष्ट्रीय बाजार से खरीदे हुए सामानों से ये बसें भीतर से बाहर तक भरी होती हैं। छतों पर बर्मी सागौन के फर्नीचर लदे होते हैं। बर्मा के सागौन और अफ्रीकी काले आबनूस की लकड़ियाँ फर्नीचर के लिए विश्व प्रसिद्ध रही हैं। किट प्लाई के इस युग में लकड़ी के फर्नीचरों को देखकर खुश होना सामन्तशाही प्रवृत्ति से जोड़कर देखा जा सकता है या फिर पर्यावरण विरोधी करार दिया जा सकता है।

इस रास्ते में जनजातियों का फैलाव है। इसमें नगा मूल के लोग और यहाँ की पहाड़ी जनजाति 'कूकी' प्रमुख हैं। इनके आपसी सम्बन्धों में, अपनी जमीन और अपने अपने राज्य का जातीय राजनीतिक द्वंद्व पनप चुका है। इसके संचालन सूत्र दोनों तरफ, यहाँ सक्रिय भूमिगत संगठनों के हाथों केन्द्रित हैं। एक तरफ नेशनल सोशलिस्ट काउंसिल ऑफ नगालैंड (एन.एस.सी.एन.) है, जो यह माँग रखता है कि मणिपुर के इन पहाड़ी इलाकों में जहाँ तक नगा मूल के लोगों की रिहायश है उतने इलाके का विलयन नगालैंड में कर दिया जाए। इससे कुल नगा जाति के अपने खुद के जाति आधारित स्वतंत्र नगालैंड (?) के निर्माण का रास्ता निष्कंटक हो जाएगा।

अपने इस प्रस्तावित नगालैंड के लिए एन.एस.सी.एन. की तरफ से चार पहाड़ी जिलों—सेनापति, तामेंगलांग, उखरूल और चांडिल के विलयन

की माँग की जा रही है। इसके समानांतर प्रतिबन्धित कूकी नेशलन फ्रंट सहित अन्य सक्रिय भूमिगत संगठनों ने कूकी जनजाति के लिए पृथक राज्य 'कूकी लैंड' की माँग रखी है। इसके लिए सेनापति तथा चांडिल जिलों के अतिरिक्त चूड़ा चाँदपुर जिले को शामिल करके अपने प्रस्तावित 'कूकी लैंड' का नक्शा सामने रखा है। ये सभी पहाड़ी जिले भारत म्यांमार (बर्मा) अन्तर्राष्ट्रीय सीमा के साथ लगभग सटे हुए हैं। इसलिए चाहे पृथक राज्य की बात करें या सीधे स्वतंत्र देश की, दोनों का मतलब एक-दूसरे से बहुत अलग नहीं होगा।

जाति और जनजातीय आधारों पर बढ़ रही या बढ़ाई जा रही ये लघु राजनीतिक आकांक्षाएँ हमारे संघीय ढाँचे को कहाँ पहुँचाएँगी—वापस नगर राज्यों तक या फिर कबीलाई पद्धति तक? समझ में नहीं आता। इस समय राजनीतिक तुष्टीकरण का जो खुला खेल चल रहा है, इसमें कुछ भी हो सकता है। एक समय प्रधान मंत्री रह चुके श्री चन्द्रशेखर एक अकेले राज नेता रहे हैं जिन्होंने इस पर (संसद में) खुलकर कहा था कि यह एक खतरनाक खेल है। इसे खेलने से बाज आओ। अन्यथा देश खंड-खंड में बिखर जाएगा। लेकिन राजनीतिक रिश्वतखोरी की खुली प्रतिस्पर्द्धा चल रही है। छोटे राज्यों के सपने दिखाना एक पार्टी के अपने घोषणा-पत्र (एजेंडा) में शामिल था। इस सपने की सौदागरी करना अब दूसरी पार्टी की मजबूरी में शामिल है।

दोनों के बड़े-बड़े वोट बैंक अब छोटे-छोटे राज्यों में बनेंगे या उनका दिवाला पिटेगा।

मणिपुर का गैर जनजातीय समुदाय अपने राज्य के अंग भंग की इस प्रस्तावना से आशंकित है। सामान्यत: ऐसा समूह 'निषेध सक्रिय' (पैसिव पार्टिसिपेंट) भागीदार मानकर उपेक्षित कर दिया जाता है। लेकिन इस सन्दर्भ में इस समुदाय ने संगठित सक्रियता के साथ प्रतिरोध किया है और मणिपुर के किसी भी प्रस्तावित विखंडन का विरोध किया है। यह एक धनात्मक (पॉजिटिव) संकेत है कि भूमिगत संगठनों के क्रिया-कलापों से त्रस्त नागरिक समुदाय इस राजनीतिक प्रतिरोध की पृष्ठभूमि में सक्रिय मुठभेड़ के लिए संगठित होने का संकल्प जुटा रहा है।

इम्फाल से मोरेह के रास्ते में जो मणिपुर हमारे सामने से गुजरता है,

वह उस वैष्णव मणिपुर से बिलकुल अलग है जिसे पीछे छोड़कर हम आगे बढ़ रहे हैं। इम्फाल से 10-15 किलोमीटर से ही पहाड़ी चढ़ाई शुरू हो जाती है। इस पहाड़ी रास्ते में जनजातियों की विरल बस्तियाँ हैं। बस्तियों में बाँस के घर हैं। बाँस के घरों में रहनेवाली स्त्रियाँ, युवतियाँ रंगीन कपड़े पहनती हैं और इन रंगीन कपड़ों की वजह से बहुत दूर से दिखाई पड़ने लगती हैं। बहुत दूर तक दिखाई पड़ती रहती हैं। घरों में और घरों से बाहर भी स्त्रियाँ ही स्त्रियाँ दिखाई पड़ती हैं। पुरुष नहीं दिखते।

इनके रंगीन कपड़ों में दो पीढ़ियों का फासला वास करता मिलता है। पारंपरिकता और आधुनिकता का द्वंद्व भी दिखाई देता है। पुरानी पीढ़ी की स्त्रियाँ पारम्परिक जनजातीय पोशाक में मिलेंगी। लेकिन युवतियाँ अत्याधुनिक कपड़े पहनती हैं। जीन्स, टी, शर्ट के ऊपर विंडचीटर्स या पहाड़ी ऊन से बनी हुई शॉलें, पैरों में 'नाइक' के अमरीकी स्पोर्ट्स जूते। यह फर्क केवल पहनने-ओढ़ने भर का नहीं बल्कि सम्पूर्ण है। नई पीढ़ी की प्रवृत्तियाँ और तो और आकृतियाँ भी अपने से पहलेवाली पीढ़ी से अलग नजर आती हैं। ऐसा लगता है कि बस एक ही पीढ़ी के फासले में यहाँ जनजातियों की नस्ल की नस्ल बदल गई। ऐसा कैसे हो सकता है?

ऐसा हो सकता है, इसकी आशंका नगालैंड के और यहाँ के नगाओं को थी। अपनी नस्ल, अपनी रक्त शुद्धता को बचाए रखने के उपाय भी उन्होंने किए थे। नगा प्रांत में प्रवेश के लिए 'इनर लाइन परमिट' की अनिवार्यता इन उपायों में से एक रही होगी। लेकिन क्या ये उपाय कारगर हुए?

लगभग सम्पूर्ण नगालैंड और मणिपुर के इन पहाड़ी जिलों का जनजातीय प्रसार आज ईसाई धर्मावलम्बी है। इतनी सरल सी बात समझने में किसी को कोई कठिनाई नहीं होनी चाहिए कि ईसाई धर्म यहाँ बाद में आया होगा, बाहर से आया होगा। यहाँ निवास करनेवाली कूकी, पाइत, हमार, मिजो, जाऊ आदि प्रमुख जनजातियों ने अपने यहाँ बाहर से आए इस धर्म को आस्था के साथ अपनाया है। इन जनजातियों ने अपने अज्ञान में बाहरी दुनिया से आनेवाले सबसे आधुनिक और घातक रोग 'एड्स' को भी पता नहीं कब, कैसे अपने से लगा लिया। यहाँ क्रिसमस पर्व पर विभिन्न जनजातियों के युवक-युवतियाँ असावधान यौन संसर्गों से 'एड्स' की विभीषिका के शिकार हो रहे हैं। (एक

अध्ययन : द टेलिग्राफ, कलकत्ता, 24 दिसम्बर 1999)। मणिपुर आनेवालों को इससे आगाह किया जाता है।

विकासशील देशों का परिचय निर्धनता रेखा से नीचे की निर्धनता के साथ है। 'निर्धनता की समृद्धि रेखा' हमारे लिए एक काल्पनिक धारणा हो सकती है। मणिपुर के इस जनजातीय प्रसार में यह धारणा हमें अपने अस्तित्वमान रूप में दिखाई देती है। मेरी तरह के, मैदानी इलाके से आनेवाले को एक बार इस चमत्कारिक निर्धनता का दर्शन अवश्य करना चाहिए, जो निर्धनता की समृद्धि रेखा रचती है। अलबत्ता, कठोर और खतरनाक जीवन के दर्शन भी इन्हीं कठिन पहाड़ी रास्ते में होते हैं। शरीर को काटनेवाली तीखी ठंडी हवाओं के बीच बस्ती बसा कर रहना कितना दुष्कर होता होगा? दूर से देखकर गुजर जानेवाला कोई सैलानी इसे नहीं समझ सकता। आज भी कभी-कभी इन पहाड़ों की आदिम हिंसा जागती है। उसके आतंक को समझने के लिए इस जनजातीय प्रदेश की ऐतिहासिक पृष्ठभूमि में जाना होगा। यहाँ की जनजातियों ने अपने इतिहास के उन दिनों से लेकर वर्तमान के इन दिनों तक अपनी जातिगत युद्धप्रियता को, अपनी मूल वृत्ति को पूरी तरह नहीं त्यागा है। ऊँचे-नीचे, तीखे असमतलों में बसी ये बस्तियाँ अँधेरे में कई बार खूँख्वार हो उठती हैं।

पता नहीं, प्रकृति का यह कैसा विधान है कि जीवन की परिस्थितियाँ जहाँ जितनी कठोर और हिंस्त्र होती हैं वहाँ का नारी सौन्दर्य उतना ही प्रचुर और कमनीय होता है। प्रकृति का यह विधान यहाँ पूरी तरह लागू होता है।

इम्फाल से मोरेह का रास्ता जगत और स्वप्न की ऐसी सैरगाह है कि आगे बढ़ो तो कोई डोर सी अटका कर पीछे की तरफ खींचने लगे। उधर, जिधर से थोड़ी देर पहले एक 'प्लेटॉनिक' किस्म की आसक्ति से बँधकर आना हुआ है, पीछे मुड़कर देखो तो सामने से कोई आवाज देकर बुलाने लगे। जैसे 'हैल्युसिनेशन' में होता है, कि कोई आवाज नहीं होती फिर भी कुछ सुनाई पड़ने जैसा लगता हैं। आँख के सामने कुछ होता नहीं, फिर भी कुछ दिखाई देने जैसा लगता है। जिसने सरहद के साथ अपने रोमांस को सूफियाना गहराई की हद तक पहुँचाया हो, वही इस हालत को समझ सकेगा। पल-प्रतिपल हमारी उत्सुकता उन लक्षणों को ढूँढ़ रही होती है जिनसे विश्वास बन सके कि

हम म्यांमार (बर्मा) अन्तर्राष्ट्रीय सीमा के नजदीक पहुँच रहे हैं।

समुद्र की लम्बी यात्रा के बाद किसी द्वीप के नजदीक पहुँचनेवाले नाविक को यह विश्वास दिलानेवाले संकेत अपने निश्चित भौतिक आधारों में मिलते होंगे। सामने, क्षितिज पर प्रकाश की धनु रेखा सा खिंचना फिर अपने मस्तूल के पास अबाबील पक्षियों की उड़ानें, पानी में बहकर आते हुए लकड़ियों के टुकड़े और आखिरकार बस्ती की धुँधली-धुँधली आकृतियों का हवा में हिलने-डुलने लगना। इनका घटित होना चाक्षुष धरातल पर होता होगा। लेकिन जमीन के रास्ते सरहद के नजदीक पहुँचने की उत्कंठा एक अमूर्त रचना होती है और अनुभूति के धरातल पर अपने साथ निरंतर घटित होती चलती है। पड़ोस की सीट वाले सिक्ख युवक ने, जो काफी पहले से बस के दरवाजे पर पहुँचकर लटक रहा था और तब से पता नहीं घाटियों में क्या देख रहा होगा, जिसके पास पहुँचकर थिया हाउ ने उससे दोस्ती भी गांठ ली थी, सामने की तरफ उँगली से इशारा करके बताया—वो, जो पहाड़ दिख रहे हैं, बर्मा में है। अपने स्कूल के दिनों में मैंने पता नहीं कितनी बार इन पहाड़ों को नक्शे में बनाया होगा और 'क्रेयान' के रंगों से इनमें रंग भरा होगा। आजादी के बहुत बाद के दिनों तक हम लोगों को भूगोल की कक्षाओं में जो नक्शा बनाने का अभ्यास कराया गया वह अविभाजित भारत का नक्शा होता था। पश्चिम में ठेठ अफगानिस्तान से लेकर पूर्व में बर्मा तक। इसकी सूंड़ जावा, सुमात्रा, बेर्नियों के द्वीपों तक लटकी हुई होती थी।

इन पहाड़ों में 'करेन' जनजाति की सुन्दरियाँ रहती हैं, जो अपने केशों को छितरे-छितरे जूड़ों में बाँधती हैं ओर इन जूड़ों को सजाने-सम्हालने के लिए बाँस की तीलियाँ फँसाकर रखती हैं। यह सिक्ख युवक क्या जानेगा? ये बातें अब पुराने दिनों की हुईं। अब तो शायद, इन पहाड़ों में रहनेवाली सुन्दरियों की रूप-सज्जा भी बदलकर आधुनिक हो चुकी होगी। या, यह भी सम्भव है कि करेन सुन्दरियों ने पहाड़ छोड़ दिया हो। पहाड़ से उतरकर नीचे मैदान में आ गई हों। जब हम मोरेह के बाजार में पहुँचेंगे तो उन्हें देख सकेंगे। बस, आ पहुँचे। बस के रुकते ही बर्मा की अन्तर्राष्ट्रीय सीमा हमारे सामने होगी।

नए जमाने के उस सिक्ख युवक ने पुराने जमाने का ही नाम लिया। बर्मा।

सो, मैंने भी बर्मा कहा। अपने मन में। पुराने जमाने से नाता बनाए रखे वह सिक्ख युवक हमारे साथ इम्फाल से चला आ रहा था। मणिपुर की राजधानी इम्फाल में ऐसे बहुत से परिवार हैं, जिनका एक पाँव इम्फाल में और दूसरा बर्मा में, कहीं होगा। इनकी रिश्तेदारियाँ और व्यापारिक कारोबार बर्मा के साथ आज भी वैसे के वैसे बने हुए हैं, जैसे भारत-बर्मा विभाजन के पहले रहे होंगे। मोरेह इनके लिए एक सरहदी पड़ाव है। इनकी जबान पर म्यांमार आज तक नहीं चढ़ पाया है, बर्मा का बर्मा ही बना हुआ है। उधर के लोग क्या कहते होंगे इंडिया कि भारत? यह तो उधर जाने पर ही पता चलेगा।

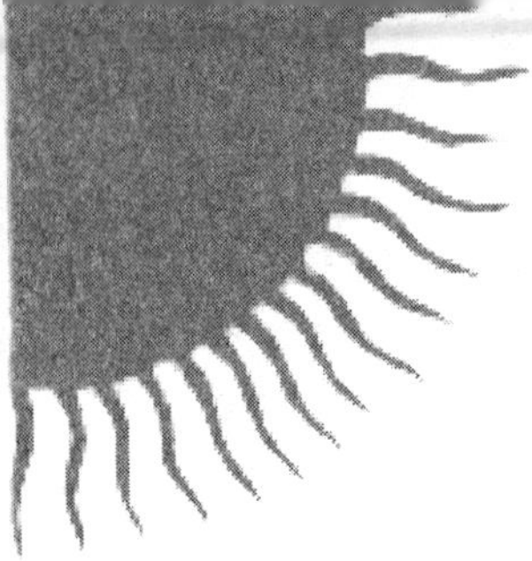

असम

मायावी, कामरूप का रूप

कहते हैं कि कामरूप की रूपसियाँ सम्मोहन जानती हैं। पुरुषों को वश में कर लेती हैं। फिर मेढ़ा बनाकर अपने पास रख लेती हैं। इस मेढ़ा का क्या करती होंगी—वध? कामाख्या में बलि प्रथा जीवित है। या फिर अपने एकान्त में मेढ़ा को वापस पुरुष बनाकर अभिसार करती होंगी? सुना है, मांडवगढ़ के राजा जम्बे की बेटी तारामती भी ऐसा ही करती थी। उसने अपने पिता के शत्रु, ऊदल को तोता बनाकर अपने महल में छिपा रखा था। रात में तोता को वापस पुरुष बनाती और उसके साथ अभिसार करती थी। लेकिन मांडवगढ़ कामरूप तो नहीं?

कामाख्या के मंदिर में मैंने मेढ़ों के झुण्ड के झुण्ड देखे और कहे-सुने को मिलाकर सच में बदलना चाहा कि हो न हो, ये सब के सब किन्हीं न किन्हीं रूपसियों के वशीभूत पुरुष होंगे जो सम्मोहन के प्रभाव से इस समय मेढ़ा बने हुए हैं। लेकिन मुझे वहाँ ऐसी कोई रूपसी दिखाई नहीं दी जो इस सच को प्रमाणित करती।

जहाँ से बंगाल लगता है, वहीं से मन एक तरह की भयासक्त प्रतीक्षा से बंध जाता है। बंगाल का जादू कामरूप के जादू से कहीं, कुछ कम है? उतना रास्ता तो अघटित पार हो गया। असल तो अब शुरू होना है। निर्भय

भी हूँ कि कोई क्या बनाएगी मुझे मेढ़ा-वेढ़ा और कहाँ बाँधकर रख लेगी? वहाँ वापस लौटने के लिये, वैसे भी, अपने पास क्या धरा है? यहीं रह लेंगे।

बहुत बरस पहले मेरा एक मित्र अपना भाग्य आजमाने असम आया था। फिर लौटा नहीं। यहीं बंध कर रह गया। उसका पता मेरे पास होता तो वहाँ जरूर जाता और यह देखता कि कब से कब तक वह मेढ़ा बना रहता है और कब वापस पुरुष बन जाता है।

अलबत्ता, एक दूसरा पता अपने साथ लेकर चल रहा हूँ—कुबेर नाथ राय, नलबाड़ी, असम। ललित निबंधकार कुबेर नाथ राय अब नहीं रहे। लेकिन यह पता बराबर बना रहेगा। असम में हिन्दी विरोधी लहर के एक हिंसात्मक दौर के बावजूद हिन्दी के एक निबंधकार का पता अपनी जगह बना हुआ है। रेलवे प्लेटफार्म पर उतरकर मैंने वहाँ लिखे हुए नलबाड़ी को छूकर देखा। अपने छुए हुए का अनुभव किया। वापसी की यात्रा तक यह अनुभव कविता का रूप धर चुका था।

सचमुच का सच है नलबाड़ी
सारे का सारा है मेरे सामने नलबाड़ी,
मैं उतर सकता हूँ, यहाँ रेल के डिब्बे से बाहर
कुनकुनी धूप में
छू सकता हूँ
पीली जमीन वाली तख्ती
पत्थर की

इस पर काले अक्षरों में अंकित है—

नलबाड़ी,
मैं रिक्शेवाले से कह सकता हूँ
चलो वहाँ, जहाँ कुबेर नाथ राय रहते थे

वापसी की यात्रा में कविता के ठीक सामने जीवन का ठोस यथार्थ भी घटित हो रहा था। कामरूप एक्सप्रेस एक-एक घर के दरवाजे रुक-रुककर चली। न कोई रिक्शा, न पाँव पैदल। ट्रेन में बैठे-बैठे मैंने कुबेर नाथ राय का

नलबाड़ी नजर भर देख लिया। फिर कुछ हुआ, नहीं हुआ कि स्टेशन पर पहुँचकर कामरूप एक्सप्रेस वहीं-की-वहीं अड़ गई।

डिब्बे के सामने रेलवे की टूटी हुई चारदीवारी है। इसमें से होकर रेलवे कॉलोनी के लिए एक छोटा सा रास्ता बन गया है। रेलवे कॉलोनी के पीछे नलबाड़ी की बस्ती का फैलाव है। बाजार है। मंदिर है। ऊपर आसमान तक सब कुछ खुला-खुला दिखाई पड़ता है। खुले आसमान के नीचे एक सौदा हुआ। जैसा मुम्बई की बदनाम झोपड़पट्टियों में बताते हैं।

ट्रेन के पहुँचते ही सामनेवाली रेलवे खोली से एक बेधड़क युवती बाहर निकलकर आई और टूटी हुई चारदीवारी की आड़ में रुक गई। स्थानीय दादा जैसा दिख रहा कोई युवक उसके साथ है। इधर रेल के इंजन से कि गार्ड के डिब्बे से उतरकर कोई आया। टूटी हुई चारदीवारी की आड़ के इस तरफ और उस तरफ से बात हुई। सौदा हुआ। बेधड़क युवती वापस रेलवे खोली के भीतर गई और साथ में दो बोतल लेकर बाहर आई। बोतल लेनेवाले ने सीधे उसके ब्लाउज के भीतर कुछ रुपये खोंस दिये। जानकार लोगों ने बताया कि वापसी वाली कामरूप एक्सप्रेस यहाँ, इसी तरह रुकती है। फिर बढ़ती है। नलबाड़ी उल्फा आन्दोलन के सघन प्रभाव क्षेत्र में है। इसके चारों ओर बाड़ियों का फैलाव है। नक्सलबाड़ी भी इसी फैलाव के भीतर है।

पूर्वोत्तर सीमान्त के रेलवे स्टेशन बहुत दूर तक अपना जोड़ अपने साथ लेकर चलते हैं। जैसे जलपाईगुड़ी के साथ न्यू जलपाईगुड़ी। अलीपुरदुआर के साथ न्यू अलीपुरदुआर, बोनगांई गाँव के साथ न्यू बोनगांईगाँव। आदि-आदि।

न्यू जलपाईगुड़ी से होकर गुजरनेवाली ट्रेन के डिब्बे चलती-फिरती दुकान बन जाते हैं। नवद्वीप के गमछों से लेकर चीन के मखमल की चादर तक और चीन-ताइवान के इलेक्ट्रॉनिक उपकरणों, कैमरा, टेलीफोन से लेकर ताला-चाबी और जूते बाँधने के फीते तक। सब कुछ चलती ट्रेन के डिब्बों में बिकने लगता है। औसत निकालें तो एक फेरीवाला एक लाख रुपये से ऊपर का सामान लेकर बेरोक-टोक चलता है। इनके बताने के दाम और बिक्री के दाम में 100 से लेकर 250 तक के मोल-भाव की गुंजाइश होती है। कुछ खरीदना है तो खरीदिये। चाहे ना खरीदिये। लेकिन इनकी आवाजाही को रोक नहीं सकते। इनके पीछे एक बड़ा संगठित गिरोह होता है। सारा कारोबार उस

गिरोह के नियंत्रण में होता है जो सामने दिखाई नहीं देता।

न्यू जलपाईगुड़ी से चाय बागान रेलवे लाइन पकड़कर साथ चलने लगते हैं। इससे पहले जिसने चाय बागानों को कैलेंडर के चित्रों में या फिल्मों में देखा होगा, उसे इस बात से क्या लेना-देना हो सकता है कि इनमें कहाँ तक दार्जिलिंग प्रजाति की चाय उग रही है और कहाँ से असम का चाय क्षेत्र शुरू हो रहा है? अधिक-से-अधिक उसका मन इतना चाह सकता है कि यह दौड़ी-भागी जा रही कामरूप एक्सप्रेस किसी चाय बागान के किनारे पहुँचकर ऐसे रुक जाए कि गहरे हरे रंग की इन पत्तियों को एक बार अपने हाथ से छूकर महसूस किया जा सके। कुछ समय और मिल जाए तो पौधों के बीच रास्ते की लकीरों पर दौड़ते हुए जाकर उन स्त्रियों के पास तक पहुँच जाए, जो झुककर पत्तियाँ तोड़ रही हैं और अपनी पीठ पर लटकती हुई बाँस की टोकरियों में एक-एक करके जमा करती चली जा रही हैं। हो सकता है कि एक आगंतुक को इस तरह अपने पास आया देखकर उनमें से कोई एक मुस्कराने लगे या फिर सब-की-सब मिलकर एक साथ हँसने लगें। बस इतने से भरोसा हो जाएगा कि यह दृश्य सचमुच के जीवन का है जो दूर से कितना दृश्य सदृश दिख रहा था?

मैदानी आँखों के लिए चाय बागान, सचमुच, दृश्य का जीवन में रूपांतरण है। कारबी आंगलांग स्वायत्त परिषद वाले क्षेत्र की तरफ से, जो कि ऊपरी असम है, जोरहाट, शिवसागर, डिब्रूगढ़ होते हुए गुवाहाटी के रास्ते में दृश्य का जीवन में यह रूपांतरण अनंत हो जाता है। यह सारा का सारा रास्ता सड़क का है। बसें चाय बागानों से इतना सटकर चलती हैं कि लगता है जैसे हम सड़क पर नहीं बल्कि चाय बागानों के भीतर से होकर निकल रहे हैं। बस की खिड़की से अपने हाथ बाहर निकालकर हम गहरे हरे रंग की पत्तियों को छू सकते हैं। और तो और, चाहें तो, तोड़कर अपनी हथेलियों पर रख भी सकते है। असम के चाय बागानों के बीच से इस तरह गुजरते हुए, मेरा मन, न जाने कैसे छत्तीसगढ़ से पलायन के सौ बरस पुराने हो चुके इतिहास की लीक पकड़ने को आमादा हो उठता है।

तिलोत्तमा मिश्र असमिया की एक प्रतिष्ठित लेखिका हैं। उनके एक पुरस्कृत उपन्यास—'स्वर्णलता' में उस समय के असम के चाय बागानों

में मजदूरों की दशा की एक झलक है। वह भयावह है। चाहे बिलकुल गिरमिटिया मजदूरों की तरह नहीं, फिर भी इन मजदूरों की दशा गुलामों से बहुत बेहतर नहीं रही होगी। 1899-1900-1901 ई में पूर्वी छत्तीसगढ़ में पड़े भयानक अकाल से घबड़ा कर सैकड़ों हजारों भूमिहीन और खेतिहर मजदूरों ने सामूहिक पलायन किया था। पता नहीं किसने, उन्हें, असम के इन चाय बागानों का रास्ता दिखाया?

इन चाय बागानों में उन्हें 'बिलासपुरिया लेबर ' कहा जाता है। सुनने में लगता है न, बिलकुल गिरमिटिया लेबर की तरह? मेरा मन कहता है कि सामने, झुककर, गहरे हरे रंग की पत्तियाँ तोड़ रही जिन स्त्रियों को पीछे छोड़कर मैं आगे और आगे भागा जा रहा हूँ उनमें कोई-न-कोई उसी 'बिलासपुरिया लेबर' के वंश की होगी जो सौ बरस पहले वहाँ से पलायन करके यहाँ आया होगा। उसके साथ कभी मेरी बात होगी तो क्या वह अपने गाँव घर के दो आत्मीय लोगों की तरह होगी या उसे यह पता ही नहीं होगा कि उसके पूर्वज कभी, कहीं से, पलायन करके यहाँ पहुँचे थे, जहाँ से मैं उससे मिलने यहाँ आया हूँ? वह पूरी तरह यहाँ की हो चुकी होगी और उसने कामरूप की उन रूपसियों का रूप भी धारण कर लिया होगा जो सम्मोहन की विद्या जानती हैं। पुरुषों को वश में करना फिर उन्हें मेढ़ा बनाकर अपने पास रख लेना उसे भी आ गया हो।

कभी अवसर मिला तो महाश्वेता देवी जी को यह सब बताऊँगा। उनसे बात करूँगा। मैं स्वयं तो इसमें इतना डूब जाऊँगा कि लिखने की सुधि ही नहीं बचेगी। लिखने के लिए, पहले, खुद से उबरना पड़ता है।

असम के पर्वत सौम्य हैं। इनमें, सूर्यस्नान करती हुई, अनावृत स्त्री देह की तरह का आमंत्रण है। लगता है कि इनका स्पर्श भी वैसा ही स्निग्ध होगा। ऐसा लगता है, जैसे कोई इस अनावृत स्त्री देह को आकाशी वस्त्र पहना रहा है। पर्वत रेखा से लेकर क्षितिज तक धान के हरे-भरे खेतों का विस्तार है। इनमें बीच-बीच में बाँस की दीवारों, छप्परों वाले घरों से सजी हुई बस्तियाँ ऐसी दिखती हैं जैसे जमीन से उगी हुई हों। मिट्टी मुरुम से बने हुए रास्तों पर साइकल चलाते हुए लोग इस गाँव से उस गाँव को आना-जाना कर रहे हैं। गाँव के बच्चे रेलगाड़ी को छूने के लिए कैसे दौड़ते हुए हमारी तरफ आ रहे

हैं? फिर वहीं रुक जाते हैं और विश्वास-अविश्वास के बीच, खड़े हो कर वहीं से अपने हाथ हिलाने लगते हैं कि कोई तो जवाब में अपने हाथ उनकी तरफ बढ़ाएगा।

सत्यजित रे की जिन फिल्मों में धान के खेत या धान की फसल के बाद पके हुए कांस के सफेद फूलों के झाड़ू जैसे गुच्छे हैं वहाँ ऐसे ही अपने हाथ हिलाते हुए बच्चों के विश्वास-अविश्वास का द्वंद्व उपस्थित मिलता है। मैं डॉ. भवेंद्र नाथ सैकिया का वह चित्रित और सीझती हुई अनुभूति वाला असमिया ग्रामांचल ढूँढ़ रहा हूँ जिसके कच्चे रास्तों पर दिन के समय जमींदार की बग्घी दिखती है और रात के उद्दीपन में कदली वन अग्निस्नान कराते हैं। बहुपत्नीवादी सामाजिक संरचना की मंद-मंद आँच में निरंतर सुलग रही उस प्रथम स्त्री की देह की दाह पानी में रखे हुए स्फुर की तरह धुंधुआती हुई अपने पास तक पहुँचने लगती है। डेढ़ दशक से भी पहले देखी हुंई उस असमिया फिल्म 'अग्निस्नान' की मंद दाहकता वैसी की वैसी बनी हुई है। क्या यह प्रथम स्त्री सम्मोहन की विद्या नहीं जानती थी कि अपने पति को चाहे मेढ़ा बनाकर अपने पास न रख पाती, कम-से-कम अन्य स्त्री के पास जाने से रोक तो सकती?

ब्रह्मपुत्र के पुल की घर्राहट सुनने की प्रतीक्षा में शाम पड़ गई। वही, जल्दी गहरानेवाली पूर्व की काली घनी शाम, जो बंगाल प्रवेश के साथ हमसे आगे-आगे भाग रही है। सामने, बाईं तरफ नीलांचल पर्वत शिखर पर कामाख्या का मंदिर रेल के डिब्बे से साफ दिखाई दे रहा है। मंदिर के शिखर पर रंगबिरंगी रोशनी वाली झालरें पड़ी हुई हैं जिनकी परछांई ब्रह्मपुत्र की जल सतह पर उपक आई हैं। माँ के दर्शनों के लिए लोग आँखें मूँदकर और हाथ जोड़कर बाईं तरफ वाले दरवाजे और खिड़कियों पर झुक गए हैं। मुझे डर लगा कि कहीं इन सबके एक साथ झुकने को कामरूप एक्सप्रेस एकाएक न सम्हाल पाये और लोहे के पुल की रुपहली पट्टियों को तोड़ते-फोड़ते सीधे ब्रह्मपुत्र के जल में जा पड़े। फिर याद आया कि बचपन के दिनों में प्रयागराज इलाहाबाद जाते थे तब यमुना के पुल की ऐसी ही प्रतीक्षा हुआ करती थी। ऐसे ही रेल के डिब्बे की खिड़कियों के साथ खड़े होकर पूरी ताकत से नदी की तरफ धकेल कर गाड़ी की मजबूती को आजमाया करते थे। हमारे वजन से गाड़ी

पुल से नीचे नहीं गिर सकती।

असम में जो कुछ भी होता है, और जो नहीं होना चाहिए फिर भी होता है वह, सब कुछ उसी माँ की कृपा से होता है जिसका स्थान सामनेवाले नीलांचल पर्वत शिखर पर है। इस अन्तिम सत्य के बाद, असम की आज की स्थिति के सम्बन्ध में कुछ भी कहने-बताने के लिए क्या बचता है, सिवाय उन समाचारों के जो रोजाना कागज पर छप रहे हैं या रेडियो, टेलिविजन पर सुनाये-दिखाये जा रहे हैं? सबके साथ मैंने भी माँ की सर्वसत्ता के सम्मुख शीश नवाया। उसकी कृपा होगी तो कल की सुबह मैं वहाँ, उसके द्वार पर होऊँगा, अभी जिसके दर्शन यहाँ से कर रहा हूँ।

होने को तो, गुवाहाटी से पहले, कामाख्या का अपना रेलवे स्टेशन है और कामरूप एक्सप्रेस यहाँ ठहरती भी है। लेकिन, बाहर से आनेवाले, मेरी तरह के लोग गुवाहाटी ही उतरते हैं। उत्तर प्रदेश सा, पंडों का आतंक यहाँ नहीं है, जो त्रिवेणी आनेवाले तीर्थयात्रियों को यमुना का पुल भी पार नहीं करने देते। नैनी में ही धर दबोचते हैं। यहाँ माँ के द्वार तक रास्ता निर्विघ्न है। इसकी सचाई को आजमाने के लिए या स्वयं अपनी भक्ति भावना को परखने के लिए मैंने सामान्य जन की लाइन में लगकर दर्शन का संकल्प जुटाया। फिर एक वयोवृद्ध वनमाली पंडा के व्यवहार ने कुछ प्रभावित किया और कुछ इस विचार ने प्रेरित किया कि पंडा सही, लेकिन इस अपरिचित कामरूप में अपना कोई परिचित तो हो जाएगा। मैंने बात की। वनमाली पंडा ने भरोसा दिलाया—श्रद्धा से जो दे देंगे, उतने में ही मैं पूजा करा दूँगा।'

मैंने स्पष्ट किया कि पूजा-पाठ में मेरी कोई दिलचस्पी नहीं। वह तो मेरे मन में है। मैं मात्र दर्शन का इच्छुक हूँ। अब सोचता हूँ कि वह कितनी थोथी अहमन्यता की बात थी? यदि पूजा-पाठ मन में है तो फिर, बाहर से, इस दर्शन की इच्छा क्यों? वनमाली पंडा ने कुछ नहीं कहा, मुझे वैसे ही लाइन में छोड़कर कहीं भीड़ में अन्तर्धान हो गए। शायद, किसी अन्य यजमान की व्यवस्था में लग गए। फिर, थोड़ी देर बाद वैसे ही अवतरित भी हो गए और बिना कुछ कहे-सुने, किसी बच्चे की तरह हाथ पकड़कर सीधे मंदिर के गर्भगृह के रास्ते में ले चले।

कामाख्या का मंदिर पर्वत शिखर पर है। गर्भगृह मंदिर के भूतल में है।

वनमाली पंडा को अपना हाथ दिये हुए मैं अँधेरे चक्करदार रास्ते से बस नीचे और नीचे उतरता चला जा रहा हूँ। वयोवृद्ध पंडा ने जहाँ रुकने कहा—रुक गया, जहाँ शीश नवाने कहा—नवा दिया, दीप प्रज्ज्वलित करने कहा—कर दिया, प्रसाद चढ़ाने कहा—चढ़ा दिया, ध्यान करने कहा—कर दिया। पता नहीं चला, अपने मना कर चुकने के बाद भी मैंने पूजा-अर्चना की वे सारी विधियाँ सम्पन्न कीं, जो पंडा ने बताईं। फिर, गर्भगृह में पहुँचाकर वनमाली पंडा ने मुझे सीधे देवी के सामने खड़ा कर दिया और धन्य भाव के साथ मुझे बताया—अब आप माँ की योनि का दर्शन कर रहे हैं।

वनमाली पंडा के इस धन्यभाव में मैंने एक आस्थावादी समाज की पराकाष्ठा के दर्शन किये। गुवाहाटी प्राचीन काल का प्राग्ज्योतिषपुर है। कहते हैं कि प्राग्ज्योतिषपुर वेद वर्णित है। किस वेद में यह वर्णन मिलेगा, मुझे नहीं मालूम। प्राग्ज्योतिषपुर से यह गुवाहाटी कब हुआ, यह भी मुझे नहीं मालूम। लेकिन यह एक शक्ति पीठ है। बावन आदि शक्ति पीठों में से एक!

कथा वही है। सती के पिता दक्ष प्रजापति ने यज्ञ का आयोजन किया और अपने दामाद, भगवान शंकर को आमंत्रित नहीं करके उनका अपमान किया। इससे क्षुब्ध सती ने यज्ञ वेदिका में कूद कर आत्मोसर्ग कर लिया। क्रोधोन्मत्त शंकर ने सती का शव धारण किया और तांडव नर्तन करने लगे। पृथ्वी डोलने लगी। तब भगवान विष्णु ने अपने चक्र से सती की देह के 52 टुकड़े किये और भगवान शंकर को सती की देह के व्यामोह से मुक्त किया। सती की देह के 52 विभिन्न अंग जहाँ-जहाँ पड़े वहाँ आदि शक्तिपीठों की स्थापना हुई। यहाँ, कामख्या में देवी का योनि अंग पड़ा। वही दिखाकर वनमाली पंडा विभोर हैं और मेरा भाग्य सराह रहे हैं—अब आप माँ की योनि का दर्शन कर रहे हैं।

इस आदि शक्तिपीठ में मैंने एक चालाकी चली थी। अब वह रहस्योद्घाटन कर सकता हूँ। मान्यता है कि देवदर्शन के उपरांत उस देवस्थान में थोड़ी देर बैठकर ध्यान किया जाता है। तब प्रस्थान करते हैं। इसका उल्लंघन करनेवाले को उस देव द्वार पर पुनः उपस्थित होना पड़ता है। मैंने प्रचलित मान्यता का उल्लंघन किया और वहाँ क्षण भर भी रुके बिना नीलांचल पर्वत शिखर से सीधे नीचे उतर आया। मुझे तो दुबारा आने के लिए एक बहाना चाहिए ही था। अभी तो पूरा असम बाकी है, जहाँ मैं नहीं पहुँचा हूँ।

गुवाहाटी में मैंने अपने लिए अंडी की एक चादर खरीदी। मुझे लगा, खादी ग्रामोद्योग केन्द्र की असमिया सेल्स गर्ल ने मुझे कुछ हैरानी के साथ देखा होगा। यहाँ अंडी की चादरें जोड़ी में बुनी जाती हैं। उनके दाम भी जोड़ी में ही बताए जाते हैं। शायद यहाँ ऐसे ही बेचने-खरीदने का रिवाज हो। लेकिन मैंने इकहरी चादर माँगी। इसी बात पर उसने मुझे कुछ हैरानी के साथ देखा होगा। फिर एक कुशल सेल्सगर्ल की तरह ग्राहक की इच्छा का सम्मान किया और जोड़ी चादर को बीच से काटकर इकहरा बना दिया।

रेशम की दुनिया में असम का मूंगा प्रसिद्ध है। तांबा मिश्रित सोने के रंग वाला यह रेशमी कपड़ा पूरे विश्व में अकेले असम में ही बनता है। असम के ग्रामांचलों में तो आज भी यह चलन है कि अपने विवाह की तैयारियों में व्यस्त वधु-कन्याएँ महीने भर पहले से ही अपने विवाह परिधान के लिए मूंगा और पाट के वस्त्र बुनने लगती हैं। यह, उनके यहाँ होनेवाले वैवाहिक अनुष्ठान का एक हिस्सा है। वधु-कन्या के संस्कारयुक्त होने का एक प्रमाण भी है। जहाँ मूंगा बुना जाता है, वहाँ जाकर उन लोगों से मिले और बात किये बिना अपने मन को समझा पाना मेरे बस की बात नहीं है।

एक बार असम के बिहू पर्व में शामिल होने की इच्छा तो, जाने कब की संचित मेरी आकांक्षा रही है? नगालैंड से डॉ. एन. डी. आर. चन्द्रा ने पता करके मुझे बताया कि इस वर्ष बिहू का उत्सव 14-15 अप्रैल को मनाया जाना है। उन्होंने मुझे कहा कि आ जाइए, हम दोनों साथ-साथ चलेंगे।

इस बार वनमाली पंडा हमारे हाथ पकड़कर हमें गर्भ गृह तक नहीं पहुँचा सके। रविवार के दिन पहुँचनेवाले विशिष्ट और अतिविशिष्ट जनों के घेरे को तोड़कर हमें ले जाकर सीधे माँ के सामने खड़ा कर देने में विफल हुए वयोवृद्ध पंडा को हमारे लिए निराशा भी हुई। फिर पता नहीं क्या सोचकर वनमाली पंडा ने अपने उत्तरीय की गांठ खोली और रेशम का लालचीर मेरी हथेली में रखकर मेरी मुट्ठी बन्द कर दी। बताया—मां रजस्वला है। यह उसी का वस्त्र है।

गुवाहाटी सुन्दर है। भारत के कुछ गिने-चुने सुव्यवस्थित नगरों में इसे गिना जा सकता है। पिछली शताब्दी में यहाँ किसी बहुत बड़े भूकम्प के आने का उल्लेख मिलता है। उसके बाद शायद, पूरे का पूरा नगर धीरे-धीरे नये सिरे से

बसाया गया हो। एक व्यापारिक नगर होने के बावजूद इसने स्थानीय पारम्परिक नगर विन्यास को भी सहेज-सम्हाल कर रखा है। गुवाहाटी की बीच बसाहट में विशिष्ट असमिया पारम्परिक शिल्प के बाँस के घर भी मिलते हैं। इनके लिए कहा जाता है कि भूकम्प प्रभावित क्षेत्रों के लिए ये उपयुक्त और सुरक्षित होते हैं।

सुन्दर गुवाहाटी का सौन्दर्य इसलिए भी दर्शनीय है कि इसने अपने नैसर्गिक प्रसार के साथ किसी गैर जरूरी छेड़छाड़ से अपने को बचाकर रखा है। पेड़, पहाड़, नदी और नगर विन्यास, एक सुन्दर लयात्मक विस्तार की तरह लगता है। यह लयात्मक विस्तार दूर तक ब्रह्मपुत्र की संगत करता साथ-साथ चलता है।

यह ब्रह्मपुत्रा है कि ब्रह्मपुत्र? नदी के किनारे-किनारे पैदल चलते हुए यह प्रश्न मुझे उलझाये हुए है। अभी तक इसका नाम ब्रह्मपुत्रा ही पढ़ा था और पढ़ा था कि भारतीय नदियों में यही एकमात्र नद है। बाकी सभी नदियाँ हैं। नदियों के नाम स्त्रीलिंग हैं—गंगा, यमुना, सरस्वती, कृष्णा, कावेरी, गोदावरी आदि-आदि। यदि यह नद है तो इसे ब्रह्मपुत्र होना चाहिए? पुत्र के साथ अकार जोड़ने से तो वह पुत्री का अर्थ देने लगता है। जैसे—कृष्ण का कृष्णा, श्याम का श्यामा, शुभ्र का शुभ्रा, जय का जया, प्रिय का प्रिया आदि-आदि।

ब्रह्मपुत्र भारत की उन गिनी-चुनी नदियों में से है जिनसे नौ परिवहन होता है और जिन पर नावें चलती हैं। विशाल ब्रह्मपुत्र अभी थिरी हुई है। यहाँ, इसकी लय अभी सम पर है। इसके साथ-साथ चलते हुए भूपेन हजारिका के किसी गीत के साथ अपना स्वर मिलाने को मन करता है।

यही ब्रह्मपुत्र बारिश लगते ही कितनी आक्रामक हो उठती है, मानसून की खबरों के साथ कितनी-कितनी बार यह पढ़ने-सुनने-देखने नहीं मिलता कि डिब्रूगढ़ का देश के शेष भागों से सम्पर्क कटा? फिर भी असम के लोगों की इसके प्रति आसक्ति, सम्भवतया, माँ कामाख्या के प्रति भक्ति की तरह अगाध है। काजीरंगा का विश्वप्रसिद्ध, एक सींग वाला गैंडा तो असम का राजचिह्न है—बस। बाहर के लोगों को अपनी तरफ लुभाने के लिये। यहाँ के लोगों का कहना है कि ब्रह्मपुत्र को उसके सम्पूर्ण रूपाकार में देखना हो तो डिब्रूगढ़ में उसका तट विस्तार देखो।

गुवाहाटी के सामने डिब्रूगढ़ एक प्राचीन व्यापारिक नगर दिखता है। यहाँ

विश्वविद्यालय भी है। असमिया की प्रतिष्ठित लेखिका श्रीमती तिलोत्तमा मिश्र डिब्रूगढ़ में ही रहती हैं और यहाँ विश्वविद्यालय में अंग्रेजी पढ़ाती हैं। उन्होंने भी यही सुझाया—यहाँ आए हैं तो एक बार ब्रह्मपुत्र का तट विस्तार अवश्य देखें।

डिब्रूगढ़ में हमने, ब्रह्मपुत्र को रात में देखा। कुछ दूर तक नदी का तट दिखाई दिया। फिर उसका आभास रह गया। दूसरा किनारा कहीं नहीं था। एक नदी को इस तरह रात में देखना एक मिथकीय संरचना ही थी। क्या कोई नदी अपने तट के दूसरे किनारे के बिना भी हो सकती है? ब्रह्मपुत्र की आक्रामकता से बचने लिए डिब्रूगढ़ को लगभग उसकी लम्बाई के साथ-साथ ऊँचे तटबंध से बाँधकर सुरक्षा के उपाय किये गए है। ऊचे तटबंध पर उससे भी ऊँचे बिजली के खंभे हैं। इन खंभों पर ढेरों-ढेर फ्लड लाइट्स लगाई गई हैं कि रात में दूर तक दिखता रहे। लेकिन इन फ्लड लाइट्स की रोशनी उधर तक नहीं पहुँच पाती। हमारी तरफ ही ढेर हो जाती है और मिथकीय प्रभाव को और भी घना कर जाती है।

श्रीमती तिलोत्तमा मिश्र का कहना है कि पारम्परिक 'बिहू' देखना है तो यहीं, ऊपरी असम के किसी ग्रामांचल में जाना चाहिए। लेकिन बिना किसी जान-पहचान के ऐसे ही किसी गाँव में चले जाएँ, आज का असम इतना निरापद नहीं रहा। लगभग यही बात तिनसुकिया के श्री परमानंद बोरा ने कही थी कि 'बिहू' का पारम्परिक रूप तो इस, ऊपरी असम के ही ग्रामांचलों में सुरक्षित है। लेकिन आज का असम इसके लिए उन्होंने अंग्रेजी में 'हॉट-पॉट' कहा था। श्री बोरा ओ. एन.जी.सी.(ऑयल एंड नैचुरल गैस कॉर्पोरेशन) में अधिकारी हैं और 'बिहू' के लिए अपने घर, तिनसुकिया जा रहे हैं। ट्रेन में आकस्मिक परिचय हो गया और उन्होंने अपने घर आमंत्रित किया—"तिनसुकिया आइए। वहाँ आप हमारे घर मेहमान होंगे।"

श्री बोरा के साथ उनकी पत्नी हैं जो केवल असमिया जानती हैं। फिर भी हमारी बातों के साथ शामिल हो रही हैं। श्री बोरा ने अपनी पत्नी की बात मुझे अंग्रेजी में बताई। ये कह रही हैं कि आप हमारे घर आ जाइए। हमारा बेटा, उसका नाम प्रांजल है, आपको लेकर गाँव जाएगा जहाँ पारम्परिक 'बिहू' होता है।

इस दग्ध असम में एक घर ऐसा भी हो सकता है, जो किसी एकदम

अपरिचित यात्री को इतना आत्मीय आमंत्रण दे रहा है? शीतलता का बोध हुआ। इस समय असम 'बिहू' के ज्वर में तप रहा है। कभी सारे रास्ते रोम को कैसे जाते रहे होंगे, यहाँ पहुँचकर वह समझ में आ रहा है। अभी, यहाँ सारे रास्ते गुवाहाटी को जा रहे हैं। वहाँ 'बिहू' की भव्य सजावट होगी, सारी रात जगानेवाले प्रदर्शनों के आयोजन हो रहे होंगे। यहाँ से लोग सज-धजकर वहाँ जा रहे हैं। वहाँ पहुँचकर सजावट का हिस्सा हो जाएँगे। श्रीमती तिलोत्तमा मिश्र ने बताया—"स्टेज का 'बिहू' देखना चाहें तो गुवाहाटी जाइए।"

'बिहू' का पंडाल (स्टेज) पर पहुँचना उसके अपने पारम्परिक रूप के लिये कितना अस्वास्थ्यकर है? इस बहाने, श्रीमती तिलोत्तमा मिश्र के साथ, उन पारम्परिक लोक कलाओं के सम्बन्ध में चर्चा हो गई जो मात्र कला रूप नहीं बल्कि किन्हीं-न-किन्हीं लोक कला का अंश हैं। अपने नैसर्गिक ग्रामीण परिवेश से विच्छिन्न होते ही इनमें विकार की प्रक्रिया प्रारम्भ हो जाती है। यह प्रक्रिया अन्ततोगत्वा उस लोक पर्व को ही ग्रस कर थमती है—अमुक लोक कला-परम्पराएँ जिसका एक प्रस्फुटित रूप होती हैं। इन लोक पर्वों की जीवनी शक्ति इनकी आनुष्ठानिकता में निहित होती है। लोक जीवन में इनकी व्याप्ति बहुत गहरी होती है और इसका आयोजन पक्ष आश्चर्यकारी व्यापकता में लोक आधारित होता है। पंडाल पर पहुँचते ही इस जीवनी शक्ति का क्षरण होने लगता हैं और भीड़ तंत्र का अधिकार इसकी लोक व्याप्ति को ग्रसने लगता हैं। इधर के कुछ वर्षों से असमिया फिल्मों की नामी-गिरामी अभिनेत्रियाँ गुवाहाटी के सजे-धजे 'बिहू' पंडालों में अवतरित होने लगी हैं। इस बार तो भूपेन हजारिका के साथ लता मंगेशकर के गायन का कार्यक्रम है।

खूब तेज और खूब रंगबिरंगी रोशनियाँ गुवाहाटी की रात को दिन बना रही हैं। पाँव पैदल चलनेवाले के लिए सड़क पर जगह नहीं बच रही है। लाउड स्पीकर की आवाजें सप्तम पर हैं। रात भर ऐसे ही बजती रहेंगी। परियों के चित्र विचित्र देश में भटक रहे अजनबियों जैसे हम दो जन—मैं और डॉ. चन्द्रा इतने शोरगुल में अभी ठीक से हैरान भी नहीं होने पाए थे कि पहचान लिए गए। किसी सहृदय ने रोककर टोका—'बिहू' देखने आए हैं ना? आज का असम ऐसा नहीं रहा कि इस तरह त्योहार देखते बेखबर घूमें। अभी चार बदमाश दारू पीकर आएँगे। धर लेंगे और सब कुछ धरा लेंगे। जाइए, अपने

होटल वापस जाइए।'

कोई भी नहीं समझ रहा है कि मैं उनके 'बिहू' नृत्य को देखने के लिए एक दर्शक की तरह यहाँ नहीं आया हूँ। आदि शक्तिपीठ में चालाकी चलकर मैंने दुबारा असम आने के लिए बहाना गढ़ा था तो क्या वह इस नाच-गान को देखने के लिए? यह सब तो अब टी.वी. का स्क्रीन घर बैठे दिखा देता है। मैं आया हूँ तो उस लोक पर्व में शामिल होने के लिए, ये नाच-गान जिसकी एक अभिव्यक्ति हैं। लेकिन अपनी भावनाएँ मैं किसी तक भी नहीं पहुँचा पा रहा हूँ कि मैं उनके साथ शामिल होने के लिए यहाँ आया हूँ। उनके साथ मिलकर उनके नव वर्ष का यह उत्सव मैं भी मनाना चाहता हूँ। लेकिन मैं, पता नहीं कहाँ पहुँच गया हूँ कि जहाँ सारे रास्ते बन्द हैं?

ऐसे में मैंने अपनी यायावरी के सरल सूत्र का सहारा लिया। किसी एक गाँव का नाम अपने मन में रख लिया, जिसके साथ इससे पहले का कोई परिचय भी नहीं। वहाँ, न मैं किसी को जानता, न कोई मुझे जानता होगा। यहाँ तक कि गाँव का यह नाम भी पहली बार सुन रहा हूँ—सुआलकुसी। मेरा सूत्र मुझे आश्वस्त करता है कि गाँव है तो वहाँ का समाज कृषि संस्कृति से जुड़ा हुआ होगा। 'बिहू' असम की कृषि-संस्कृति का सबसे प्रमुख पर्व है। इसलिए सुआलकुसी में उसके आनुष्ठानिक रूप के साथ मेरा साक्षात्कार जरूर होगा।

गुवाहाटी से कुल 20 कि.मी. दूर, ब्रह्मपुत्र के दाएँ तट पर बसा सुआलकुसी रेशम का गाँव है। रेशम के इस गाँव का रास्ता नारियल के पेड़ों और धान के खेतों के बीच से होकर निकलता है। यह रास्ता चित्र खचित है। सुआलकुसी, असम के विश्वप्रसिद्ध 'मूंगा' और 'पाट' के रेशमी वस्त्रों का सबसे बड़ा बुनकर केन्द्र है। यहाँ घर-घर में 'मूंगा' के करघे हैं। पूरे असम और कलकत्ता (अब कोलकाता) की रेशम मंडियों से निर्यात होनेवाला 'मूंगा' सुआलकुसी से ही जाता है।

बस में साथ चल रहे एक बिलकुल अपरिचित व्यक्ति से मैंने पूछा कि क्या वह मुझे किसी ऐसे घर में लेकर चल सकेगा जहाँ 'मूंगा' बुना जाता है। उसने बताया कि यहाँ तो हर घर में करघे हैं। और घर का प्रत्येक व्यक्ति 'मूंगा' बुनता है। फिर अरुण डेका नामक इस व्यक्ति ने इन करघों पर बुना गया तांबा मिश्रित सोने के रंग वाला 'मूंगा' और सुन्दर काम की हुई साड़ियाँ

भी दिखाई। साथ चल रहे डॉ. चन्द्रा परेशान हो रहे होंगे कि 'बिहू' छोड़कर यह, मैं 'मूंगा' में, कहाँ भटक रहा हूँ? मैंने अरुण से पूछा कि क्या वह मुझे करघे पर काम कर रहे कुछ बुनकर नहीं दिखा सकता जिनके फोटो खींचकर मैं अपने साथ ले जा सकूँ?

अरुण डेका ने बताया कि इसके लिए मैंने गलत दिन चुना है। आज गाँव के सारे लोग 'बिहू' उत्सव में शामिल होने के लिए गुवाहाटी गए हुए हैं। तभी, सजे-धजे बच्चों का एक दल सामने से निकला जो 'बिहू' नाचने के लिए गाँव के घर-घर जा रहा था। 'मूंगा' छोड़कर मैं इस दल के साथ हो लिया। मुझे लगा कि जो मैं ढूँढ़ रहा था वह, पा गया। कहीं मैं खुशी से चिल्ला न पड़ूँ—यूरेका...।

अब यह अरुण डेका के लिए परेशानी की बारी होगी कि 'मूंगा' छोड़कर यह, मैं 'बिहू' नर्तक दल के पीछे, कहाँ भटकने लगा? अरुण डेका असम जल-परिवहन विभाग में काम करता है। 'बिहू' मनाने के लिए वह शहर से अपने गाँव आ रहा है। मेरे कारण उसे अपने घर पहुँचने में देरी हो रही होगी। वहाँ, सबको उसकी प्रतीक्षा होगी। उसे झुंझलाहट भी हो रही होगी। लेकिन, गाँव का आदमी पीछा छुड़ाना भी नहीं जान रहा है? मेरी सनक और मेरे सवालों से थक-हार कर अरुण डेका ने मुझे उसके घर चलने को कहा। उसने कहा कि उसकी बेटी हिन्दी पढ़ती है। वह मेरी बातों को समझ सकेगी। उसकी बेटी ने हिन्दी में एक निबंध भी लिखा है। उस निबंध को पढ़कर मैं समझ जाऊँगा कि 'बिहू' क्या है।

यह 'रोंगाली बिहू' है जो वैशाख माह के प्रथम दिन से प्रारम्भ होता है। यह असम का नव वर्ष पर्व है। इस दिन स्नान-ध्यान के उपरांत लोग नये कपड़े पहनते हैं। फिर सप्ताह भर चलनेवाला, नृत्य और गीतों का, उत्सव प्रारम्भ होता है। यह रंगबिरंगा होता है। इसलिए इसे 'रोंगाली बिहू' कहते हैं। एक और 'बिहू' माघ माह में होता है। यह नवान्न का 'बिहू' होता है। इसमें नवान्न का भोग लगाते हैं। इसलिए इसे भोग बिहू या 'भोगाली बिहू' कहते हैं। इसमें लड़की को भगा ले जाने, फिर उससे विवाह की प्रथा प्रचलन में है। एक 'बिहू' कार्तिक माह में भी होता है। उसे 'कोंगाली बिहू' कहते हैं।

अरुण डेका का पूरा परिवार मेरे पास जुट गया है। मुझे लगा कि निबंध

पढ़कर 'बिहू' को समझने का प्रयास कर रहा एक अतिथि उनके लिए अचरज पैदा कर रहा होगा। लेकिन अरुण की पत्नी ने सब सहज बना दिया। उसका नाम सानू है। सानू रूपवती है और घर में उसकी ही चलती है। घर में अरुण भी मुझे उस पर आश्रित दिखा। मैंने सानू से पूछा—'बिहू में क्या—क्या होता है?'

सानू समझाने लगी—सुबह उठकर नदी में स्नान करते हैं। नये कपड़े पहनते हैं। 'नाम घर' में जाकर पूजा करते हैं। गाय की पूजा करते हैं। उसको खिलाते हैं। 'पीठा' खाते हैं। फिर घरों में जाकर 'बिहू-बिहू...' पुकारते हैं और नाचते हैं। दान ग्रहण करते हैं।'

असमिया समाज को विकास की ओर ले जाने में अठारहवीं-उन्नीसवीं शताब्दी के कुछ सुधारवादियों का प्रभाव बहुत गहरा रहा है। इनमें शंकरदेव के अनुयाइयों की संख्या बहुत बड़ी है। उनके विचारों को आगे बढ़ाने का संगठित काम माधव देव ने किया और पूरे असम में 'नाम घर' की स्थापना की जहाँ शंकरदेव के उपासक सत्संग कर सकें। यहाँ, सुआलकुसी में भी 'नाम घर' है और यह पूरा गाँव शंकरदेव का उपासक है।

ऐसा दिखता है कि बंगाल के श्री चैतन्य की वैष्णवी धारा के सम्मुख असम का तत्कालीन समाज अपने आत्मगौरव से जुड़ी किसी संत परम्परा की तलाश में था। शंकरदेव के उद्‌भव ने उस समाज को उसके वांछित आत्मगौरव का विश्वास कराया होगा।

विकासशील असम के इतिहास पर आख्यायित, तिलोत्तमा मिश्र के उपन्यास 'स्वर्णलता' में एक रोचक प्रसंग इससे सम्बन्धित है। उच्च शिक्षा के लिए कलकत्ता गए असमिया छात्रों से वहाँ का एक स्थानीय छात्र पूछता है—'तुम्हारी तरफ वैष्णव धर्म के प्रचारक कौन गुरु थे?'

इसके उत्तर में एक असमिया छात्र कहता है—'श्रीमन्त शंकरदेव नाम के गुरु ने असम में वैष्णव धर्म का प्रचार किया था।'

यह प्रसंग आगे बहस के लिए भी रास्ता खोलता है कि शंकरदेव ने चैतन्य देव के समान श्रृंगार रस को कहीं भी प्रधानता नहीं दी है। उन्होंने भक्त को दास का दास माना है, परमभक्त को मुक्तिनिस्पृह कहा है।

इस परिवार में, जहाँ मैं अकस्मात ही अतिथि हूँ, कौन भक्त होगा और कौन परमभक्त, सोचता हूँ तो उलझता हूँ। विमल मित्र का बंगला उपन्यास

है—पति परम गुरु। यहाँ वह गुरु न कुछ समझ रहा है, न कुछ समझा पा रहा है। समझना-समझाना जो भी है, वह पत्नी ही कर रही है।

अपनी समझ में सानू, मुझे, हिन्दी में ही समझा रही होगी। फिर भी मैं मूढ़मति, समझ नहीं रहा हूँ। इस पर उसने मुझे झुँझलाहट से देखा। तब अरुण ने उसे बताया कि वह तो असमिया में बोले जा रही है। इस पर वह अपने पति पर नाराज हो गई—'तो फिर तुम क्या कर रहे थे?'

अरुण हँसने लगा—'तेरे सामने मेरी क्या चलती है?'

मेरा अनुमान प्रमाणित हो गया कि घर में सानू की ही चलती है। वह फिर बताने लगी—जो 'बिहू' के दिन अनिवार्य होता है। 'तिल पीठा' खाना जरूरी हेाता है। जूड़े में सफेद और लाल रंग के पुष्प सजाना जरूरी होता है। जिसे यहाँ कोप्पो फूल कहते हैं। अपनी समझ में इस बार भी वह हिन्दी में ही बोल रही होगी और मैं मूढ़मति सो मूढ़मति। समझ ही नहीं रहा हूँ? तब उसकी बिटिया ने, अपनी माँ की असमिया मुझे हिन्दी में समझाई, जिसका हिन्दी निबंध पढ़कर मैंने 'बिहू' की प्रारम्भिक समझ पाई। मैंने 'पीठा' देखना चाहा कि कैसा होता है, कितने प्रकार का होता है?

"हे देवता।" सानू को मेरी बुद्धि पर सचमुच तरस आया—"पीठा भी कोई देखने की चीज हुई? मैंने बताया नहीं कि बिहू के दिन तिल पीठा खाना जरूरी होता है।"

"जाओ, जल्दी से स्नान करके आओ। नये कपड़े भी निकालकर रखे हैं। फिर मेहमान को पीठा परोसो।" सानू ने अरुण से कहा। मुझे लगा, यह रूपवती गृहिणी ऐसे ही अपने बच्चों को भी अनुशासित करती होगी। उपनिषदों में (सम्भवतया वृहदारण्य उपनिषद में) एक जगह आता है कि अमुक ऋषि (सम्भवतया लोमश ऋषि) ने कन्यादान के पश्चात विदा करते हुए अपनी शिष्या को यह आशीर्वाद दिया—"जाओ, तुम्हारे दस पुत्र हों और ग्यारहवाँ पुत्र तुम्हारा पति हो।" लगता है कि सानू वही ऋषि-कन्या होगी जिसका ग्यारहवाँ पुत्र उसका पति है।

सानू ने मुझे पारम्परिक असमिया बुनावट वाला एक सुन्दर सा गमछा दिखाया और बताया कि इसे 'बिहुआन' कहते हैं। बहनें अपने भाइयों को यह 'बिहुआन' भेंट करके आशीर्वाद माँगती हैं। इसके बाद ही भाई 'बिहू' में शामिल

होने के लिए घर से बाहर निकलते हैं। उसने कहा—"मैं, आपको यह दूँगी।"

"तभी मैं घर से बाहर निकल सकूँगा। है ना?" मैंने पूछा। अरुण डेका एक रहस्य अब तक छिपाए हुए था। वह उसने बता दिया—"ये भी तो बिहू नाचती थी।"

प्रमाण में उसने घरेलू अल्बम के पन्ने उलट-पलटकर वह चित्र भी दिखाया जिसमें 'बिहू' की पारम्परिक सज्जा में सजी-धजी, सानू सबसे अलग दिख रही है। आलक्तक रची हथेलियाँ जूड़े में गुथे हुए कोप्पो फूल पर छाया कर रही हैं। कमर लोच ले रही है। बड़ी-बड़ी आँखों में एक दुर्निवार आमंत्रण है।

"तो इसे देखकर तुम मोहित हुए थे?" मैंने पूछा तो अरुण ने हाँ कहा और सानू ने आखें तरेरीं। फिर हँसने लगी। एक स्निग्ध हँसी। मैंने उस रूपसी ने पूछ, "बिहू नाच कर मुझे नहीं दिखाओगी?"

"हाँ दिखाऊँगी। आप रुकेगे?" उसने हाँ कहा और मुझसे पूछा। लेकिन मैं कैसे रुक सकता हूँ? मुझे तो लौटना है। तब बहन ने विधि-विधानपूर्वक मुझे 'बिहुआन' भेंट किया और भूमि का स्पर्श करके मुझे प्रणाम किया। 'बिहू' के दिन घर आए भाई को विदा देने के लिए कामरूप की वह रूपसी सड़क तक साथ आई। अपने बच्चों के साथ उसका पति उसके पीछे-पीछे बँधा चला आ रहा था।

यह सब माया देखकर वह मुझसे कम हैरान नहीं था। ऊपर से मैंने एक नई परेशानी उस पर लाद दी कि मैं फिर आऊँगा। तब मुझे अपनी स्टीमर पर बिठाकर ब्रह्मपुत्र की यात्रा कराना। अब तक मैंने ब्रह्मपुत्र का सौन्दर्य दूर से देखा है। अब उसका स्पर्श करना चाहता हूँ। असम, बंगाल और बांग्लादेश एक संयुक्त जल संस्कृति से परस्पर आबद्ध हैं। हो सकता है कि ब्रह्मपुत्र के नाविक भी वही भटियाली गीत गाना जानते हों जो उधर हुगली और मेघना के तटों को गुँजाते हैं।

चेरापूँजी

दृश्य-अदृश्य का कौतुक

इस बार की बारिश मुझे ढूँढ़ते हुए आएगी। जहाँ मेघ रहते हैं वहाँ मैं अपना नाम-पता छोड़कर आया था। अब, मौसम का रास्ता देख रहा हूँ। देखना है कि इस मौसम की पहली बारिश किस रास्ते यहाँ पहुँचेगी। कभी वह केरल के दक्षिण-पश्चिमी तट से हो कर आती है। कभी चेरापूँजी से पहाड़ उतरती है और बंगाल की खाड़ी पार करके पहुँचती है। फिर पता नहीं कैसे मेघों का घर अकेले मेघालय में हुआ? क्या इतनी-इतनी बारिशों के बाद भी केरल के बादल, बेघर रह गए, जैसे मैं।

चेरापूँजी पहुँचते-पहुँचते न मैं बचा, न मेरा बेघरपन। बादलों ने सब कुछ अपना लिया—मुझे। मेरे बेघरपन को भी। रास्ते में एक परिवार के साथ अजब सा साझा हो गया और घरेलू किस्म के नेह नाते की एक डोर जुड़ गई।

दोपहर भर शिलांग में अच्छी बारिश हुई। शाम भी रिमझिमाती रही। मध्य अप्रैल की दोपहर में बारिश? जैसे, बहुत बरस पहले मेरे घर के सामनेवाली छत पर वह बारिश हुई थी। बारिश के साथ ओले भी पड़े थे। मेरे पड़ोस में रहनेवाली वह, जिस के प्यार में मैं आकंठ डूबा हुआ था, उस बारिश में भीग रही थी और झुककर ओले बीन रही थी। मैं उसे मना

करना चाहता था कि भीगने से उसे सर्दी लग सकती है। लेकिन यह भय भी मन में था कि मेरे मना करने को उसने मान लिया तो छत सूनी हो जाएगी और मैं अकेला रह जाऊँगा। तब से आज तक यह दुविधा मन में बराबर बनी हुई है कि अपने प्रेम के रहस्य को कब तक अपने मन में दबा कर रखा जाए और कब उसे साहित्य के हवाले कर दिया जाए, जिस में हर पढ़नेवाले का साझा हो सके।

दोपहर की इस बारिश ने शिलांग को होटल के कमरों में बन्द कर दिया। मैंने खिड़की से पर्दा हटाकर काँच से बाहर झाँका। सामने, सड़क एकदम सूनी दिख रही है। पहाड़ी हवा बारिश में नहा रही है। उसका बदन भीगा हुआ है और उसकी छुअन ठंडी है। भीगी हवा ने दरवाजे-खिड़कियों को एकबारगी भड़भड़ा कर रख दिया। काँपती हुई हवा भीतर आना चाहती थी। शिलांग चारों तरफ से पहाड़ों से घिरा हुआ है। पहाड़ों पर हरे-भरे पेड़ों की छाया है। बारिश में पेड़ झूम रहे हैं और हवा के कपड़े आकाश पर उड़ा रहे हैं। ऐसे में कम्बल लपेटे हुए कमरे के भीतर बैठे रहना और बाहर ताक-झाँक करना अच्छा लगा। मन किया कि गरम-गरम सूप पीने को मिल जाता तो, सचमुच में, मौसम का समारोह हो जाता।

यह इस मौसम की पहली बारिश थी। गर्मियों की बारिश के साथ शिलांग में स्वागत का मौसम लग जाता है। पानी में धुल कर पेड़-पेड़, पत्ती-पत्ती चमचमा उठती हैं। चिकनी पहाड़ी सड़क आईना हो जाती है। सैलानी मन के अक्स इस आईने पर उपकने लगते हैं। शिलांग ने अपना हरित सौन्दर्य खूब अच्छे से सहेज कर रखा है। कई बार तो यह भी लगता है कि एक नए राज्य की यह पुरानी पहाड़ी राजधानी आज भी अपने उन्हीं पुराने दिनों की मानसिकता के साथ जी रही है, जब यह अविभाजित असम राज्य का गिरिधाम हुआ करती थी। यहाँ की खासी, जयन्तिया और गारो पर्वत श्रेणियों का प्राकृतिक सौन्दर्य असम के पर्यटन राजस्व का सब से प्रमुख स्रोत होता था। असम से अलग होने तक मेघालय का राजनीतिक भूगोल बहुत बार बदला है, लेकिन इसका प्राकृतिक भूगोल कुछ ऐसा है कि अलग लगता ही नहीं। लगता है जैसे असम की गोद में बसा हुआ है। मेघालय राज्य का गठन 1972 ई.में हुआ। तब से अब तक तीन दशकों में

भी इसके पास अपना खुद का एक नागरिक हवाई अड्डा तक नहीं बन सका है। पूरा मेघालय सड़कों पर आश्रित है। रेल लाइन का एक इंच तक इसके हिस्से में नहीं आया है।

पूर्वोत्तर पहाड़ी शृंखला में, अन्य राज्यों के मुकाबले मेघालय अपेक्षाकृत शांत और सुरक्षित नजर आता है। यहाँ किसी सैनिक छावनी में होने जैसा बन्दी भाव मन को बेचैन नहीं करता। यहाँ शाम के समय बाजार खुला मिलता है और लोगों की चहल-पहल से वह गुलजार होता है। मेघालय सुरक्षित है, इसलिए पर्यटक यहाँ आते हैं। इस मौसम की पहली बारिश ने, अपने यहाँ आनेवाले जिन पर्यटकों का उन्मुक्त भाव से स्वागत किया, हम वे भाग्यशाली हैं। फिर भी, अपने लिए, पर्यटक श्रेणी का निर्धारण मुझे एक भावात्मक अतिक्रमण लगता है या फिर अपमानजनक।

ऐसा बोध, शायद उन सब को होता होगा जो अपने मन की साक्षी में प्रकृति की ओर उन्मुख होते हैं। यह श्रेणी मुझे और मेरी तरह के प्रकृतिकामी लोगों को उनके अपने आशयों के विपरीत, बस एक उपभोक्ता बनाकर रख देती है। यह मुझे, प्रकृति के साथ, अपने सम्बन्धों का विकृतीकरण लगता है। इस में साहचर्य का भाव नहीं बल्कि उपभोग का अधिकार प्रबल होता है, उपभोग का यह अधिकार बिक्री और खरीदी के व्यवहार से उपजता है और दाम से निर्धारित होता है। पर्यटन व्यवसाय तो दाम लेकर हमें इतना तक बताता है कि हम कहाँ देखें, क्या देखें और क्या नहीं देखें। अच्छा हुआ कि हम किसी कंडक्टेड टूर से बँधे हुए नहीं हैं।

होटल के मैनेजर ने हमें मौसम की बधाई दी, जो शायद यहाँ का रिवाज हो। फिर, उस ने भरोसा दिलाया कि कल जब हम चेरापूँजी पहुँचेंगे तो वहाँ हमें बादल जरूर मिलेंगे। फिर उसने एक भविष्यवाणी भी की। ऐसे मौसम में कुछ न कुछ ऐसा जरूर घटित होता है जिसे अपनी स्मृतियों में सहेजने के लिए अपने साथ ले जाया जा सके।

शिलांग से चेरापूँजी के लिए साझे की टैक्सियाँ मिल जाती हैं, जो सुबह ले जाकर शाम को वापस पहुँचा देती हैं। टैक्सी में हमारा साझा एक ओड़िया परिवार से हो गया, जो भुवनेश्वर से यहाँ आया हुआ है। लगभग आधे रास्ते हमारे बीच अपरिचय और अबोला बना रहा। एक सम्पूर्ण और स्वयन्तृप्त

दिखाई देनेवाले परिवार को हमारी तरफ हाथ बढ़ाने की जरूरत भी क्या हो सकती थी? शिलांग नगर की सीमा से बाहर निकलने के बाद परिवार के मुखिया ने अपनी पत्नी और अपनी बेटी को बाईं तरफ दिखाकर बताया कि वह भारतीय वायुसेना की पूर्वी कमान का मुख्यालय है। हम ने भी बाईं तरफ गरदन घुमाई और वहाँ खड़े हवाई जहाजों को देखा।

भुवनेश्वर के रहनेवाले श्री भागीरथ महापात्र सर्वे ऑफ इंडिया में एक अधिकारी हैं और इस समय उन की पार्टी का मुकाम शिलांग में है। वह इस से पहले भी यहाँ आ चुके हैं। यह सब उन का जाना-पहचाना है जो अपनी पत्नी और अपनी बेटी को बता रहे हैं। हम भी सुन रहे है। जहाँ से चेरापूँजी का क्षेत्र शुरू होता है वहाँ एक खूबसूरत पुल है। इस पुल के नीचे कोई नदी नहीं बल्कि एक अतल खाई है जिसके दोनों ओर खड़ी पहाड़ियों से कई-कई जलप्रपात एक साथ इस अतल खाई में उतरते हैं। चेरापूँजी के दर्शनार्थी इस मनोरम दृश्य को देखने के लिए यहाँ रुकते हैं। रुक कर चाय पीते हैं। सामने, सड़क के दूसरी ओर चाय का एक छोटा-सा होटल है। चाय तो बस, एक बहाना भर है। इस बहाने रुक कर, शायद, चेरापूँजी से सीधे साक्षात्कार के लिए हम अपने को तैयार करते हैं। चेरापूँजी कोई एक स्थान नहीं बल्कि एक विपुल आनंददायी अनुभूति है जिसे अपने भीतर सुव्यवस्थित करने के लिए यह तैयारी जरूरी ठहरती है। चाय ने हमें अपने अपरिचय और अपने अबोले से बाहर निकालकर एक-दूसरे के साथ अपने-अपने नाम पतों और सन्दर्भों सहित जोड़ने का औपचारिक काम भी किया। श्री महापात्र की पत्नी का नाम हेमांगिनी और उनकी बेटी का नाम सस्मिता है जिसे घर में लिली कह कर पुकारते है। वहाँ वह इंजीनियरिंग कॉलेज में पढ़ रही है।

यहाँ से आगे, अब, सब का सब चेरापूँजी ही तो है। मेघों का वह साम्राज्य, जिसे हम चेरापूँजी के नाम से जानते हैं, यहाँ से लगभग 24 कि.मी. के घेरे में फैला हुआ है। यह, संसार में सर्वाधिक वर्षा वाला एक क्षेत्र है। भारत-पाक बँटवारे से पहले हमारे पास ऐसे दो नाम थे जिन की भौगोलिक प्रसिद्धि हमें विस्मित-विमुग्ध करती थी। सर्वाधिक वर्षा के लिए—चेरापूँजी और सर्वाधिक गर्मी के लिए—जाकोबाबाद। बँटवारे में जाकोबाबाद तो

पाकिस्तान के हिस्से में चला गया। चेरापूँजी हमारे पास बचा रह गया। यहाँ सब से अधिक वर्षा का रिकॉर्ड 982.2 इंच का है, जो 1947 में हुई थी। लेकिन 1996-97 में एक आशंका व्याप गई थी कि कहीं चेरापूँजी सूख तो नहीं रहा है? सन् 1996 में यहाँ कुल 478 इंच वर्षा हुई, जो 1997 में घट कर और नीचे चली गई—मात्र 354 इंच पर। ईश्वर ने रक्षा की और चेरापूँजी के सूखने की आशंका निर्मूल सिद्ध हुई। यहाँ की वर्षा का औसत 490 इंच अभी सकुशल बना हुआ है।

लेकिन क्या चेरापूंजी का पर्यावरण अब आनेवाले दिनों में भी ऐसा ही, सकुशल बचा रहेगा? चेरापूंजी के रास्ते में जगह-जगह कोयले की खदानें हैं और इन खदानों को खोद कर कोयला निकाला जा रहा है। मेघालय के कोयले पर कोल इंडिया का कोई अधिकार नहीं है। यहाँ की जमीन पर जिसका राजस्व-अधिकार होता है, उसकी जमीन के नीचे कोयले पर भी उसी का अधिकार होता है। यहाँ कोयला खदानें निजी सम्पत्ति हैं। सड़क से कुछ हट कर, सामनेवाले पहाड़ी पठार पर सीमेंट के कारखाने भी नजर आ रहे हैं। और उन की चिमनियों से निकलनेवाला सफेद धुआँ सफेद बादलों के साथ घुल-मिल रहा है।

समुद्र तल से 4500 फीट की ऊँचाई पर बसे जिस चेरापूँजी के नाम से बंध कर हम यहाँ आए हैं, यहाँ के राजस्व विवरणों में इस नाम का कोई स्थान ही नहीं था। इससे भी अधिक विचित्र बात तो यह है कि जिस स्थान का नाम तक राजस्व विवरणों में नहीं था, अंग्रेजों ने उसे 1832 ई. तक अपनी राजधानी बनाकर रखा। हाँ, 1832 ई. तक चेरापूँजी असम की राजधानी रहा। चेरापूँजी की जगह राजस्व विवरणों में जो था वह है—सोरा। इतना सरल सा नाम अंग्रेजों से बोलते नहीं बनता था। सो, उन्होंने 'सोरा' को 'चेरा' बना दिया। चेरा गाँव। स्थानीय खासी बोली में गाँव को पूँजी कहा जाता है और 'सोरा' का अर्थ, हिन्दी में, संतरा होता है। इस तरह, चेरापूँजी का अर्थ हुआ वह गाँव जहाँ संतरा होता है। यहाँ संतरे खूब होते हैं। लेकिन हमारा टैक्सी ड्राइवर भी, जो स्थानीय खासी या जयन्तिया या गारो जनजातीय युवक है और हिन्दी फिल्मों के गाने खूब अच्छे से गा लेता है और अपना नाम राजा हिन्दुस्तानी बताता है, संतरों के इस गाँव को 'सेरा पूँजी' कहता

है। पूर्वोत्तर पहाड़ियों की बोलियों में शायद 'च' के लिए कोई महत्त्वपूर्ण स्थान नहीं है। वहाँ 'स' है। जैसे चाय का उच्चारण यहाँ साय होता है या कचहरी उच्चारण कसारी।

सोरा से पहले सोरारिम है। रिम का क्या अर्थ होता है, यह मैंने किसी से नहीं पूछा। हम सीधे सोरा पहुँचकर रुके। यहाँ, बस अड्डे पर एक तख्ती लगी है जिस पर लिखा है—चेरापूँजी। चेरापूँजी पहुँच चुकने के विश्वास को प्रमाणित करने के लिए यह तख्ती एक महत्त्वपूर्ण साक्ष्य की तरह उपस्थित होती है। इतने दिनों की हमारी जान-पहचान जिस चेरापूँजी से रही है, उस की जगह 'सोरा' को मंजूर कर लेना एकदम से तो नहीं हो जाएगा ना?

पर्वतीय सांस्कृतिक सत्ता का जो सम्मान यहाँ, मेघालय में, सुरक्षित है उसे दिव्य हिमालय में बसे अन्य पहाड़ी राज्यों के समक्ष एक आदर्श उदाहरण के रूप में प्रस्तुत किया जा सकता है। पूरे मेघालय के क्षेत्रीय-प्रशासनिक विभाजन का मुख्य आधार यहाँ की तीन पर्वत श्रेणियों—खासी, जयन्तिया और गारो—को माना गया है। यह आधार विकासात्मक भी है और जनजातीय अस्मिता को भी लक्ष्य में रखता है। चेरापूँजी खासी जनजातीय संस्कृति का केन्द्र है। यहाँ रामकृष्ण मिशन आश्रम के साथ एक समृद्ध और सम्पन्न संग्रहालय भी है। यह खासी जनजाति और उन की संस्कृति की एक झलक देता है।

चेरापूँजी में रामकृष्ण मिशन के इस आश्रम का शिलान्यास 1952 में, भारत के तत्कालीन प्रधानमंत्री पंडित जवाहर लाल नेहरू ने किया था। भारतीय समाज की बहुलतावादी संरचना की उन्होंने ठीक-ठीक पहचान की थी तभी वह कह सके थे—भारत की एकता उसकी विविधता में है—"इंडिया इज अ यूनिटी इन डायवर्सिटी।" शायद, इस विविधतावादी एकता को बनाए रखने में रामकृष्ण मिशन जैसे संगठनों की कोई निश्चित भूमिका उन की दृष्टि में रही हो। उनका यह विलक्षण दृष्टिबोध हमें आज भी चमत्कृत करता है कि कोई व्यक्ति अपने समकाल से परे जाकर कहाँ तक देख सकता है?

यह आश्रम यहाँ एक बहुत बड़ा बोर्डिंग विद्यालय संचालित करता है और इसके विक्रय केन्द्र में शुद्ध पहाड़ी मधु, अगरबत्ती से लेकर विवेकानंद साहित्य

तक वह सब मिल जाता है जो रामकृष्ण मिशन के किसी भी अच्छे आश्रम में, कहीं भी मिलता है। लेकिन यहाँ स्थानीय खासी हस्तशिल्प के प्रशिक्षण केन्द्र ने मुझे अपनी ओर आकृष्ट किया, क्योंकि यह केन्द्र आर्थिक स्वावलम्बन का एक आधार भी जुटाता है। आश्रम के विक्रय केन्द्र से डॉ. चन्द्रा ने अपने लिए स्वामी विवेकानंद की एक पुस्तक खरीदी, क्योंकि वे एक स्कॉलर हैं। मैंने यहाँ, प्रशिक्षण केन्द्र में हाथ से बुनी हुई, एक 'सेमा शॉल' खरीदी। मालूम नहीं किसके लिए?

बाद में परिचय के आत्मीय हो जाने पर, श्रीमती हेमांगिनी महापात्र ने मुझ से यह पूछा भी। लेकिन मेरे पास इस का कोई ठीक-ठीक जवाब उस समय नहीं था। शायद अब भी नहीं है। एक कामचलाऊ जवाब यह हो सकता था कि नगालैंड विश्वविद्यालय ने, जहाँ एक व्याख्यान के लिए मैं आमंत्रित था, अपने यहाँ मुझे एक 'नगा शॉल' भेंट किया। 'नगा शॉल' से 'सेमा शॉल'अधिक रंगीन होती है और अलग दिखती है। इसलिए वह मैंने खुद खरीद ली। अब मेरे पास दोनों हो गईं। लेकिन एक कामचलाऊ जवाब कहाँ तक साथ दे सकता है?

मैं समझ रहा था कि श्रीमती हेमांगिनी महापात्र मेरे अकेलेपन की थाह ले रही हैं। उन्होंने टटोला कि यहाँ जो मैं अकेला दिख रहा हूँ तो क्या हुआ, वहाँ, जहाँ घर है, कोई तो होगा। जैसा कोई भी सामान्य गृहिणी करती, उन्होंने भी वही किया और मुझ से पूछा, "आपके कितने बच्चे हैं?"

मैं भी एक सम्पूर्ण और स्वयन्तृप्त परिवार के सामने, जिस के साथ अभी बकाया आधे रास्ते की सम्भावनाएँ बनी हुई हैं, सीधे-सीधे कैसे मंजूर कर लेता कि हाँ, वहाँ घर में अपने पीछे अपने सूनेपन को दरवाजे में बन्द करके मैं ही ताला लगाता हूँ और चाबी अपनी जेब में रख कर निकलता हूँ? वहाँ कोई नहीं रहता। इसके बदले मैंने छद्म रचा और कहा, "मेरे घर में कोई नहीं लेकिन बाहर मेरा परिवार किसी भी सद्गृहस्थ परिवार से बड़ा होता है। मैं परिवार अपना लेता हूँ।"

लेकिन एक सद्गृहस्थ परिवार को प्रभावित करने में मेरा छद्म मेरे काम नहीं आया। मैंने बचाव का रास्ता अपनाया और साथ-साथ दौड़ते चल रहे चीड़ के पेड़ों के साथ खुद को उलझाया। बाँसों के झुरमुट,

नारियल वृक्षों के नर्तन, कदली वन की आड़ में अपने मन को छिपा लेना मुझे सुविधाजनक लगा। अपना छद्म, अपना छिपाव कहाँ पीछे छूट गया? कोई चेत ही नहीं रहा।

हठात् बोध हुआ कि मेघों के सम्मोहन से बँधे-बँधे हम मेघ लोक में पहुँच चुके हैं। पर्वत की खुली छत हमारे सामने है।

स्वर्गलोक के लिए कहा जाता है कि भौतिक शरीर का त्याग किए बिना, प्राणिमात्र के लिए, वहाँ प्रवेश सम्भव नहीं। जिसे प्रवेश मिलता है वह तो आत्मा होती है—शुद्ध, प्रांजल आत्मा। ऐसे ही, मुझे लगता है कि सांसारिक बोध का त्याग किए बिना मेघलोक में प्रवेश सम्भव नहीं। यहाँ जिसे प्रवेश मिलता है वह हमारा मन होता है—मुक्त, तरल मन। वह मन जो स्वयं विसर्जित हो कर मेघों का अंश बन जाए, घाटियों में छलाँग लगा दे और फिर धुंध-धुएँ की नदी बन कर पहाड़ों पर प्रवाहित होने लगे। या फिर, पानी की फुहार बन कर किसी तरुणी के गालों पर लेप करने लगे।

मेरे देखते-देखते बादलों के बहुत गाढ़े धुएँ ने सस्मिता को ढक लिया। मेरा मन उसके लिए भीरु हो उठा। उस क्षण एक उत्कट इच्छा जागी कि मेघों के पीछे छिपी, दूसरों की वह बेटी आवाज लगाकर मुझे अपना पता दे—"पापा, मैं ये रही।"

थोड़ी देर पहले मैंने ही तो यह जादू रचा था। सस्मिता के माता-पिता को मैंने डराया था, "मैं जादू जानता हूँ। इस जादू के जोर से आप की बेटी को अदृश्य कर सकता हूँ। फिर उसे अपनी बेटी बना सकता हूँ।"

"सच अंकल?" सस्मिता को विश्वास नहीं हो रहा था। इंजीनियरिंग पढ़नेवाली उस तरुणी ने मेरे जादू को आजमाना चाहा—"मुझे अदृश्य करके बताइए तो जानूँ।"

मैंने घाटी में उफनते हुए बादलों के सागर को देख लिया था जो उसके पीछे से उठ रहा था और जिसकी लहरें अब आकाश की ओर बाँहें फैलाए दौड़ी चली आ रही थीं और पहाड़ भर प्रवाहित होने को मचल रही थीं। लहरों में उद्दाम आवेग था। मैंने अपने हाथ ऊपर उठा कर उनका आह्वान किया और बस इतना कहा—"दृश्य को अदृश्य कर दो।"

बादलों ने हमें ऐसा ढका कि हम सब-के-सब एक-दूसरे के लिए

अदृश्य हो गए। मुझे लगा कि मेरी इस शक्ति ने एक सद्गृहस्थ परिवार के मन में मुझ से कोई डर जरूर पैदा किया होगा और पति-पत्नी ने आपस में कोई परामर्श किया होगा। यहाँ तक का जो रास्ता अपरिचय, अबोले में कट गया वह सुरक्षित तो था। अब आगे इसे कैसे निभाया जाए? लेकिन मुझ से डरने के बदले उन लोगों ने मुझे अपने में शामिल कर लिया। अपना कैमरा टैक्सी ड्राइवर के हाथ में देकर सस्मिता ने मुझे, प्रोफेसर चन्द्रा के साथ, अपने पास बुलाया, "अंकल, आप भी हमारे साथ आ जाइए।"

फिर अपना कैमरा अपने पिता के हाथ में देकर उन से कहा, "मुझे, अंकल के साथ अपना फोटो चाहिए।"

इस चित्र में, मुझे पकड़कर लटकी हुई वह लड़की बिलकुल मेरी अपनी बेटी ही तो दिख रही होगी। मुझे क्या पता हो सकता था कि यहाँ मुझे एक बेटी मिल जानेवाली है? मेघों के घर में वह मुझे मिली इसलिए मैं उसे मेघसुता कह सकता हूँ। वह मेरे लिए मेघों का उपहार है। इस उपहार के लिए मैं चेरापूँजी का आभारी हूँ।

चेरापूँजी के बादल मनुष्य के मन की बात समझते हैं। मेरे आभार प्रदर्शन के जवाब में बादल एकदम नजदीक चले आए और कौतुक रचने लगे। मैंने टैक्सी से बाहर अपना हाथ निकाला। वह बादलों में गुम गया। बादलों में मैंने अपनी खाली हथेली खोल दी। बादल मेरी हथेली पर आ गए। हथेली पर चले आए बादल मैंने सस्मिता के लिए मुट्ठी में बन्द कर लिए। सस्मिता ने वह बन्द मुट्ठी खोली तो बादल पानी हो गए। बादलों के इस कौतुक पर वह खिलखिला कर हँसी। उसकी खिलखिलाहट बारिश बन गई और झरने लगी।

मैंने फिर हाथ बाहर निकाला। अब मेरी हथेलियों पर एक तरुणी की मुस्कान थी। मैंने अपनी मुट्ठी बन्द की और वापस बादलों के बीच खोली। बादलों में खिलखिलाहट गूँजने लगी। अब डॉ. चन्द्रा अपने से बाहर आए। फिर खिड़कियों के काँच हट गए और सब के हाथ बाहर निकल आए। किसी के हिस्से बादल आए, किसी के हिस्से बारिश, किसी के हिस्से धुआँ आया, किसी के हिस्से धुंध। बादल भी हैं, बारिश भी है। काली सर्पीली सड़क भीगी भी है और धूप पड़ने पर आईना भी चमका रही है।

राजा हिन्दुस्तानी ने संगीत की धुन पर डैश-बोर्ड को थपकी दी। फिर कार के स्टीरियो के साथ सुर मिला कर गाने लगा। युवा टैक्सी ड्राइवर मुझे मेरी उम्र बताने की कोशिश कर रहा है? मैं उसे बता सकता हूँ कि अभी अपनी आवाज को मैंने उम्र से बचा रखा है। पहले उसका साथ पकड़कर एक अन्तरा गुनगुनाया। गाया तो गाने लगा। फिर सब मिलकर गाने लगे। कोरस हो गया। जब तक कुछ समझ पाते तब तक हम सब के सब एक साथ मिल कर गा रहे थे—"हम होंगे कामयाब"।

"यह कैसे हुआ?" मैं भौचक।

"आपका वही जादू।" बेटी ने हौसला बढ़ाया—"कि बादल भी गाने लगे?"

सचमुच, जादू ही तो है। लौकिक संसार में यह सब कहाँ?

मेघालय, अपने यहाँ के हजारों झार वर्ष पुराने प्रस्तरकालीन विशालकाय स्तंभों के लिए विश्व भर के लोगों को अपनी ओर रहस्य-आमंत्रण देता आ रहा है। जहाँ से चेरापूँजी (24 कि.मी.) का क्षेत्र शुरू होता है, लगभग वहीं से इन प्रस्तरकालीन स्तंभों की विद्यमानता भी मिलने लगती है। मालूम नहीं कितनी सदियों-सहस्त्राब्दियों से आकाश का भार अपने सर पर उठाए, यहाँ खड़े, किस की प्रतीक्षा कर रहे हैं? पृथ्वी और आकाश से सीधा नाता जोड़ रहे हैं। सम्पूर्ण पारावार अपने अन्तस में समेट रहे हैं। काल का साक्ष्य कर रहे हैं। अपने-अपने निर्वासन भोग रहे हैं। क्या कर रहे हैं? कितनी धूप सह चुके कि जल कर तन कोयला हो गया। कितनी बारिश, कितनी सर्दी झेल चुके कि अब न बारिश भिगाती, न सर्दी व्यापती। ऐसे थिर गए कि साँस तक नहीं लेते। कितने पुराने हैं, इनका निर्माण कैसे हुआ, प्रस्तर होने से पहले क्या रहे होंगे? यह तो किसी भू-वैज्ञानिक को पता होगा। मेरा मन विज्ञान से भटक कर मनुज की आँखों से देखता है। इतिहास के दिनों से गुजर कर रास्ते बनाता है। नेह-नातों की सम्भावनाएँ तलाशता है।

यदि मैं इनकी स्पर्श करूँ तो क्या ये भी मेरे स्पर्श का अनुभव कर सकेंगे? मुझे लगता है कि पत्थर पड़ चुके इन काल-साक्ष्यों के तल में कहीं-न-कहीं प्राण तत्त्व विद्यमान होगा जो मेरे स्पर्श का अनुभव करेगा और फिर कहानी कहने लगेगा। अपनी कहानी, अपने समय, और अपने समय के लोगों की

कहानी। किसी चमत्कार की शक्ति से, इन का स्पर्श करते ही, मुझे इन पत्थरों की भाषा भी मिल जाएगी और मैं सब कुछ जानने लगूँगा। इनके पत्थर होने से पहले का इनका जीवन, यहाँ का जीवन, उस काल में घटित जीवन और मृत्यु की घटनाएँ, प्रकृति और प्राणी के आपसी सम्बन्धों के अगम अगोचर रूप? फिर हाथ उठाते ही आज के अपने समय में सकुशल वापस भी लौट आऊँगा, मेघों के इस साम्राज्य में जहाँ अभी निरंतर विचरण कर रहा हूँ। क्या मेघों का यह साम्राज्य प्रस्तर युग में भी यहाँ, ऐसा ही रहा होगा, यही उसका सीमांकन रहा होगा? मुझे लगा कि मैं अतीन्द्रिय अवस्था में हूँ और काल की यात्रा कर रहा हूँ।

प्राचीन मिस्र की रानी क्लिओपात्रा को मैंने नहीं देखा है—न जगत में, न स्वप्न में। और चित्रों में? चित्र भी क्या मालूम कितने असल क्लिओपात्रा के होंगे और कितने किस-किस की कल्पना की क्लिओपात्रा के? किस-किस के मन में वह रही, किस-किस रूप में रही। जिस ने जैसे अपने मन में बसाया, वैसा चित्रित किया। अब तो कहते हैं कि वह वैसी सुन्दरी भी न थी जैसा उसे संसार जान रहा है। वह तो नाटी थी, स्थूल भी थी। जिस क्लिओपात्रा को मैंने जाना उसे पढ़कर और सुनकर जाना। यह पढ़ा-सुना, जाना इतना मोहक है कि जहाँ भी सौन्दर्य का संदर्भ आया वहाँ क्लिओपात्रा का जिक्र आ गया। अंग्रेजी के प्रोफेसर डॉ. चन्द्रा ने मेरे पढ़े-सुने, जाने को थाहना चाहा और पूछा—"जानते हैं, क्लिओपात्रा के सौन्दर्य को 'सरपेंटाइन ब्यूटी' क्यों कहा गया?"

मैंने उनसे कहा कि इस बार जब वे छुट्टियों में अपने घर आएँगे तो उन से ड्रायडेन की वह पूरी काव्य-गाथा सुनूँगा जो क्लिओपात्रा के लिए लिखी गई है और जिस में उसके लिए 'सरपेंटाइन ब्यूटी' का प्रयोग किया गया है। इस बहाने, क्लिओपात्रा का सन्दर्भ उतनी देर तक हमारे बीच बना रहेगा। वह तो अब भी बना हुआ है—यहाँ चेरापूँजी में, मावजिंरम की इन रहस्यमय गुफाओं के प्रवेश द्वार तक। सामने से एक अपरिचिता तन्वंगिनी निकली जिस ने अपनी रंगीन चुनरी को पगड़ी की तरह सर पर लपेट रखा है। ऐसे में वह सब से अलग नजर आ रही थी। इतनी अलग कि तुरन्त ही उस की तरफ ध्यान गया और मुँह से बरबस निकल पड़ा—"दिस अनयूज़ुअल स्टाइल इज मेकिंग यू परफेक्ट फोटोजेनिक। एपिअर्स क्लिओपैट्रिक।"

उस विगतयौवना तन्वंगिनी ने एक उदास मुस्कान के साथ इस प्रशंसा का जवाब दिया—"माय डेज आर गॉन।"

फिर भी उसने शिष्टाचार निभाया और कहा—"थैंक्स फॉर द काम्प्लीमेंट।"

एक अपरिचिता को, जिस के सौन्दर्यवती होने का विगत वैभव अभी बचा हुआ है, उदास करना मेरा इरादा बिलकुल नहीं था। उदासी उस की मुस्कान में सिमट कर रह गई होगी। लेकिन मुझे पूरा भरोसा है कि जब वह अपने घर वापस लौटेगी तो चेरापूँजी के अपने संस्मरण में इस हिस्से को सहेज कर रखेगी कि किसी को उस में कुछ ऐसा दिखा जो क्लिओपात्रा जैसा लगा। वह मावजिंरम की उन रहस्यमयी गुफाओं से हो कर आ रही थी जिन के दूसरे छोर अभी तक जाने नहीं जा सके हैं। हमें अभी उन अछोर, रहस्यमयी गुफाओं में प्रवेश करना बाकी है।

इन रहस्यमयी गुफाओं में चूने के पत्थरों ने अनोखे विस्मयकारी शिल्प संसार की रचना की है। पानी के प्राकृतिक रिसाव से चूने के पत्थरों वाली चट्टानें कुछ इस कलात्मक रूप में कटी हैं जैसे किसी ने यहाँ पत्थरों में नक्काशी और जाली के काम करके गुफाओं की छत से लटका दिया। या फिर चट्टानों में विभिन्न आकृतियाँ गढ़ कर गुफाओं के रास्तों में सजावट कर दी। इन गुफाओं के भीतर घुप्प अँधेरा है क्योंकि इन के दूसरे छोरों का अभी तक पता नहीं चल पाया है। जिधर ये छोर खुलते होंगे उधर जरूर प्रकाश होगा। इस तरफ मेघालय के पर्यटन विभाग ने बिजली की रोशनी की भरपूर व्यवस्था कर रखी है। गुफा की छत से लटकती हुई चूने के पत्थरों की जालियों पर या दीवारों पर जब बिजली की रोशनी पड़ती है तब ये जाली-नक्काशीदार आकृतियाँ कौंधने लगती हैं। चूने के पत्थरों के बीच में अभ्रक की पत्तियाँ हैं। बिजली की रोशनी में चमचमा उठती हैं। पूरी की पूरी गुफा, एकबारगी, आँखें खोल कर हमें देखने लगती है।

छत्तीसगढ़ के एक भूगोलवेत्ता प्रोफेसर शंकर तिवारी ने बस्तर में ऐसी ही गुफाओं की खोज की थी। कुटुमसर की वे गुफाएँ हमारे लिए एक आश्चर्य की तरह सामने आईं और आश्चर्य की आश्चर्य बनी रह गईं। न हम यह जानते थे कि इस तरह की रहस्यमयी गुफाएँ और कहाँ-कहाँ हैं, न हम यह जानते

थे कि ऐसी रहस्यमयी गुफाओं की साज-संभाल और सजावट कैसे की जाती है। इसलिए कुटुमसर की गुफाओं में अँधेरा बना हुआ है। कुटुमसर की गुफाएँ अँधेरे में हैं। ईश्वर न करे कि अँधेरे में गुम जाएँ।

मेघालय का दक्षिणी सीमान्त बहुत दूर तक भारत-बांग्लादेश अन्तर्राष्ट्रीय सीमा की रचना करता है। चेरापूँजी से मात्र 35 कि.मी. पर भारतीय सीमान्त ग्राम—डावकी है। इधर मेघालय का दक्षिणी खासी पर्वतीय जिला और उधर बांग्लादेश का सिलहट। दोनों इतने आमने-सामने कि वहाँ टीन की छत वाले घरों पर सूर्य की रोशनी पड़े तो यहाँ अपनी आँखें चुँधियाने लगें। इतने नजदीक तक पहुँच चुकने के बाद भी मुझे बिना सरहद छुए, यहाँ से लौटना पड़ेगा। अब, डावकी जाकर आज शिलांग वापस पहुँचना नहीं हो पाएगा। इसलिए वह मोह त्यागता हूँ। सरहद को एक बार छू कर देखने के प्रति अपनी यह आसक्ति मेरी अपनी ही समझ से परे है।

बांग्लादेश की सरहद के इतने नजदीक पहुँचकर इससे पहले भी लौटा हूँ। इससे पहले पश्चिम बंगाल—बांग्लादेश अन्तर्राष्ट्रीय सीमा से, इतना पास कि वहाँ की आहटें मिलने लगी थीं और यदि मैं उस तरफ के किसी का नाम जानता तो उसे पुकार कर अपनी तरफ बुला लेता। मैं इच्छामती नदी के पुल पर से अतृप्त लौटा था। उधर का रास्ता अवरुद्ध था।

चेरापूँजी में एक और उपत्यका पर शीला प्वाइंट है। यहाँ से बांग्लादेश के रास्ते, वहाँ की नदियाँ और धूप खिली हो तो टीन की छतों वाले घर तक दिखाई पड़ते हैं। यहाँ बांग्लादेश और हमारे बीच कुल जमा 4500 फीट का अन्तर होता है। हम 4500 फीट ऊँची पहाड़ी छत पर खड़े होकर नीचे बांग्लादेश को झाँक रहे होते हैं। यह सही अर्थों में विहंगावलोकन है।

चेरापूँजी हमें विहंगविहीन मिला। खासी पर्वत की यह छत, अभी जिस पर हम खड़े हैं, सीधे आसमान पर खुल रही है। मेघ नीचे हैं, गहरी घाटी में। पेड़, जिन पर पंछी बसेरा करते हैं, इन मेघों से भी नीचे पर्वत की ढलानों पर हैं और नीचे गहरी खाई में उतर रहे हैं। छत पर कोई पेड़ नहीं। तो फिर पंछी कहाँ से आएँगे?

उस दिन मेघालय की 4500 फीट ऊँची पहाड़ी छत पर से अपनी पूरी आसक्ति के साथ जिस बांग्लादेश को हम निहार रहे थे वहाँ, दिखाई नहीं

पड़नेवाली भी कुछ तैयारियाँ उस समय चल रही होंगी। उनका पता नीचे उतरने पर, कलकत्ता (अब, कोलकाता)के अखबारों से मिला। तब समझ में आया और एक झटका भी लगा कि मैं कहाँ से लौट कर आ रहा हूँ।

दिनांक 14 अप्रैल 2001 को हम शिलांग में थे। वह ईस्टर का शनिवार था। पिछले दिन की बारिश बरस कर निकल चुकी थी। शाम को चेरापूँजी से वापस लौटे तो शिलांग सुहावना मिला। पर्वतीय राजधानी की सड़कों पर रौनक थी और ईस्टर की खरीदारी करते हुए ग्राहकों की दुकानों में भीड़ थी। पूर्वोत्तर पहाड़ी राज्यों में, जहाँ आतंकवादी गतिविधियाँ सक्रिय हैं, वहाँ पर्व-त्योहारों के अवसरों पर सावधानियाँ बरतनी पड़ती हैं। लेकिन शिलांग में वैसा कुछ भी महसूस नहीं हुआ। मुझे लगा कि पूर्वोत्तर पहाड़ियों में मेघालय शान्त और सुरक्षित है। फिर भी शहर, घर, दुकानों और गिरजाघरों में त्योहार की रंगबिरंगी रौशनियाँ होने से पहले हमें शिलांग छोड़ना पड़ा। इसके बाद गुवाहाटी के लिए टैक्सियाँ मिलना मुश्किल हो जाता। यहाँ ईस्टर की रौनक है और वहाँ गुवाहाटी में 'रंगोली बिहू' के लिए मंडप सज रहे होंगे। शिलांग हाथ पकड़कर रोक रहा है। गुवाहाटी आवाज देकर बुला रहा है।

जैसा किसी यात्रा में संयोग से मिल गए औसत मध्यम वित्तीय लोगों में आपस में प्रचलित रिवाज है, यहाँ एक-दूसरे से विदा लेने के पहले हमने भी एक-दूसरे के साथ अपने-अपने पतों का लेन-देन किया। मैंने सस्मिता को याद दिलाया कि अब वह मेरी बेटी है। अपनी राजी-खुशी का हाल नहीं लिखेगी तो मुझे चिन्ता होगी। श्रीमती हेमांगिनी महापात्र ने भुवनेश्वर के अपने घर का पता मुझे दिया और आमंत्रित भी किया। श्री महापात्र ने कहा कि वे मुझे मेघालय का एक अच्छा सा नक्शा भेजेंगे जो मेरे लिए उपयोगी होगा।

अब मुझे लगता है कि सर्वे ऑफ इंडिया के एक अधिकारी के लिए वह नक्शा भेजना शायद सम्भव नहीं हुआ होगा। इस नक्शे में जहाँ गारो पहाड़ होगा वहाँ भारत-बांग्लादेश सरहद पर मानकछार दिखाई पड़ रहा होगा। मानकछार पुलिस थाने के अन्तर्गत काकड़ीपारा सैन्य चौकी है जो नक्शे में नहीं दिख रही होगी, फिर भी उसके आसपास होने का अनुमान किया जा सकेगा। इस चौकी पर 18 अप्रैल 2001 की भोर में 4:30 बजे भारतीय सीमा सुरक्षा बल

के सिपाहियों और बांग्लादेश राइफल्स के सैनिकों के बीच गोलाबारी हुई थी। इसका सम्बन्ध पीरदीवा की उस घटना से है जिसमें 18 भारतीय सैनिकों को मार डाला गया। इसलिए अब वह एक बेहद संवेदनशील स्थान बन चुका होगा जिस की जानकारी मुझ जैसे एक सामान्य भारतीय नागरिक को होना, शायद सामरिक सुरक्षा की दृष्टि से उचित न पाया जाए? वह नक्शा अब एक महत्त्वपूर्ण खुफिया दस्तावेज हो चुका होगा।

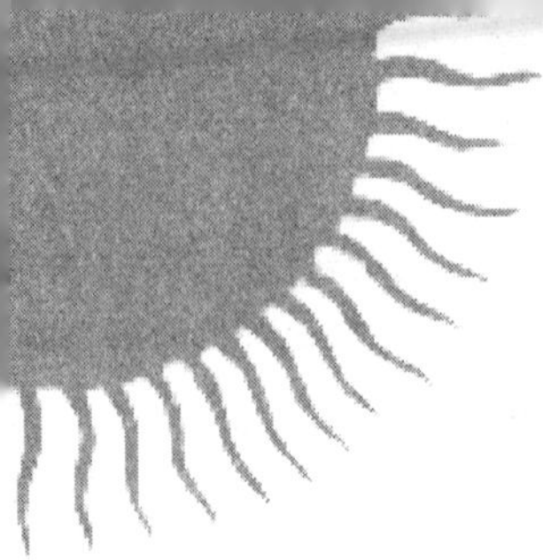

अरुणाचल

एक अविरल ध्वनि-तरंग

खिड़की के साथ वाली सीट पर छाया है और खिड़की से बाहर बादल और चाँदनी की जुगलबन्दी। यह जुगलबंन्दी रात भर चली। एक भरी-पूरी स्त्री साथ हो, रात भी भरी-पूरी हो और पहाड़ों के बीच से निकलता हुआ रास्ता घुमावदार हो तो मन कैसे नहीं भटकेगा, कामना कैसे नहीं जागेगी? लेकिन मुझे अपने को रोकना है क्योंकि बगल में बैठी हुई स्त्री अविश्वास सहेजे बैठी है। कभी, किसी से छली गई इसका अविश्वास अब पुरुष जाति के प्रति अविश्वास की गाँठ बाँध कर पनप रहा है। किसी एक दु:स्वप्न ने पूरी नींद के लिए ही निषेध रच दिया।

रात जाग रही है और देख रही है। बादल चाँदनी को मथ रहा है। चाँदनी बही जा रही है। एकदम दूध सी, सफेद-सफेद। चाँदनी श्लथ है। बादल भी अपने भीतर का सारा आवेग तज कर संतुष्ट है। बाँस, नारियल और सुपाड़ी के पेड़ों की फुनगियों पर दूध का गीलापन अटका हुआ है और चाँदनी टपक रही है, टप-टप। जंगल खूब लम्बी-लम्बी साँसें ले रहा है। खिड़की के काँच पर भाप की बूँदे जमा हो रही हैं और बाहर नवम्बर माह की रात अब ठिठुर रही है। थकी हुई भी है। रात के आखिरी प्रहर के

चन्द्रमा का रंग पीला पड़ रहा है।

अब क्या ऐसे होगा कि भोर नदी बन जाए और स्नान करके बाहर आता हुआ सूर्य हमें रास्ते में मिले और भोर की नदी का जल अरुणाभ हो चुका हो? या कि सहसा दिशाएँ बैगनी होने लगें, फिर रक्तिम। और तब आकाश को अक्षत रोली का तिलक लगाता, मंत्र पाठ करता हुआ सूर्य अकस्मात हमारे सामने उदित हो। हम क्रमशः पूर्वोत्तर की ओर बढ़ रहे हैं, पर्वत चढ़ रहे हैं तो सूर्य का कोई दिव्योपम रूप हमारे सामने होगा। वह स्तुति भाव से दर्शन योग्य होगा। संस्कृत साहित्य में सूर्य की ऐसी अनेक स्तुतियाँ होंगी। संस्कृत के विद्वान अपने एक मित्र से मैंने आग्रह किया कि मुझे ऐसी कोई स्तुति बताएँ और उसका अर्थ भी समझा दें जिसमें मैं अरुणाचल में अपने प्रथम सूर्योदय का अभिनंदन कर सकूँ। लेकिन मेरी अपनी तैयारी धरी की धरी रह गई। हमारी पीठ की तरफ वाले क्षितिज पर सूर्योदय हो चुका था और उस पर सामनेवाली पहाड़ी की छाया पड़ रही थी।

उस समय हम निरजुली में थे। रोनो हिल्स के लिए रास्ता यहीं से है। अरुणाचल विश्वविद्यालय रोनो हिल्स पर है। डॉ. रमण शांडिल्य ने यहाँ मेरे ठहरने की व्यवस्था विश्वविद्यालय के गेस्ट हाउस में करा दी है। रमण जी स्वयं नाहरलागुन में रहते हैं और मुझसे मिलने के लिए 10.30 बजे यहाँ आएँगे। आज वहाँ हिन्दी के नव लेखकों की किसी कार्यशाला का शुभारम्भ भी है, जिसमें देश के विभिन्न भागों से नये-पुराने लेखक साहित्यकार पहुँचेंगे। रमण जी का कहना है कि ऐसी मेल-मुलाकातें अपने साहित्य परिवार को विस्तार देती हैं। छाया भी उस कार्यशाला में आमंत्रित है। अच्छा साथ रहेगा।

निरजुली, पता नहीं क्यों, मुझे किसी नदी के नाम का बोध कराता है। यह अरुणाचल का एक छोटा सा सुन्दर पहाड़ी गाँव है, जो दिकरंग नदी के किनारे बसा है। यह, दिकरंग भी मुझे किसी नदी के नाम सा नहीं लगता। इससे किसी ऐसे समय का बोध होता है जब दिशाओं में अनेक रंगों का मेला लगा हो। लेकिन दिकरंग एक पहाड़ी नदी है, जिसकी लहरों से झाग उठ रही है, झाग का रंग बिलकुल वैसा ही दूध सा सफेद-सफेद है जैसे रात में चाँदनी दूध-दूध सी थी। नदी का पानी तलदर्शी है। इसके तल में रंगबिरंगे पत्थर हैं,

जो धूप में चमकते हैं और मन को किसी पुरानी प्रेम कहानी से जोड़ते हैं। दिकरंग नदी पर झूले का सुन्दर पुल है, जो नदी के दोनों किनारों को जोड़ता है। झूले वाले पुल से मैंने इस पहाड़ी नदी का सौन्दर्य जी भर निहारा। फिर, नीचे उतरकर नदी के जल का आचमन किया।

शुरुआती सर्दी की सुबह की धूप में, रोनो हिल्स डूब-उतरा रहा है। लेकिन धूप में वह सुनहरा पीलापन यहाँ नहीं है, जो सर्दी की धूप की पहचान होता है। शायद ऐसा मैदानों में ही होता हो। धूल के कारण। यहाँ तो घाटियों में नीला-नीला कोहरा भरा हुआ है। धूप में कोहरा छँट रहा है। छाया ने कहा—"यहाँ पहुँचकर मुझे ऐसा लगता है जैसे मैं यहाँ पहले भी आ चुकी हूँ। पुराना, जाना-पहचाना सा लगता है।"

वह पहली बार यहाँ आई है। लेकिन जब से मिली है, इसी तरह बात करती है। बात क्या करती है, गुनगुनाती है। जब वह इस तरह गुनगुना रही होती है तब उसकी आँखों में सपनों की छाया पड़ रही होती है। लेकिन ये सपने साबुत नहीं, खंडित होते हैं। एक भरी-पूरी स्त्री अपने खंडित सपनों की इस छाया से कविता रचती है। उसकी कविता में कविता मिलती है। यह कविता मन तक पहुँचती है। मैं समझ नहीं पा रहा हूँ कि नव लेखकों की कार्यशाला में उसकी जगह कहाँ होगी, वहाँ उसकी कविता को कौन समझेगा?

दूसरे ही दिन उसने कहा—"यहाँ मेरा मन नहीं लग रहा है।"

मेरी आशंका सही उतरी। कार्यशाला में, कविता के सत्र में उसकी कविता का उल्लेख तक नहीं हुआ। उसने अपने को उपेक्षित तथा अपमानित महसूस किया। मेरा मन किया कि उससे कहूँ—तुम अपनी कविताएँ मुझे सुनाओ। मैं सुनूँगा वह, जो सपने जीती है और कविता रचती है, क्या इतना भी नहीं समझ पाएगी कि मैं उसे बहलाने की कोशिश कर रहा हूँ? तब मैंने उसका ध्यान बँटाया और किसी मंदिर में अविरल बजती घंटी की सी वह ध्वनि उसे सुनाई जो यहाँ तब से बज रही है जब से हम यहाँ आए हैं। मैं बराबर ढूँढ़ रहा हूँ कि यहाँ कोई मंदिर होगा। लेकिन कोई मंदिर नहीं है। बाहर किसी मंदिर को तलाशने की धुन में मैं अपने भीतर को विस्मृत कर रहा था। मेरे भीतर एक छोटा सा मंदिर है, छोटी सी पहाड़ी भी। समय भी बँधा

है, गोधूलि बाद की गहरी शाम। आरती की थिरी हुई लौ इस गहरी शाम को आलोकित कर रही है। तुलसी के चौरे पर यह आरती है और चटक लाल चौड़ी किनार वाला आँचल है। हो सकता है, उस मंदिर में प्राण प्रतिष्ठा हो रही हो और उसी की घंटियाँ बज रही हों। यह वही ध्वनि हो, जो भीतर से आकर मुझे यहाँ बाहर मिल रही है। तब छाया ने बताया—"यहाँ काले रंग का एक कीड़ा होता है, लेकिन झींगुर नहीं। यह उसी की आवाज है। वह दिन भर जागता है और आवाज करता रहता है। रात में सोता है। इसलिए रात में यह आवाज नहीं होती।"

मन किसी कमंद से एक डोर सी बाँध रहा है और सीधे आकाश की ओर ताक कर बार-बार फेंक रहा है। और नदी, पेड़-पहाड़ के साथ यहाँ धरती के नाते को नापने की कोशिश में अपने से उलझ रहा है कि इतने पूर्वोत्तर पहुँचकर जरूर सूर्य के कुछ नजदीक पहुँचना तो हुआ ही होगा। जहाँ से चल कर यहाँ तक पहुँचा हूँ, वहाँ की बनिस्बत यहाँ सूर्य का स्पर्श कुछ तो अपनी पहुँच के भीतर आया होगा। तभी तो अरुणोदय का यह पार्वत्य राज्य अरुणाचल हुआ? दिव्य सूर्य के अनेक ऐसे भी रंग होंगे, जो धूल के कणों को भेदकर वहाँ, हमारे मैदानों तक नहीं पहुँचते होगे, वैज्ञानिक जिन्हें परा बैगनी श्रेणी में रखकर हमारी जिज्ञासाओं के दरवाजों पर साँकल चढ़ा देते हैं। यहाँ उनकी भी छटा अपने किसी शुद्ध रूप में कहीं दिखाई पड़ जाए। कमंद की वह डोर बार-बार वापस आकर अपने मन पर ही पड़ रही है। मैंने मन को समझाया कि आकाश और धरती के नाते को एक कमंद से बाँधकर नहीं नापा जा सकता।

तब मैंने अपने दोनों हाथ हवा में फैला दिये। दोनों तरफ पहाड़ हैं। पहाड़ नजदीक हैं। थोड़ा आगे बढ़ूँ तो छू लूँ। इतने नजदीक हैं। पहाड़ के पीछे पहाड़। और उनके भी पीछे पहाड़। बीच में घाटी।

घाटी के इस छोर से उस छोर तक क्षितिज का फैलाव। छोरों को बाँधते हुए कोई तार तना हुआ है, जो दिखाई नहीं पड़ रहा है। तने हुए तार पर मौन की ध्वनि तरंगित हो रही है। घाटी में गूँज रही है। यह मौन की ध्वनि है, जिससे मैं परिचित हूँ, या किसी मंदिर में बजती सी घंटियों की वह अविरल ध्वनि है जिसे मैंने पहली बार यहाँ, अरुणाचल विश्वविद्यालय

के परिसर में सुना तो अकचका कर अपने चारों ओर किसी मंदिर को ढूँढ़ा। लेकिन वहाँ कोई मंदिर नहीं था। मैंने घाटी में झाँका। ढलानों वाले रास्ते से पेड़ों की हरीतिमा नीचे, घाटी में उतर रही थी। नीचे छाया थी, उसका रंग नीला या। उससे भी नीचे धुआँ था। धुआँ ऊपर उठ रहा था और एक झीनी सी चादर की ओट कर रहा था। झीनी चादर की ओट में दो युवतियाँ थीं जो घाटी के उस छोर पर फैले हुए जंगल से हरे बाँस काट कर लौट रही हैं।

घाटी पार करके आ रही दोनों युवतियों की साँसें भर आई हैं और दोनों हाँफ रही हैं। अब मुझे समझ में आया कि ये हाँफती हुई साँसें ही थीं जो घाटी में मौन की ध्वनि को तरंगित कर रही थीं। युवतियों के माथे पर पसीने की बूँदें छरछरा आई हैं और पसीने में सूर्य छलछला रहा है। हवा में फैले हुए मेरे दोनों हाथ अब पहाड़ों से, बस, इच्छा भर की दूरी पर हैं। इच्छा करते ही छू सकता हूँ। पहाड़ काँप रहे हैं और साँसों के साथ संगत कर रहे हैं।

दोनों युवतियाँ अरुणाचल विश्वविद्यालय की छात्राएँ हैं। और यहाँ छात्रावास में रहती हैं। दोनों ने जीन्स और टी शर्ट्स पहन रखी हैं। फिर भी उनकी गढ़न बता रही है कि दोनों यहाँ के किसी जनजातीय कबीले की हैं। अरुणाचल के जनजातीय समाज की संरचना अनेक कबीलों में विभक्त है जिनके अपने चारित्रिक वैशिष्ट्य के अतिरिक्त पारम्परिक परिधान और साज-सज्जा तक की निर्धारित संहिता है। यहाँ तक कि एक कबीले में तो उनकी युवतियों के चेहरों पर कालिख पोत कर उन्हें अपरूप करने की प्रथा भी है। इनके यहाँ की स्त्रियाँ सुन्दर होती हैं और पड़ोसी कबीले के लोगों से इनके लिए खतरा होता है कि उस कबीले के पुरुष इन्हें उठाकर ले जाएँगे। उनसे बचाने के लिए इनके यहाँ की सुन्दर युवतियों के चेहरों पर कालिख पोत कर उन्हें अपरूप करने की प्रथा प्रचलन में आ गई। मैं इस कबीले की युवतियों को नहीं देख पाया। न ही मैंने अरुणाचल के सौन्दर्य को नृतत्त्व शास्त्रीय दृष्टि से देखना चाहा।

फिर भी अरुणाचल विश्वविद्यालय के परिसर में एक बात बड़ी स्पष्टता के साथ दृष्टि में आई कि यहाँ आधुनिक परिधान को, अन्य किसी भी पूर्वोत्तर

राज्य के मुकाबले, अधिक सहजता से अपनाया गया है। इसमें जीन्स-शर्ट्स और सलवार-कमीज का पहरावा खूब चलन में है। साड़ी की झलक भी मिल जाती है और मेरी तरह के हिन्दी जातीय परम्परा के आग्रही व्यक्ति को अपनेपन से बाँधनेवाला कोई ऐसा विश्वास दिला जाती है जिसका कोई तार्किक आधार नहीं होता। फिर भी, बाँस काट कर घाटी से लौटती हुई युवतियों की गढ़न में ऐसा क्या था जिसने मुझे, उनके किसी स्थानीय जनजातीय कबीले की होने का विश्वास कराया और मेरी अनुभूतियों को अरुणाचल में होने का बोध कराया? इसका शास्त्र या इसका व्याकरण मैं नहीं समझा सकूँगा। मेरे लिए तो यह, बस आँखों के अनुभव की और मन को लगनेवाली बात है, जो दुनिया-जहान घूमने से हासिल होती है।

अरुणाचल विश्वविद्यालय के कुलपति प्रोफेसर अतुल शर्मा अपने समय से आगे देखने और उसके अनुसार अपने कार्यक्रम नियोजित करनेवाले व्यक्ति लगे। सुबह मैंने उनका व्याख्यान सुना था। उनकी दृष्टि से परिचित हुआ था और विचारों से प्रभावित हुआ था। उनका व्याख्यान टूटी-फूटी हिन्दी में था। लेकिन हिन्दी में था। तब मैंने ध्यान दिया कि यहाँ, विश्वविद्यालय के छात्र-अध्यापक समाज की बोलचाल की भाषा हिन्दी है।

शाम को कुलपति जी अपने अतिथियों के साथ अनौपचारिक भेंट के लिए गेस्ट हाउस की तरफ आए तो उस कमरे में भी आए जिसमें मैं ठहरा हूँ। उन्होंने बताया कि 20 बरस पुराने इस विश्वविद्यालय में ऐसे छात्र-छात्राओं की बड़ी संख्या है जो अपने विशिष्ट कबीलों से, विश्वविद्यालय में पहुँचनेवाली पहली पीढ़ी है। प्रोफेसर शर्मा ने बताया कि अरुणाचल का जनजातीय समाज अपनी अपनी पारम्परिक संगीत सम्पदा से अत्यन्त समृद्ध है। इसे ध्यान में रखते हुए, वह अरुणाचल विश्वविद्यालय में जनजातीय संगीत का विभाग शुरू करने की योजना बना रहे हैं। उनकी योजना पूरी होती है तो अपने यहाँ ऐसा विभाग खोलनेवाला अरुणाचल विश्वविद्यालय, शायद पहला भारतीय विश्वविद्यालय हो।

मैंने उन्हें छत्तीसगढ़ आने का आमंत्रण दिया। यह, एक-दूसरे की जातीय, जनजातीय संगीत परम्पराओं को समझने में सहायक होगा। उन्हें अब तक यह भी नहीं मालूम था कि छत्तीसगढ़ का इन्दिरा संगीत कला विश्वविद्यालय,

खैरागढ़ भारत का सबसे पुराना संगीत कला विश्वविद्यालय है, जो कुछ वर्षों पहले तक तो संगीत और कला का एकमात्र विश्वविद्यालय रहा।

मैंने कहीं यह पढ़ लिया था कि अरुणाचल में पुलिस की भूमिका नहीं है। इसका अर्थ मैंने यह निकाल लिया था कि अरुणाचल एक पुलिस प्रणालीविहीन राज्य है। यदि ऐसा होता तो वह सचमुच आश्चर्य की बात होती। ठीक बात तो यह है कि यहाँ के जनजातीय कबीलों की पंचायतें आज भी प्रभावी हैं और उनकी अपनी न्याय और दंड की प्रणालियाँ हैं जो उनकी अपनी प्रथा और परिपाटी पर आधारित हैं। इनमें पुलिस की प्रभावकारी भूमिका नहीं है। मुझे समझाने के लिए एक उदाहरण दिया गया कि किसी सड़क दुर्घटना में यदि किसी आदिवासी की मुर्गी मर जाए तो इसका दंड निर्धारण उसकी जातीय पंचायत करेगी। मुर्गी का मालिक मुआवजे का हिसाब इस तरह भी लगा सकता है कि मुर्गी से अंडे होते, अंडे से बच्चे और बच्चों से फिर अंडे या बच्चे। और इस तरह एक मुर्गी का मुआवजा 25-30 हजार रुपयों तक भी पहुँचकर तय हो सकता है। या फिर मुर्गी का मालिक एक आसान छूट भी दे सकता है कि उसकी मुर्गी को जीवित करके उसे वापस लौटा दिया जाए। मुझे यह उदाहरण अतिशयोक्तपूर्ण लगा। लेकिन बतानेवालों ने दावा किया कि इस दंड प्रणाली से पीड़ित ऐसे भी लोग हैं, जिन्हें मुआवजा पटाने के लिए अपनी जमीन तक बेचनी पड़ी है।

पूर्वोत्तर के जिन राज्यों में प्रवेश के लिए भारत संघ के नागरिकों के लिये, अंग्रेजों के जमाने से चली आ रही 'इनर लाइन परमिट' की अनिवार्यता आज तक बनी हुई है, उनमें अरुणाचल भी है। अरुणाचल के व्यापार ढांचे की संरचना में और शिक्षा तथा हिन्दी भाषा के प्रसार में हिन्दी भाषी राज्यों के, विशेष तौर पर बिहार के लोगों का योगदान यहाँ बहुत साफ तौर पर दिखाई पड़ता है। लेकिन इनकी स्थिति दूसरे दर्जे के नागरिकों सी बताई गई। इन्हें यहाँ रहने के लिए पाँच सौ रुपये का शुल्क देकर वार्षिक परमिट बनवाना पड़ता है। ऐसे लोगों में ऐसे भी हैं जो भारत शासन की सेवा में हैं, और अपने सेवा काल के 30-35 वर्ष यहीं रह कर सेवा निवृत्त हो चुके हैं या व्यापार क्षेत्र में हैं और उनकी दूसरी पीढ़ी अब

यहाँ रह रही है, फिर भी इन्हें यहाँ जमीन खरीद कर अपना घर बनाने का अधिकार नहीं है।

इससे भी अधिक दारुण बात तो यह बताई गई कि रोनो हिल्स क्षेत्र, नीचे के गाँव दोइमुख, निरजुली आदि में किसी गैर कबीलाई के शव दाह की अनुमति नहीं है। शव दाह के लिए उन्हें बन्दरदेवा चौकी से बाहर जाना पड़ता है, जो असम-अरुणाचल अन्तर्राज्यीय सीमा चौकी है, जहाँ हमारे इनरलाइन परमिटों की जाँच की गई थी।

क्या इक्कीसवीं सदी के सभ्य समाज में ऐसी कोई दारुण निषेधात्मकता व्यवहार में सम्भव है? विश्वास नहीं होता। मैंने अपने लिए अविश्वास का आश्रय चाहा।

रात भर सियारों की आवाज सुनाई पड़ती रही। रात में समझ में नहीं आया कि नींद है या सपना? नींद खुली तो यह प्रतीति सुखद लगी कि अपनी एक रात जंगल के इतने नजदीक बीती? शहर के लोगों के लिए तो 'सियार का हुआ-हुआ' अब एक मुहावरा भर बचा। अरुणाचल के जंगलों का घनापन अभी बचा हुआ है और वह अपने को 'ग्रीन वैली' कहने में गौरव का बोध करता है। ग्रीन वैली में अनेक दुर्लभ प्रजातियों के ऐसे वृक्ष भी हैं, यहाँ आने से पहले तक मैंने जिनके नाम भर सुने थे। ऐसे नामों में से एक 'रुद्राक्ष' भी है, रुद्राधिदेव शंकर जिसे धारण करते हैं। रुद्राक्ष में अनेक औषधीय गुण बताए जाते हैं और इसके साथ रिद्धि-सिद्धि से जुड़े विश्वास भी हमारे आस्थावान समाज में व्याप्त हैं। हरे-भरे वृक्षों से रुद्राक्ष के दानों का टपकना मन को एक साक्षी भाव प्रदान करता है। लेकिन मैं आसक्ति भाव से जुड़ना चाहता हूँ। कल भोर में जब ओस पड़ रही होगी तब मैं यहाँ आऊँगा। और मैं देखूँगा कि सामने छाया है, झुककर रुद्राक्ष बीन रही है।

अब तक सुना था कि हमारे यहाँ नेपाल की तराइयों में रुद्राक्ष होता है, या फिर सुदूर पूर्व जावा में। इस ग्रीन वैली का मुझे पता नहीं था। शायद भौगोलिक और प्राकृतिक दृष्टि से नेपाल की तराई और अरुणाचल का यह पर्वतीय क्षेत्र, एक-दूसरे के सबसे नजदीक हों।

ईटानगर में, अरुणाचल राज्य सचिवालय के एक जूनियर ग्रेड अधिकारी

ने मुझसे पूछा—"हमारी ग्रीन वैली आपको कैसी लगी?" फिर उसने आप ही बताया, "जीने के लिए चाहे और कुछ न मिले, साँस लेने के लिए भरपूर शुद्ध हवा मिल जाए, बस। हमारी ग्रीन वैली में वह सुरक्षित है। मुझे लगता है कि इसे छोड़कर मैं कहीं और नहीं रह सकता।"

मैंने अनुमान किया कि कहीं-न-कहीं विस्थापन का कोई संशय इस युवक को ग्रस रहा है। उसने बताया कि आज उसका बर्ड डे है। मैंने उसके जन्म दिन के लिए अपनी शुभकामनाएँ व्यक्त कीं। मुझे हैरानी हुई कि आज के दिन, नये कपड़े पहन कर शाम को घर में उत्सव की तैयारियों के बदले वह, यहाँ सचिवालय के दफ्तर में बैठा है? जवाब में उसने अपने से सवाल किया—कहाँ घर, कैसा घर?

उसकी पत्नी ने उससे तलाक ले लिया है। तलाक की विधिवत सूचना उसे आज ही मिली है। उसके जन्मदिन के अवसर पर उसकी पत्नी की ओर से उपहार स्वरूप। उनकी अपनी जनजातीय पंचायत ने भी इस निर्णय को स्वीकृति दे दी है। विवाह और विवाह-विच्छेद सम्बन्धी निर्णय ऐसे ही, अपने-अपने जातीय पंचायतों में होते हैं। उसके दो बच्चे हैं, जो उसके ही पास रहते हैं। अपने इस खंडित वैवाहिक जीवन से वह इतना भयभीत हो चुका है कि पुनर्विवाह की बात सोचना ही नहीं चाहता। अभी उसके सामने लम्बा जीवन है और उस पर दो बच्चों की परवरिश का दायित्व। लेकिन उसने कहा—"किसी दूसरे दुखद अनुभव की अपेक्षा यह दायित्व और लम्बा एकाकीपन शायद आसान होगा।"

तब उसका हौसला बढ़ाने के लिए मैंने अपनी बात उसे बताई—मेरा एकाकीपन तुमसे भी बीहड़ और उससे भी अधिक पुराना है।"

इसके एवज में उसने मुझे टटोलना चाहा या अपनी तैयारियों के सिलसिले में मेरे अनुभवों में से व्यावहारिक सन्दर्भ जुटाना चाहा—"एक बेहद निजी सवाल की इजाजत दीजिए कि आप अपनी सैक्सुअलिटी की परितृप्ति कैसे करते हैं?"

मैंने उसे सूत्र समझाया कि "ऐसी दुर्घटनाओं में पुरुष ही अकेले नहीं छूटते, महिलाएँ भी तो अकेली छूटती होंगी। दोनों ही अपनी-अपनी जरूरतों के साथ अपने समाज में रहते हैं। एक-दूसरे से मिलते हैं। एक-दूसरे की जरूरतों

को समझते हैं।"

गुवाहाटी में मैंने जो इनरलाइन परमिट पचीस रुपये की फीस देकर और लगभग आधे दिन की मशक्कत के साथ दो सौ रुपये टैक्सी पर खर्च करके बनवाया था वह केवल ईटानगर तक के लिए ही वैध है। मुझे बोमडीला और तवांग भी जाना है। वहाँ के लिए अब अलग से परमिट बनवाना होगा। जब तक वह कागजी कार्रवाई चलती है, यह मेरा नया मित्र, जिसके सुख-दुख मुझसे मिलते-जुलते हैं और अब जो मुझे एक कथा पात्र की तरह लगने लगा है, मेरा साथ निभाएगा। बाद में, हो सकता है, चिट्ठी-पत्री के सम्बन्ध भी बनें।

सुबह छह बजे मैं ईटानगर के लिए निकला था, तब रोनो हिल्स बारिश में भीग रहा था। झूले वाले पुल पर बादल उतर आए थे और पुल के नीचे दिकरंग नदी बादलों में गुमी जा रही थी। हवा ठंडी और तीखी हुई जा रही थी। बारिश ने साथ नहीं छोड़ा, जिद पकड़कर साथ चली और दोपहर तक बनी रही। बारिश के साथ ठंडी और तीखी पहाड़ी हवा भी। उसके प्रहार से बचने के लिए मैं जवाहर लाल नेहरू संग्रहालय में घुस गया। एक संग्रहालय को मैंने, अपने लिए, बारिश और पहाड़ी हवा से बचाव का आसरा बनाया। यह स्वयं मुझे अटपटा लगा। लेकिन संग्रहालय की 'विजिटर्स बुक' में मैंने ठीक वही लिखा जो मैंने देखा और अनुभव किया कि 'किसी भी यात्री के लिए ईटानगर आने की सार्थकता इस संग्रहालय में सुनिश्चित है। अरुणाचल की जनजातीय सामाजिक सांस्कृतिक संरचना की चित्रमय झाँकी यहाँ एक छत के नीचे व्यवस्थित है।'

इस संग्रहालय के लगभग सिर के ऊपर ईटानगर का वह बौद्ध गोम्पा है जो ईटानगर में हर ओर से दिखाई पड़ता है और अपनी ओर आकृष्ट करता है। दूर से नजदीक सा लगता यह गोम्पा, पहुँचने में दूर है। सीधी खड़ी पहाड़ी तक पहुँचानेवाला रास्ता खूब चक्करदार है, जो दूरी को बढ़ाता है। पहाड़ी रंगबिरंगी पताकाओं से सजी-धजी है। इन पताकाओं में बौद्ध मंत्रों की शक्तियाँ हैं, जो दुष्ट आत्माओं को दूर भगाती हैं। एक तरह से ये पताकाएँ यात्री को किसी बौद्ध बस्ती या बौद्ध धर्म स्थल का दूर से पता भी देती हैं। रंगबिरंगी पताकाएँ धूपस्नान कर रही हैं और नीले तलदर्शी आकाश पर तैर रही हैं। धूप

में गोम्पा चमक रहा है। यहाँ, बाहर मरम्मत का काम चल रहा है और गोम्पा के भीतर, कहीं से आए हुए बौद्ध युवक-युवतियों का एक समूह विश्राम कर रहा है। विश्राम कर रहे युवक-युवतियों का समूह आनंद और उमंग में है और उनके बीच एक फिल्मी गीत बज रहा है—तुमसे मिलना, बात करना बड़ा अच्छा लगता है।

यहाँ भी वह अविरल ध्वनि तरंगित है जो किसी मंदिर में घंटी सी बजती हुई लगती है और इस 'सुबानसिरी घाटी' को एक तार से बाँध रही है। अरुणाचल का यह हिस्सा 'सुबानसिरी' घाटी में है। मेरी हिन्दी मानसिकता को यह सुवर्णश्री घाटी का अपभ्रंश लगता है। लेकिन मेरे सांस्कृतिक बोध में यह थाईदेश के नामों की परम्परा से जुड़ता लगता है। वहाँ, कुछ ऐसे ही नाम होते हैं, जो हमारी जानकारी में हैं। क्या अरुणाचल और थाईदेश एक-दूसरे के साथ कहीं उस प्राचीन रेशम पथ से जुड़ते हैं जो भारत से चलकर चीन तक तक पहुँचता है और बीच में सुदूर पूर्व के उन सभी राज्यों को समेट लेता है जिनके साथ हमारे प्राचीन रिश्ते ऐतिहासिक से भी प्राचीन, पौराणिक और यहाँ तक कि मिथकीय हैं?

कथा जोड़ी जाती है कि कभी यहाँ ईटों का एक किला था। जहाँ वह किला था, वही स्थान आज का ईटानगर है जो, अरुणाचल राज्य की राजधानी है।

एक पहाड़ी शिखर पर ईटों को जोड़कर खड़े किये गए, कभी के स्तंभ हैं जो आधे-अधूरे से लगते हैं। इन्हें ही प्राचीन किले के अवशेष बताया जाता है। लेकिन समझ में नहीं आता कि इस ढाँचे पर किस तरह का निर्माण रहा होगा। भारतीय पुरातत्त्व सर्वे की एक नीली तख्ती है, जो इसके 14 वीं-15 वीं शताब्दी के होने का अनुमान बताती है। लेकिन देखनेवालों को, इन अवशेषों के, किला होने का विश्वास नहीं करा पाती। अलबत्ता, इस सूनी पहाड़ी पर दूर तक फैली हुई सुरक्षा प्राचीरों के अवशेष मन को उस विगत में ले जाते हैं, जब इनके घेरे में एक जीता-जागता किला रहा होगा। किले के साथ जुड़ी कहानियों-किंवदंतियों के कोई साक्ष्य नहीं मिलते। लेकिन किसी प्राचीन किले की सुरक्षा प्राचीरों पर बेरोक-टोक फिरते हुए अपने सामने फैली हुई सुबानसिरी घाटी का विहंगावलोकन करना एक विलक्षण

अनुभूति है। ऐसा लगता है, जैसे 14 वीं-15 वीं शताब्दी से थमे हुए समय में सहसा प्राणों का संचार।

यहाँ से पूरे का पूरा ईटानगर दिखाई देता है। क्रमशः नीचे, घाटी की तरफ उतरती हुई यह पहाड़ी राजधानी धूप में चमक रही है और दूर तक फैली हुई है। यहाँ से दिकरंग नदी साफ दिखाई दे रही है। तो सम्भव है कि उसके पीछे वाली पहाड़ी, जो यहाँ से, हवा में हिलती-डुलती सी दिख रही है वह रोनो हिल्स हो जहाँ से आज सुबह छः बजे मैं निकला था और अब शाम को वहाँ लौट कर जाने के लिए मन में कोई उत्साह नहीं बचा। एक विश्वास मन में लेकर आया था कि विश्वविद्यालय में, जहाँ एक कार्यशाला के बहाने बहुत से नये-पुराने, जाने-अजाने साहित्यकार जमा होंगे वहाँ अपनेपन के कोई-न-कोई नेह-नाते उपजेंगे ही। लेकिन विश्वास पराजित हुआ। मेरे हिस्से में बेगानेपन का साथ आया। इस तरह के बेगानेपन से किसी अकेले आदमी का साथ, एक तरह से, नियतिजन्य ही होता है। मुझे इसका अच्छा अभ्यास है। बस, कल भर और, परसों मैं बोमड़ीला और तवांग के लिए निकलूँगा। अकेले। अपने साथ।

ईटानगर नई राजधानी है। अभी बसाई जा रही है। इसे किसी ऐतिहासिकता से जोड़नेवाले साक्ष्य जुटाए जा रहे हैं। पुरानी राजधानी, लगभग 10 कि.मी. नीचे, नाहरलागुन में थी। अब राजधानी ईटानगर में और उच्च न्यायालय नाहरलागुन में। उच्च न्यायालय की खंडपीठ। पहाड़ी की प्राचीर से नीचे, मैदान में बसे नाहरलागुन को देख रहा हूँ। अब वह एक जानी-पहचानी बस्ती है जहाँ सुबह के समय मैं एक बाहरी अपरिचित व्यक्ति की तरह पहुँचा था और परिचय के सन्दर्भ जोड़ रहा था। वहाँ पुस्तकों की एक दुकान है 'पोथी-घर'। रमण शांडिल्य ने मुझे खबर की थी कि वह यहीं मिलेंगे और अपने साथ मुझे ईटानगर ले जाएँगे। पुस्तक दुकान वाले ने मुझसे पूछा राष्ट्रीय स्वयं सेवक संघ वाले रमण शांडिल्य ही?

तब मुझे पता चला कि वह संघ के सक्रिय कार्यकर्ता हैं और यहाँ उन्हें सम्मान की दृष्टि से देखा जाता है। वह यहाँ केन्द्रीय विद्यालय में शिक्षक हैं और अब सेवानिवृत होनेवाले हैं। उन्हें यहाँ रहते हुए 30 वर्षों से भी अधिक हो चुके। इन तीन साढ़े तीन दशकों में उन्होंने हिन्दी की एकनिष्ठ

सेवा की है और प्राय: पूरे अरुणाचल में हिन्दी सेवकों का एक सुगठित तंत्र विकसित किया है। अरुणाचल में हिन्दी का विकास और हिन्दुत्व के सम्बन्ध परस्पर आबद्ध दिखते हैं। प्रगतिशील धारा के चिन्तक इसे चिन्ता का कारण मानेंगे या अपने लिए समीक्षा का विषय, मैं नहीं जानता लेकिन इसे समझना होगा।

झिरझिराती बारिश में नाहरलागुन भीग रहा था और पहाड़ से उतरकर आ रही तीखी हवा ने वहाँ एक गीली चादर सी डाल रखी थी। हवा की गीली चादर सहसा हिली और पता नहीं कैसे हुआ कि एक जीती-जागती बस्ती-की-बस्ती चित्र बनकर हठात स्थिर हो गई। इस थिरे हुए चित्र में मैंने किसी अति प्राचीन कबीले के एक मुखिया को देखा जिसने अपने सिर पर किन्हीं चिड़ियों के पंखों का शिरस्त्राण पहन रखा है और सामने से चला आ रहा है। उसकी आकृति और वेशभूषा से कोई भी कोई अनुमान कर पाना मुश्किल लगा कि मानव सभ्यता के किस काल से इसने चलना शुरू किया होगा और अब इस चित्र में कैसे आ पहुँचा है? किसी योद्धा की तरह उसने अपने कंधे पर पुराने जमाने की एक बन्दूक टाँग रखी है और बगल में, कमर के साथ एक लम्बी तलवार भी लटका रखी है, जिसकी म्यान बाँस की तीलियों से बनी है। कमर की दूसरी ओर किसी जानवर की खाल के खोल में एक खुखरी लटक रही है। तलवार और खुखरी दोनों, भालू की खाल वाले पट्टों के सहारे लटक रही हैं, और इन पट्टों को भी कौड़ियों से सजाया गया है और भालू के दो दाँतों के साथ लटका दिया गया है। उसकी पीठ पर तूणीर-सा कुछ लटक रहा है, जिसमें शायद जरूरत के कुछ सामान हैं। और यह भी किसी जानवर की खाल का ही बना है। पाँवों में उसने घुटने तक लम्बे गम बूट जैसे जूते भी पहन रखे हैं जैसे हालीवुड की अंग्रेजी फिल्मों में लड़ाके रेड इंडियनों को पहने हुए दिखाया जाता है। इस तरह के योद्धा मैंने जापान के एक बहुत बड़े फिल्म निर्देशक अकीरा कुरोसावा की फिल्मों में भी देखे हैं।

मानव सभ्यता के, पता नहीं किस काल से चलकर इस चित्र तक पहुँचे कबीलाई मुखिया के साथ सड़क पर मेरा सीधा आमना-सामना हुआ। मैं अभी उसे देख ही रहा था और अपने अचरज से आप ही उबर नहीं पा रहा

था कि उसने दोनों हाथ जोड़कर मुझे नमस्ते किया। उसने मुस्कुराते हुए मुझे ऐसे देखा जैसे उसके साथ मेरा पुराना परिचय है। कम-से-कम इतना पुराना, जितना पुराना उसका अपना समय। उसके इस तरह, मुस्कुरा कर नमस्ते करने में कोई ऐसी विलक्षण शक्ति भी थी जिसने अकस्मात मुझे भी उस चित्र में प्रविष्ट करा दिया जिसे अब तक मैं अचरज से देख रहा था। मैंने अनुभव किया कि अब मैं भी देखा जा रहा हूँ। और इस देखने, देखे जाने के ठीक समानांतर नाहरलागुन की सड़कें धीरे-धीरे गति पकड़ रही थीं, बाजार खुल रहे थे, लोग घरों से बाहर आ रहे थे। वह एक असाधारण अनुभव था। समय अपनी कितनी-कितनी सीमाओं के अतिक्रमण कर रहा था और दृश्य जाने कितने अपने आयामों के अनुशासन भंग कर रहा था। सब एक-दूसरे के साथ घुल-मिल रहे थे। साथ-साथ चल रहे थे।

रमण जी अपने दिये हुए समय पर 'पोथी-घर' पहुँच गए, जहाँ हमारा मिलना तय था। तब तक वहाँ सड़क पर और बाजार में तरह-तरह की अपनी प्राचीन और पारम्परिक वेशभूषा में सजे-धजे विभिन्न जनजातियों के और भी लोग दिखने लगे थे। ये लोग पहाडों से उतरकर और जंगलों से निकलकर आ रहे थे और ईटानगर जानेवाली उसी बस का रास्ता देख रहे थे, जो बस हमें भी ईटानगर पहुँचाएगी। मुझे अनुमान होता है कि भारत की या शायद भारतीय उप महाद्वीप की, सबसे पुरानी कुछ आदिम जातियों की कबीलाई प्रथाएँ, उनकी परम्पराएँ अरुणाचल में अपना अनाहत जीवन निर्विघ्न जी रही हैं। नृतत्वशास्त्रियों को जरूर इसका पता होगा। वहाँ रोनो हिल्स पर, अरुणाचल विश्वविद्यालय के परिसर में इसकी क्या कल्पना की जा सकेगी, जहाँ इन्हीं में से कई कबीलों की पहली पीढ़ी पहुँच चुकी है और अपने पारम्परिक समय का अतिक्रमण करके समकालीन समय में प्रवेश ले रही है।

तवांग में बर्फ पड़नी शुरू हो चुकी है और अब जल्दी से जल्दी वहाँ पहुँचने के लिए मेरा मन उतावला हुआ जा रहा है। सुबह, वही छह बजे, तेजपुर के लिए निकला तो रोनो हिल्स आज भी बारिश से भीग रहा था। किसी रुआंसे बच्चे की तरह। सो, उसे चुप कराने की गरज से मैंने कहा—"अच्छा चलते हैं, रोनो हिल्स।"

फिर उसकी तरफ से, जवाब में जो सम्भावित मुहावरा हो सकता था, वह भी मैंने ही कह दिया—"फिर मिलेंगे।"

मैं जानता हूँ कि यह केवल मुहावरा है और एक मुहावरे के जवाब में दूसरा मुहावरा। आज की रात तेजपुर में रुकूँगा और कल तड़के तवांग के लिए निकल पड़ूँगा।

अरुणाचल

बर्फ पर लिखने के लिए कोई नाम

ईरान के धार्मिक शासक अयातुल्ला खोमैनी की एक प्रेम कविता प्रकाशित हुई तो पूरी दुनिया चकित रह गई। उस कविता की नायिका के चेहरे पर काले रंग के एक तिल ने अयातुल्ला खोमैनी का मन मोहा था। वैसा ही तिल मैंने भालुकपोंग की उस बौद्ध सुन्दरी के चेहरे पर देखा, जिसके दरवाजे पहुँचकर मैं थोड़ी देर दुविधा में पड़ा रहा कि यह कोई बौद्ध मंदिर है या किसी उपासिका का घर? वह, रास्ते की कोई दुकान भी हो सकती है जहाँ, बोमड़ीला और तवांग के लिए दुर्गम पहाड़ी चढ़ने से पहले, सुबह का नाश्ता और चाय लेकर दोपहर तक के भोजन के लिए निश्चिन्त हो जाना है, यह उस समय समझ में ही नहीं आया। उस समय तो लकड़ी वाले फर्श पर अभी-अभी पानी का छिड़काव हुआ था। वहाँ धूप और चन्दन का धुआँ था और भगवान बुद्ध की सौम्य मुद्रा वाली प्रतिमा के सामने दीपक की लौ स्थिर थी। बौद्ध सुन्दरी के बाल अभी गीले थे और खुले हुए थे और वह जल्दी में थी। फिर भी मेरी नजर उसके चेहरे के तिल पर पड़ी और वहीं गड़ी रह गई जो, अयातुल्ला खोमैनी की कविता की नायिका की तरह, वह उसके सौन्दर्य को मनमोहक बना रहा था। लेकिन मैंने अपने मन को सम्हाला क्योंकि अयातुल्ला खोमैनी की तरह

की सत्ता मेरे पास नहीं है। मेरे पास तो बस एक अकेला मन है।

बाहर बारिश है और सुबह के 7.00 बजे, अभी अँधेरा बना हुआ है। लेकिन बौद्ध सुन्दरी के चेहरे पर कोई प्रकाश हो रहा है और दपदप करते इस प्रकाश में चेहरे का वह काला तिल चमक रहा है। उसका इस ओर ध्यान भी नहीं है। वह अपनी व्यावसायिक व्यस्तता में उलझी हुई है और जल्दी में है। शायद, तेजपुर से तवांग के लिए निकली हुई टैक्सियों में, आज की हमारी पहली टैक्सी है। उसकी दुकान अभी खुल रही है। फिर और भी टैक्सियाँ आईं और लोग सीधे, भीतर घुस गए। बाहर दुकान है, भीतर घर। बीच में खुला आँगन पार करके पानी, पेशाब का इन्तजाम भी है। नाश्ते में पराँठे हैं और फ्राइड राइस। सुबह-सुबह चावल नहीं चलेगा, और पराँठा-सब्जी खाने के बाद इस सर्दी में हाथ धोना जान पर आएगा। पैकेटबन्द नमकीन और एक कप चाय से सन्तोष किया। वही, मीठी चाय, जो हम रोज पीते हैं। अरुणाचल में तो मक्खन वाली नमकीन चाय मिलती है।

"यहाँ नहीं। ऊपर पहाड़ पर मिलेगी।" बौद्ध सुन्दरी ने मुझसे चाय के पैसे लिए और काँच की गिलास में नाप कर रम डालने लगी। नाप कर गिलास में रम डालती हुई बौद्ध सुन्दरी के तिल वाले चेहरे पर मजबूत आत्मविश्वास और उसके व्यवहार में व्यावसायिक तटस्थता है। अरुणाचल के इस दुर्गम पहाड़ी हिस्से में, जो बोमड़ीला-दिरांग-तवांग की तरफ जाता है, चाय की दुकान और भोजन के ढाबो में शराब ऐसे ही मिलती है। पाँच रुपये कप चाय और 10 रुपये पैग रम। यहाँ भारी ठंड पड़ती है और चाय के मुकाबले रम, गरम कोट का काम करती है। अब, नाप कर गिलास में रम डालती हुई बौद्ध सुन्दरी में मुझे वह सुजाता दिखने लगी जिसके हाथों से खीर खाकर भगवान बुद्ध ने अपना अनाहार त्यागा था। यहाँ न वह बोधिवृक्ष, न निरंजना नदी, फिर इस प्रसंग का क्या सन्दर्भ? कुछ नहीं, बस इतिहास का अपना जानना, जो मन को ऐसे ही यहाँ-वहाँ घुमाता है।

उधर ईटानगर की तरफ या वृहत्तर भौगोलिक अर्थ में, सुबानसिरी घाटी में फैले अरुणाचल के जिस हिस्से को पीछे छोड़कर आ रहा हूँ वह एक तरह से जनजातीय कबीलों वाला अरुणाचल है। मेरा अनुमान है कि भारत या शायद भारतीय उप महाद्वीप की सबसे पुरानी कुछ आदिम जातियों की प्रथाएँ,

उनकी परम्पराएँ वहाँ अपना अनाहत जीवन निर्विघ्न जी रही हैं। उनके धर्म क्या हैं? इस पर कोई सोच-विचार हमारे सामने नहीं था। लेकिन मैंने वहाँ देखा कि धर्म को निर्धारित करने का काम सुनियोजित रूप से चलाया जा रहा है। उन जनजातियों को सूर्य और चन्द्र से जुड़े किसी धार्मिक सम्प्रदाय में बाँधने का कोई आन्दोलन जोर पकड़ रहा है। सूर्य-चन्द्र के इस धर्म 'दोन्यो पोलो' से सम्बन्धित प्रचारक सन्देश मैंने वहाँ दीवारों पर देखे थे। ये सन्देश हिन्दी में भी हैं और अंग्रेजी में भी। वही सन्देश यहाँ भी हैं, जो प्रायः बौद्ध धर्मावलम्बी क्षेत्र है। और इसका फैलाव यहाँ से तवांग तक, और फिर वहाँ से भी आगे तिब्बत तक है। पता नहीं क्यों, मुझे ऐसा लगता है कि बौद्ध धर्म के सामने एक और धार्मिक आन्दोलन की भूमिका अपनी प्रारम्भिक अवस्था में यहाँ है।

सुबह 5.30 बजे तेजपुर से चले थे तब बारिश हो रही थी। वह थमी नहीं है। बीच में गाड़ी का टायर बदलना पड़ा था। वह भी ड्राइवर ने भीगती बारिश में किया था। यहाँ, भालुकपोंग में पुलिस चौकी है, जहाँ इनरलाइन परमिटों की जाँच होती है। इसी बीच चाय-नाश्ता हो जाता है। इसके बाद सीधे डेढ़-दो बजे के आसपास दोपहर का भोजन। वह शायद बोमडीला में हो या उसके आगे-पीछे कहीं। टैक्सी वालों के अपने बँधे हुए अड्डे होते हैं। और मेरा अनुभव है कि रास्ते में अच्छे भोजन के लिए ऐसे अड्डे भरोसे के लायक होते हैं।

सामने आकाश को सीधे सर पर उठाए गर्वोन्मत्त पहाड़ रास्ता रोके खड़ा है। रास्ता चुपचाप, बगल काट कर आगे निकल गया और बात बन गई। मैंने नीचे झाँक कर देखा। अतल गहराई में नीला धुआँ भरा हुआ है और पाताल से छल-छल जलधारा फूट रही है। जलधारा नदी बन गई और होड़ बाँध कर साथ दौड़ने लगी। पहाड़ी नदी की लहरों से झाग उठ रही है। झाग का रंग बिलकुल वैसा ही दूध सा सफेद-सफेद है जैसे वहाँ निरजुली में झूले वाले पुल पर से मुझे दिकरंग नदी दिखाई दी थी। यहाँ नदी होड़ लेकर साथ दौड़ रही है, नाता जोड़ रही है। पंजाब और हिमाचल जहाँ एक-दूसरे के साथ पहाड़ों के साझे में बँधे हुए हैं, वहाँ व्यास और सतलज भी ऐसा ही मोह दिखाती हैं। कितनी दूर तक साथ पकड़कर चलती हैं और कहीं जा रहे यात्री को रोकती हैं, पास बुलाती हैं। लेकिन मैं कहाँ रुक सकता था। मुझे तो हरदीप कौर ने अपने पास रोक रखा था। मैं कोई नाविक तो नहीं जिसकी एक न एक प्रेमिका हर

बन्दरगाह पर होती है। दीप किसी और की प्रेमिका है और मुझे पंजाब दिखाने के लिए उसने अपने पास बुलाया था। यहाँ मैं एक अकेला आया हूँ। बस, अपने साथ। अब मुझे लगता है कि मेरा मन वहाँ, उस बौद्ध सुन्दरी के चेहरे के काले तिल पर अटक कर रह गया है, जो अयातुल्ला खोमैनी की कविता की नायिका सी दिखती है। वह भी किसी की प्रेमिका होगी। नहीं?

यहाँ, इस दुर्गम पहाड़ी रास्ते का सारा रोजगार व्यापार लगभग ऐसी ही बौद्ध सुन्दरियों के हाथों में है, जो अपने हाथों से नाप कर ग्राहकों को शराब देती हैं उन्हें ठंड से बचाती हैं। टैक्सियों और बसों के ड्राइवरों के साथ इनके सम्बन्ध बेझिझक और खुलेपन के हैं। इन सम्बन्धों में व्यावसायिक अपनापा भी दिखता है। ऐसी ही एक सुन्दरी ने रास्ते में रोककर हमारी टैक्सी की छत पर रसोई गैस के सिलिंडर लदवाये, अपने छोटे भाई को कपड़ों से अच्छी तरह ढाँक-मूँदकर ड्राइवर के साथ बिठाया और खुद किसी दूसरी टैक्सी में अँट गई। यहाँ ऐसे होता ही रहता है।

पहाड़ लगातार ऊँचे और ऊँचे उठते जा रहे हैं। पहले दोनों किनारों पर ऊँचे-ऊँचे वृक्ष थे जिनकी पत्तियों पर पड़ रही चमचम चमकती धूप नदी पर बूँद-बूँद टपकती तो नदी की धारा चाँदी-चाँदी हो जाती। फिर पहाड़ों के सामने ऊँचे पेड़, बौने पड़ने लगे। अब पेड़ नीचे हैं, पहाड़ ऊपर हैं। फिर पहाड़ ने सर उठाया और बादलों से भी ऊपर हो गया। विंड स्क्रीन के शीशे पर, अभी की धुनी हुई कपास फैल गई। फिर वहाँ धुआँ-धुआँ होने लगा और दिन दोपहर सड़क अधेरे में कहीं गुम गई। ऐसा लगा जैसे यहाँ से वहाँ तक हवा में कोई झूले वाला पुल तना हुआ है और टैक्सी उस पर से होकर गुजर रही है। ड्राइवर ने वाइपर चला दिया और सामनेवाली पीली बत्ती जला दी। पीली बत्ती की रोशनी, धुएँ और धुंध को भेदती हुई, रास्ता बनाने लगी। रास्ता ऐसे ही, बादलों को बाँधते हुए किसी झूले वाले पुल पर मालूम नहीं कितनी दूर चला। धुंध, धुआँ और बादलों के उस माया-लोक में विचरण के लिए मैंने अपने मन को निर्बंध छोड़ दिया। दोपहर में संध्या का छद्म सहसा टूटा और कोई एक मोड़ पार करते ही सामने चमकती हुई धूप दिखी। वहाँ एक तख्ती पर लिखा हुआ था—फॉग एरिया एण्ड्स। "इस रास्ते पर धुंध के ऐसे कई क्षेत्र मिलते हैं, जो दिन दोपहर कितनी ही बार संध्या के छद्म रचते हैं

और हमें हर बार किसी मायालोक में प्रविष्ट कराते हैं। क्या महाभारत युद्ध में जयद्रथ वध के लिए श्रीकृष्ण ने अपनी माया से ऐसी ही किसी छद्म संध्या की रचना की होगी, जिसके बाद सूर्य फिर चमका था?

बोमड़ीला भरपूर धूप में चमकता हुआ मिला। वैसा ही रंगबिरंगा, सजा-सँवरा और पर्वत से लेकर आकाश तक फैला हुआ, जैसा चित्रों में दिखता है। बोमड़ीला प्रशासनिक मुख्यालय है, और प्रमुख व्यापारिक केन्द्र भी है।

चित्रों की तरह दिखनेवाले इस रंगबिरंगे पहाड़ी नगर में हलचल और रौनक है। सड़कों और दुकानों में लोगों की भीड़ है। ऐसा लगता है कि यहाँ के सभी लोग अपने अपने घरों से निकलकर बाहर आ गए हैं और धूप का उत्सव मना रहे हैं। मन किया कि मैं भी रुक जाऊँ और उनके साथ घुल-मिलकर धूप का उत्सव मनाऊँ। अरुणाचल में मेरे लिए यह धूप का पहला दिन था जो इतना जीवंत और रौनक से भरपूर है और अरुणाचल से जुड़ी मेरी कल्पना को इतना विश्वास दिलानेवाला है। फिर भी मुझे, यहाँ रुके बिना आगे बढ़ जाना है क्योंकि वहाँ, तवांग में बर्फ पड़ना शुरू हो चुकी है। बर्फ पड़ना थम जाए या बर्फ के कारण रास्ता बन्द हो जाए, उसके पहले मुझे हर हाल में तवांग पहुँचना है। इसलिए तो मैंने दिरांग भी छोड़ा। दिरांग घाटी यहाँ से लगभग 45 कि.मी. पहले है और देश का सबसे बड़ा ड्रैगन वहाँ है।

आगे सड़क बन्द थी और वहाँ अफरातफरी का माहौल था। बोमड़ीला से अभी 15-20 कि.मी. ही चले होंगे कि इधर से आगे चढ़ी गाड़ियाँ पीछे की तरफ वापस लौटती मिलीं। और उनके साथ यह खबर भी कि आगे रास्ता जाम है। टैक्सियों और फौज की ट्रकों की लम्बी कतारें दूर तक लगी हुई हैं और दौड़नेवाली गाड़ियाँ बेबस खड़ी हुई हैं। उधर क्या है? यहाँ से नहीं दिख रहा है। और वहाँ जाकर देखने के बाद इधर वापस लौटने के लिए रास्ता मिले या न मिले, इसलिए कोई आगे भी नहीं जा रहा है। टैक्सियाँ वापस आकर एक जगह जमा हो गई हैं। यहाँ दो ढाबे हैं। इन्हें भी कुछ बौद्ध सुन्दरियाँ ही चला रही हैं। यहाँ भोजन भी है और चाय भी। और 10 रुपये पैग वाली रम भी है। लेकिन मक्खन वाली नमकीन चाय यहाँ भी नहीं है।

खूब गहरी धुंध उतरती चली आ रही है और जो दिखाई पड़ रहा था, वह धुएँ में गुमता जा रहा है। इसके साथ तीखी ठंडी हवा भी शुरू हो गई और

बदन को कँपाने लगी। एक मन किया कि 10 रुपये में एक पैग रम खरीद कर देखूँ कि कितनी गर्मी पहुँचाती है? यहाँ चाय की खपत कम और रम की माँग अधिक है। अभी तक मैं एक स्वेटर के सहारे बैठा हुआ था। अब, मैंने ऊपर से विंडचीटर डाला और सर को भी टोपी से ढाँका। इससे कुछ बचाव हुआ। फिर मैंने अपना कैमरा उठाया और ठीक अपने सर पर खड़ी हुई पहाड़ी की तरफ निकल आया।

इस पहाड़ी पर मकान दिख रहे हैं, जिसमें लोग रहते हैं। वहाँ रहनेवालों ने अपने घरों के बाहर और पहाड़ी ढलवानों पर रंगबिरंगे फूलों के पौधे लगा रखे हैं। इस समय फूल भरपूर खिले हुए हैं और गहरी धुंध के बावजूद उनके रंग चमक रहे हैं। ऊपर पहाड़ पर, और पहाड़ी ढलवानों पर खिले हुए रंगबिरंगे फूलों को देखना ऐसा लगता है जैसे किसी सुन्दर युवती के चेहरे पर ओस पड़ रही हो और उस पर इस तरह निखार आ रहा है कि वह लाल-लाल हुआ जा रहा है। मेरा अनुभव है कि ऐसे कुहरीले समय में की गई फोटोग्राफी किसी बहुत सधी हुई अमूर्तन चित्रकारी का सा प्रभाव उत्पन्न करती है। वही लोभ मुझे अपने कैमरे की आँख से देखने के लिए ललचा रहा था।

लेकिन एक बेडौल सा, लम्बोदर हरियाणवी बीच में आ गया और उसने एक सुन्दर चित्र को भ्रष्ट करके रख दिया। उससे अधिक बेडौल उसकी तोंद है, जो उसके कपड़ों में समा नहीं पा रही है। और अब मेरे पास, अपने कैमरे को दोबारा क्लिक करने का अवसर भी नहीं बचा, क्योंकि इतनी जरा सी देर में गहरी धुंध ने उन रंगबिरंगे फूलों को ढक लिया है, जो थोड़ी ही देर पहले झाँकते हुए दिख रहे थे। मैं, उस बेडौल हरियाणवी पर नाराज भी नहीं हो सकता। उसके चेहरे पर असहायता की इतनी गहरी छाया पड़ी हुई है कि उसके साथ सहदयता का व्यवहार करना मुझे जरूरी लग रहा है।

इतना लम्बा-चौड़ा और इतने बड़े पेट वाला आदमी, भीतर से डरा हुआ है। वह मुझसे बात करने के लिए मौका तलाश रहा था। उसका बेटा केन्द्रीय विद्यालय में शिक्षक पद के लिए चुना गया है और उसे तवांग के केन्द्रीय विद्यालय में पहली नियुक्ति मिली है। पिता अपने पुत्र को वहाँ पहुँचाने जा रहा है और इस बात को लेकर आशंकित है कि अपने घर से इतनी दूर यहाँ, इस परदेश में, जहाँ बर्फ पड़ती है, उसका बेटा कैसे रहेगा? पता नहीं उसने अपने

मन में यह भरोसा कैसे पाल लिया कि मुझसे बात करके उसे रास्ता सुझाई देगा या सन्तोष मिलेगा। उसके बेटे को देखकर मेरे लिए यह तय करना मुश्किल हो गया कि पिता और बेटे में, कौन अधिक भयभीत है।

मैंने जब से उसे देखा है, एक बार भी बोलते नहीं सुना है। वह इतना कस कर अपनी इस चुप्पी को दबाये हुए है कि लगता है, जैसे इसके ढीला पड़ते ही वह बुक्का फाड़ कर रो पड़ेगा। उसने इतना ही कस कर कपड़े की एक थैली को भी पकड़ रखा है, जिस पर रेशमी कशीदा भी है। शायद उसमें खाने का कोई सामान होगा जो उसकी माँ ने या बहन या भाभी ने बनाकर उसके साथ रखा होगा और सम्हाल कर रखने के लिए कहा होगा। इसलिए उसने सम्हाल कर रखा है। अब मुझे इस बात का दुख है कि मैंने उससे, उसका नाम तक नहीं पूछा। उसका नाम मालूम होता तो उसे उसके पिता की वह तस्वीर केन्द्रीय विद्यालय के पते पर भेज देता।

टैक्सी ड्राइवरों ने मिलकर एक फैसला किया कि यहाँ खड़े रहने के बदले वहाँ चलते हैं और लाइन में लग जाते हैं, जहाँ रोड ब्लाक है। सड़क खुलते ही सपाटे से निकल लेंगे। दोनों तरफ गाड़ियों की लम्बी लाइन लगी हुई हैं। बाद में फंसना हो जाएगा। यह उनका अपना व्यावहारिक ज्ञान है, जो उन्होंने सड़क से अर्जित किया है। वहाँ सड़क धसकी है। इससे पहले तक 'लैंड स्लाइड' या भू-स्खलन, मेरे लिए बस खबर थी जो अखबार की पढ़ी या टी.वी. पर देखी या किसी से सुनी हुई होती थी। अब मैं उसमें स्वय फंसा हूँ और वहाँ मौके पर पहुँचकर अपनी आँखों देखूँगा।

टैक्सियों के मुँह उधर मुड़ने से पहले एक अधेड़, बल्कि अधेड़ से भी अधिक लेकिन सुघड़ महिला ने, जिसकी शालीनता कितनी देर से मुझे आकृष्ट कर रही थी और मैं उसके सम्बन्ध में कुछ भी अनुमान नहीं कर पा रहा था कि उसके साथ और कौन-कौन लोग हैं, एक बेलाग फैसला किया और अपना सामान टैक्सी से उतरवा लिया कि अब उसे तवांग नहीं जाना है। यहाँ रोड ब्लॉक के कारण इतनी देर हो चुकी है कि अब रात 10-11 बजे से पहले गाड़ियाँ तवांग नहीं पहुँच सकतीं। रात के उस बीहड़ समय में एक-एकदम अजान जगह पहुँचने के खयाल से वह एक अकेली महिला डर गई थी। तब मुझे पता चला कि मुम्बई से आई हुई वह महिला अकेली है। मैंने उसे

समझाना चाहा कि इतने सारे लोग साथ चल रहे हैं। लेकिन मैं उसे मना नहीं सका। उसने कहा—"वहाँ बर्फ पड़ने लगी है। रात के उस वक्त वहाँ कितनी सर्दी पड़ रही होगी? मैं उतनी सर्दी बर्दाश्त नहीं कर पाऊँगी।"

इस तरह बीच रास्ते में अकेली छूट जाने से पहले उस अकेली महिला ने, पता नहीं किसे सुनाया—"मैंने दुनिया घूमने के लिए जीवन भर मेहनत की और पैसा जोड़ा। इतनी सर्दी में वहाँ जाकर मुझे मरना नहीं है। देखने के लिए तवांग से भी सुन्दर जगहें हैं। मैं वहाँ जाऊँगी और एंजॉय करूँगी।"

मैं अच्छे से समझ सकता हूँ कि उसका यह गुस्सा तवांग पर नहीं था, बल्कि यह उसकी खीझ थी जो वह अपने अकेलेपन पर उतार रही थी। मैं उसके लिए चिन्तित होता रहा कि इस तरह बीच रास्ते में एक अकेली महिला ने क्या किया होगा, वापस कैसे पहुँची होगी?

ऊपर से बहुत बड़ी चट्टान धसक कर नीचे सड़क पर गिरी है। चट्टान क्या, एक छोटा-मोटा पहाड़ ही है। वही रास्ता रोके हुए है। सेना का एक टैंक अपनी पूरी ताकत लगाकर उसे नीचे खाई में धकेलने के लिए जूझ रहा है। किसी विशालकाय हाथी की तरह जाकर चट्टान के साथ सीधे मस्तक भिड़ाता है फिर वापस लौटकर पैर जमाता है और नये सिरे से धक्का देता है। लेकिन चट्टान अपनी जगह से टस से मस नहीं हो रही है। तब टैंक ऑपरेटर ने अपने सर पर लाल छींट वाला एक कपड़ा बाँधा और बाहुयुद्ध के लिए टैंक के हाथों को खोल दिया। टैंक के हाथ चट्टान को चूर-चूर करके नीचे खाई में लुढ़काने लगे।

भारी पत्थरों के लुढ़कने की आवाज थोड़ी दूर तक तो सुनाई पड़ती है, फिर अतल गहराई से उठकर ऊपर की तरफ आते हुए धुआँ और धुंध में उनका दिखना भी बन्द हो जाता है। मैंने खाई की गहराई का अनुमान करना चाहा, लेकिन उसे नापने के लिए कोई स्केल निर्धारित नहीं कर सका। मेरे पास छत्तीसगढ़ के मैनपाट या सामरीपाट या अमरकंटक की ही प्रामाणिक ऊँचाइयाँ हैं जो 3000 से लेकर 3200 फीट के भीतर सिमट जाती हैं। तब मैंने इस तरह हिसाब लगाया कि यदि पत्थर के इन टुकड़ों के बदले मैनपाट, सामरीपाट और अमरकंटक के समूचे पहाड़ों को यहाँ से इस घाटी में लुढ़काया जाए तो एक के ऊपर एक करके तीन के तीनों इस गहराई में आसानी से समा जाएँगे। इससे समझ में आ सका कि 10 हजार फीट की ऊँचाई कितनी होती है। हम

लगभग इतनी ही ऊँचाई पर हैं और हमें अभी और भी ऊपर जाना है। नीचे, बात चल रही थी कि ऊपर, तवांग की ऊँचाइयों पर ऑक्सीजन कम पड़ जाता है और वहाँ साँस लेने में दिक्कत होने लगती है। देखें। अब तो उधर जा ही रहे हैं। टैंक के बाहुबल ने लगभग 4 घंटों में सड़क साफ करके रास्ता खोल दिया। तब तक, हमें वहाँ अटके हुए 5 घंटों से भी अधिक देरी हो चुकी थी।

यहाँ सेना के जवान न होते और उनके साथ उनका बाहुबली युद्धक टैंक न होता तो क्या यह रास्ता इस तरह, हमारे देखते-देखते खुल सका होता? इस सवाल ने मुझे अपने साथ ले जाकर हठात् 1962 के चीन-भारत युद्ध के उस सन्दर्भ के सामने खड़ा कर दिया जिसमें, लड़ने को तो फौजें लड़ी थीं लेकिन जय-पराजय विश्वास की हुई थी। सम्बन्धों में कपट जीता था और विश्वास पराजित हुआ था। अब, जब लगभग चार दशकों बाद चीन के साथ हमारे सम्बन्ध नये विश्वास की तरफ बढ़ रहे हैं तब उस कटु प्रसंग को ताजा करने का कोई अर्थ नहीं बचा। सिवाय इसके कि इससे पहले हमने, अपने मध्यकालीन इतिहास में, आक्रांता सेनाओं को खैबर और बोलन के दो दर्रों से अतिक्रमण करते देखा था। और अब, अपने समकालीन इतिहास में एक नये अतिक्रमण पथ को यहाँ देख रहे हैं जिसे चीनी सैन्य शक्ति ने आजमाया। इसका दुखद पहलू यह है कि इस बार, दो प्राचीन संस्कृतियों वाले देशों के आपसी व्यापार का इतिहास प्रसिद्ध 'रेशम पथ' सैन्य अतिक्रमण के लिए प्रयुक्त किया गया। अब बस यह एक सहज जिज्ञासा है कि 62 में यहाँ सड़कें कैसी रही होंगी जिनसे होकर आक्रांता सेनाएँ यहाँ तक चढ़ आई थीं और अपनी चौकियाँ कायम कर सकी थीं?

उस समय तो यह 'नेफा' था, नॉर्थ ईस्ट फ्रंटियर एजेंसी, अर्थात पूर्वोत्तर सीमान्त अभिकरण, जिसके लिए डॉ. राम मनोहर लोहिया ने प्रस्तावित किया था कि इसे 'उर्वसीयम' कहना उपयुक्त होगा। उत्तर पूर्व सीमान्त का प्रतिनिधित्व करनेवाला—उर्वसीयम। अरुणाचल तो बाद में बना। लेकिन मेरी अपनी समकालीनता का रोमांच और सरहदों के साथ जुड़ा मेरा रूमान यहाँ उसी पुराने 'नेफा' की अनुभूतियों से स्पंदित होता है, जिसके उस पार तिब्बत है जहाँ से राहुल सांकृत्यायन, अपनी जान जोखिम में डालकर बौद्ध दर्शन का धरोहर साहित्य भारत ले आए थे। बाद में वर्तमान दलाई लामा ने अपने हजारों

अनुयाइयों के साथ तिब्बत से पलायन किया था और भारत में प्रविष्ट हुए थे। मेरा कुतूहली मन अपनी योजना बना रहा है कि तवांग से आगे, कहीं उस ऐतिहासिक रास्ते की एक झलक भर मिल जाए तो पता नहीं क्या मिल जाए।

उधर तवांग से ऊपर 11240 फीट पर किसी सैन्य चौकी से शायद 18 कि.मी. की दूरी पर भारत-तिब्बत सरहद है। वहाँ पहुँचने के लिए सेना के ब्रिगेड मुख्यालय से विशेष परमिट लेना पड़ता है। इसके लिए पहले से तैयारी करके आना था या अब, यहाँ रुक कर प्रयास करना पड़ेगा। उतना समय कहाँ है? और शायद, अभी वह परमिट मिल भी न पाये। उड़ती-उड़ती सी खबर है कि इस समय वहाँ चीनी फौजें, 12 कि.मी. भीतर तक चली आई हैं। इसमें कितना सच और कितना मनगढ़न्त है, क्या पता?

पाँच घंटों की सड़क रुकावट ने हमारे, दिन के खाने-पीने को भी उलट-पुलटकर रख दिया। सुबह की चाय के बाद, दोपहर का भोजन सीधे शाम को नसीब हुआ। टैक्सी ड्राइवर ने आगाह कि अब जिस वक्त हम तवांग पहुँचेंगे, वहाँ कुछ भी नहीं मिलेगा। इसलिए यह आज के दिन का भी भोजन हुआ और रात का भी। और कोई रास्ता भी कहाँ बचा? भूख भी, एकदम खर हो चुकी है। भोजन हमें मुन्ना में मिला। यह भी भला, किसी स्थान का नाम हो सकता है?

रास्ते में जिस सुन्दर युवती ने टैक्सी की छत पर रसोई गैस के सिलेण्डर रखवाये थे और कपड़ों से अच्छी तरह ढांक-मूँदकर अपने छोटे भाई को ड्राइवर के साथ बिठाकर खुद किसी दूसरी टैक्सी में अंट गई थी, सभी टैक्सियाँ उसी के दरवाजे पहुँचकर रुकीं। अब वह, बात-बात पर हँसती और लुभाती युवती, एकदम व्यस्त हो गई। तब समझ में आया कि यह उसी का ढाबा है।

अभी सात बजे हैं और अभी से रात इतना गहरा गई है। गहरी रात में चाँदनी खूब चटक दिखती है। लेकिन सन्नाटा रात से भी गहरा है। यहाँ, हवा इतनी ठंडी है जैसे वहाँ से छूकर आ रही है, जहाँ बर्फ पड़ी हुई है। अरुणाचल पहुँचने के बाद, यहाँ पहली बार कंपकँपा देनेवाली सर्दी मिली और अंदाजा हो गया कि तवांग कितना ठंडा होगा। यहाँ, अभी बिजली नहीं पहुँची है, इसलिए अँधेरा-अँधेरा सा लगता है। ढिबरियों और मोमबत्तियों की रोशनी में भोजन करना और वहाँ अपनी छाया को पड़ते देखना ऐसा लगा जैसे हम सब-के-सब किसी प्रार्थना सभा में एकत्र हैं और भोजन से पहले कोई धार्मिक अनुष्ठान

सम्पन्न कर रहे हैं। रास्ते के ढाबे, भीतर से, खूब साफ-सुथरे होते हैं। और भोजन भी सादा, साफ-सुथरा। भोजन के साथ पीने के लिए गरम पानी और भोजन के बाद, हाथ धोने के लिए भी, गरम पानी। और हाँ, ठंड से बचने के इन्तजाम के लिए, भोजन से पहले यहाँ भी वही, दस रुपये पैग वाली रम।

रात दस बजे के बाद ही तवांग पहुँचना हुआ। कहीं ठहरने के लिए मैं, आदतन सरकारी टूरिस्ट लॉज या इंस्पेक्शन बंगले ढूँढ़ता हूँ। लेकिन अब कहीं, कुछ ढूँढ़ने के लिए और ठंडी रात के इस समय, "सॉरी, जगह नहीं है" सुनकर लौटने के लायक ताकत नहीं बची है। टैक्सी ड्राइवर ने जहाँ लाकर पटक दिया, वही ढेर हो गए।

साथ की और दो-तीन टैक्सियों के लोग भी इसी होटल में रुक रहे हैं। वह हरियाणवी और उसका बेटा भी। और वे तीन तिलंगे भी, जो अपनी उपस्थिति दर्ज कराने के लिए रास्ते भर एक से एक बेहूदा हरकतें करते रहे और अकारण ही सबको अप्रिय होते रहे। उनके आत्मविश्वास में अतिरेक छलक रहा था और बता रहा था कि वे तेजपुर या वहीं कहीं आसपास के स्थानीय निवासी हैं और इस रास्ते के साथ भी उनकी पहले की पहचान है। उन्होंने रास्ते में कहीं भी दस रुपये पैग वाली रम खरीद कर नहीं पी। वे अपने साथ पूरी बोतल लेकर चल रहे थे और चलती टैक्सी में ही घूँट मारते जा रहे थे। रास्ते में उनके साथ बात करने तक की जरूरत महसूस नहीं हुई थी। यहाँ, उन्हें भी देखकर अच्छा लगा कि जान-पहचान के लोग साथ रहेंगे। यहाँ पहुँचने में या यहाँ के वातावरण में, पता नहीं ऐसा क्या है कि खूब गहरी अजनबियत-सी महसूस हो रही है। अब, ऐसा लग रहा है, जैसे किसी अनजान प्रदेश में आ गए हैं।

यहाँ तिब्बती चीनी ड्रैगन रहस्यमयता का प्रभाव सघन है। इसमें व्याप्त शान्ति, मन में एक तरह के भय का संचार भी करती है। मुझे तो, यह भय मिश्रित शांति, तिब्बती मूल के बौद्ध मदिरों—गोम्पाओं में भी मिलती है। और वहाँ वातावरण में व्याप्त एक रहस्यमयता सी परेशान भी करती है। मैं इसके कारण को समझने में अक्सर उलझ जाता हूँ। यहाँ, इस होटल में भी, वह सब है और इसके साथ जुड़ी मेरी अपनी जानी-पहचानी उलझन भी। फिर भी इस होटल में ठहरना मुझे अच्छा लग रहा है, क्योंकि यहाँ ठहर कर मैं यहाँ की स्थानीय प्रथाओं और परम्परा से भी जुड़ रहा हूँ।

दरअसल, जिन्हें अब तक मैं बौद्ध सुन्दरियाँ कहकर एक आसक्ति के लिए गुँजाइश बनाता चल रहा था, उनके लिए मुझे ठीक-ठीक कहना चाहिए था कि भोटिया—मंगोल नस्ल की सुन्दरियाँ। यहाँ, जिसे मैं स्थानीय परम्परा कह रहा हूँ वह भी यही, भोटिया—मंगोल नस्ल के लोगों की सांस्कृतिक परम्परा है। जिनके बारीक भेद मैं ठीक-ठीक नहीं जानता। और अरुणाचल का या पुराने 'नेफा' का यह हिस्सा तिब्बत के इतना नजदीक है कि सारी वर्तमान राजनीतिक विषमताओं के बावजूद यहाँ के लोग आज भी अपने को तिब्बत की धार्मिक-सांस्कृतिक विरासत से जोड़े हुए हैं। इसलिए यहाँ की स्थानीय परम्परा में उस धर्मिक-सांस्कृतिक विरासत का इतना गहरा प्रभाव है कि तवांग पहुँचने के बाद, तिब्बत में होने जैसा लगता है, जहाँ मैं कभी नहीं गया। और शायद यही बात होनी चाहिए जिससे मुझे ऐसा लग रहा है जैसे किसी अनजान प्रदेश में आ गए हैं।

होटल के कमरे में बन्द हवा में धूप और चन्दन की सी वह गाढ़ी सुगंध बसी हुई है जो सुबह-सुबह मुझे भालुकपोंग में उस बौद्ध सुन्दरी की दुकान में मिली थी, जो अयातुल्ला खोमैनी की कविता की नायिका सी सुन्दर है। तिब्बती मूल के बौद्ध मंदिरों और गोम्पाओं में यही गाढ़ी सुगन्ध मिलती है और मन करता है कि यह थोड़ी हल्की होती तो कितना अच्छा होता।

इस होटल में अकेले आदमी के लिए इकहरा कमरा नहीं है। एक हों या दो, कमरे में दोहरा बिस्तर मिलेगा और दाम भी वही लगेगा। सामान्यतया होटलों में या इंस्पेक्शन बंगलों में, और अपने घरों में भी, ओढ़नेवाले कम्बल और रजाइयाँ तह करके पायताने की तरफ आड़ी रखी जाती हैं। लेकिन यहाँ उन्हें लम्बाई में गोल लपेटकर एक बगल में इस तरह रख दिया गया है जैसे पीठ टिका कर बैठने के लिए लम्बी सी मसनद हो। एक मोटी सी रजाई है और दो चीनी कम्बल, जिनमें से एक में तो रंगबिरंगी फूल पत्तियाँ बनी हैं और दूसरे में बहुत बड़ा ड्रैगन। मैं अपना बिस्तर ठीक कर रहा था और एक बिलकुल अनजान जगह की छत, दीवारों, दरवाजे और खिड़कियों के साथ जान-पहचान बना रहा था कि बिजली चली गई और अँधेरा हो गया। अब, भीतर अँधेरा है और बाहर बर्फीली ठंड का पहरा।

कितनी दूर से मैं मक्खन वाली नमकीन चाय ढूँढ़ता चला आ रहा था,

वह मुझे यहाँ, तवांग में मिली। रात को इस होटल में आए लोगों में शायद मैं एक अकेला व्यक्ति हूँ जिसने नमकीन चाय माँगी। इससे एक बात यह हुई कि होटल के मैनेजर के साथ बातचीत के लिए सूत्र निकल आए। मैं सोचता था कि यहाँ से पहाड़ की किसी चोटी की एक झलक मिल सकेगी जिस पर रात में बर्फ पड़ी होगी और अभी, सुबह के इस समय वह धूप में चमक रही होगी। मैनेजर ने बताया कि अभी जहाँ, बर्फ पड़ रही है, वह जगह यहाँ से दूर है। वहाँ टैक्सी से पहुँचा जा सकता है। बाद में, जब बर्फबारी भारी हो जाती है तब रास्ते बन्द हो जाते हैं और टैक्सियाँ वहाँ तक नहीं पहुँच पातीं।

तीन तिलंगों ने प्रस्ताव रखा कि हम चार जने मिलकर एक टैक्सी ले लें और वहाँ चलें, पूरा तवांग घूमें। उन लोगों ने बताया कि वे तेजपुर विश्वविद्यालय में पर्यटन विभाग के छात्र हैं। और उन्होंने अपने प्रोजेक्ट कार्य के लिए तवांग को लिया है। उनकी बात मानना मुझे इसलिए भी मंजूर हो गया कि अपने यहाँ के विश्वविद्यालय में कभी-कभी मुझे भी पर्यटन विभाग में व्याख्यान के लिए आंमत्रित किया जाता है। इनसे तेजपुर विश्वविद्यालय के पर्यटन विभाग के विषय में जानने को मिलेगा। पर्यटन विभाग के उन छात्रों ने टैक्सी ड्राइवर से पूछा वहाँ बर्फ तो मिलेगी?

जैसे वहाँ बर्फ का मिलना न मिलना उसके हाथ में हो। पूछने को तो मैं भी यही पूछना चाहता था। लेकिन इस तरह अपना कुतूहल दिखाना मुझे बचकाना लगा। टैक्सी ड्राइवर ने पूरे भरोसे के साथ हाँ कहा। उसने बताया कि किन्हीं दूसरे पर्यटकों को लेकर वह कल ही वहाँ गया था। वहाँ भारी बर्फ पड़ी हुई थी। उसने बताया कि यह बर्फ पड़ने का मौसम है, और पिछली रात में भी वहाँ बर्फ पड़ी होगी।

12,400 फीट पर, सैन्य चौकी में हमारे 'इनर लाइन परमिटों' की जाँच हुई। यहाँ से जैसे-जैसे आगे बढ़ते हैं, ऑक्सीजन कम होती जाती है और साँस लेने में दिक्कत होने लगती है। कम ऑक्सीजन वाली ऊँचाई पर रहने के अभ्यास के लिए, सैनिकों के लिए, इस 12,400 फीट की चौकी पर दूसरी स्टेज का 'एक्लिमेटाइजेशन' कैम्प भी है। चौकी से आगे वाले इस रास्ते का नाम 'छत्रपति शिवाजी मार्ग' है, जिस पर हम चल रहे हैं। इस चौकी से आगे अनेक छोटी-

बड़ी झीलें हैं, जो बर्फ पड़ने के मौसम में एक-एक करके जमती चली जाती हैं और यहाँ रहनेवालों के लिए पानी की दिक्कत होने लगती है। तब, लोग बर्फ के टुकड़ों से प्यास बुझाते हैं, और उनका नहाना-धोना तो हफ्ते में किसी एक दिन ही हो पाता है। टैक्सी वाले ने बताया कि झीलों में जमनेवाली बर्फ की तल इतनी मजबूत होती है कि सेना की ट्रकें भी उस पर से होकर गुजर सकती हैं।

बगल वाली पहाड़ी किसी खूब चौड़ी दीवार की तरह साथ-साथ चल रही है। इस चौड़ी दीवार पर एक पहाड़ी भैंसा अनासक्त भाव से खड़ा धूप ताप रहा है या हम लोगों को देख रहा है। उसके शरीर पर लम्बे-लम्बे बाल है, जो उसकी पीठ पर पड़े हुए किसी कम्बल की तरह लटक रहे हैं। उसके माथे पर बीचोबीच तिलक सी सफेदी है। और ऐसे ही, उसके पैरों पर जैसे सफेद मोजे हैं। लम्बे बालों वाली और ऐंठी हुई सींगों वाली पहाड़ी बकरियों के बारे में सुन रखा था। अभी थोड़ी देर पहले ही उन बकरियों का एक रेवड़ भी हमारे सामने से होकर गुजरा है। उन बकरियों के डील-डौल काफी बड़े लगे।

बर्फ की पहली झलक पाने के लिए मैंने अपना सारा ध्यान सामने दिख रहे पहाड़ों पर केन्द्रित कर रखा था कि अकस्मात तीन तिलंगे खुशी से चीखने लगे। उन्होंने मुझे मुड़कर पीठ पीछे के पहाड़ों को देखने के लिए कहा जिनके शिखर धूप में चमक रहे थे और ढलानों पर छाया पड़ रही थी। छाया वाली ढलानों पर जगह-जगह बर्फ छितरायी हुई थी। इस अप्रत्याशित खुशी के आवेग में किसी को नहीं सूझा कि टैक्सी को रुकवाना भी हमारे हाथ में है। हम यहाँ रुक कर इस दिव्य दृश्य को भी जी भर देख सकते हैं। जो दिख रहा है उसके नजदीक पहुँचने के लिए पीछे भी जा सकते हैं। लेकिन टैक्सी वाला शान्त और संयत है। उसने हमें भी शान्त किया कि आगे इससे भी दिव्य और मनोरम है, हम उसी तरफ जा रहे हैं।

इससे पहले मैंने हिमालय के किसी हिमाच्छादित शिखर को कौसानी या रानीखेत से देखा था। इतनी दूर से वह देखना कुमांऊ मंडल पर्यटन निगम के किसी पोस्टर को देखने की तरह था। उसे देखने की अनुभूति लगभग नहीं देखने की तरह थी। उसने अपने भीतर कोई तीव्रता पैदा नहीं की थी। और अब तो वह दस वर्षों से भी अधिक पुरानी बात होने को आई।

बर्फ की इस पहली झलक का आनन्दोत्सव तीन तिलंगों ने खुले मन

से मनाया। अपनी रम की बोतल उन्होंने, साथ रखी हुई थी, मेरी तरफ बढ़ाई और कहा—"इस खुशी में तो आपको शामिल होना ही पड़ेगा।"

मैंने उनकी बात रखी और बोतल की ढक्कन से आचमन कर लिया। उन्होंने इस खुशी में शामिल होने के लिए टैक्सी वाले को भी आमंत्रित किया। लेकिन उसने बताया कि वह नहीं पीता। मुझे लगा कि वह अपने व्यावसायिक शिष्टाचार की हदों से बाहर नहीं आना चाहता।

इस बार सीधे सामने, दाहिने हाथ में दो शिखरों के बीच वाले पर्वत शिखर पर एकदम धवल सफेद बर्फ धूप में चमकी। और वहीं की वहीं आकाश में टंगी दिखती रही। मैंने देखा। सबने देखा। सबने एक साथ देखा। शान्त मन से देखा। बगल वाले दोनों शिखरों पर खूब सारे बादल उतरे हुए हैं। बादल डोल रहे हैं। बर्फ जमी हुई है, पूरे शिखर को अच्छे से ढके हुई है। यहाँ से वह बिलकुल ऐसा दिख रहा है जैसे चित्रों में जापान का माउंट फूजी दिखता है, जो हमेशा ही बर्फ से ढंका होता है और उस पर तना हुआ नीला पारदर्शी आकाश और वैसी ही काँच सी धूप की छाया उस पर पड़ रही होती है। मैंने टैक्सी वाले से सलाह ली—क्या हम, थोड़ी देर यहाँ रुककर उसे देखें?

"देखेंगे। थोड़ा और आगे चलते हैं। वहाँ से और अच्छा दिखता है। आप लोग वहाँ से फोटोग्राफी भी कर सकेंगे।" टैक्सी वाले ने हमें ले जाकर एकदम बर्फ के बीचोबीच खड़ा कर दिया। अब, दूर से माउंट फूजी की तरह दिखनेवाला वह हिमाच्छादित पर्वत शिखर एकदम हमारे सामने है। खुले फैलाव में वह अपने खुद के रूप में दिख रहा है। सड़क यहाँ संकरी पड़ती हुई सी दिख रही है। दोनों तरफ की पहाड़ियाँ आकर सड़क के साथ सट गई हैं। सटी हुई पहाड़ियों पर यहाँ-वहाँ टुकड़ों और लकीरों में भुरभुरी बर्फ फैली हुई है। भुरभुरी बर्फ इतनी ताजा दिख रही है, जैसे पिछली रात के आखिरी पहर में ही पड़ी हो। ऐसा भी हो सकता है कि भोर के उस समय तवांग में एकदम से ठंड बढ़ी हो और वहाँ होटल के अपने कमरे में, गहरी नींद में ही मैंने एक और कम्बल अपने पर डाल लिया हो। चाहे फूल-पत्तियों वाला या फिर ड्रैगन वाला चीनी कम्बल।

यह भुरभुरी बर्फ धीरे-धीरे जमेगी। तब सड़क से सटी हुई ये पहाड़ियाँ भी दूर से वैसी ही दिखेंगी जैसे यहाँ से वह हिमाच्छादित शिखर दिख रहा है, जो

चित्र में दिखाई पड़नेवाले माउंट फूजी सा दिखता है। तब यहाँ तक टैक्सियाँ नहीं पहुँच पाएँगी। अभी तो सड़क के साथ आकर सट गई पहाड़ियों पर से ढुलक कर भुरभुरी बर्फ सड़क पर पड़ी हुई है। सामने भुरभुरी बर्फ का एक टीला सा खड़ा हो गया है और पहाड़ी के पीछे इस कच्ची बर्फ का मैदान सा निकल आया है। पहले तो, तीन तिलंगों ने बर्फ के टीले पर खड़े होकर अपने चारों तरफ फैली बर्फ को देखा फिर उतरकर कच्ची बर्फ के मैदान में आ गए और धमा चौकड़ी मचाने लगे। एक-दूसरे को मारने के लिए बर्फ के गोले बनाने लगे और फेंकने लगे। मुझे भी अपने साथ दौड़ाया। वहाँ, बर्फ के टीले तक और यहाँ, कच्ची बर्फ के मैदान पर भी। यह तो गनीमत की बात है कि मैंने चलने का और दौड़ने का अपना अभ्यास बचाये रखा है। अन्यथा कितनी हेठी होती?

लेकिन यहाँ मैंने महसूस किया कि कम चल कर और कम दौड़ कर भी मैं अधिक हाँफ रहा हूँ। मैंने ध्यान दिया कि मुझसे अधिक वे तीनों हाँफ रहे हैं। तब समझ में आया कि यहाँ ऑक्सीजन की कमी के कारण ऐसा हो रहा है।

फिर, उन लोगों ने भुरभुरी बर्फ के मैदान में किन्हीं-किन्हीं के नाम लिखे और उन नामों के लिए अपने सन्देश भी लिखे। मेरा भी मन किया कि यहाँ, बर्फ पर कोई नाम लिखूँ, जो साक्ष्य बनकर यहाँ रहे। मैंने अपने भीतर कोई एक ऐसा नाम ढूँढ़ने की कोशिश की जो, अब साथ निभानेवाला हो। अब मैं हैरान हो रहा हूँ कि मैं बर्फ पर लिखने के लिए कोई ऐसा नाम ढूँढ़ रहा था?

यहाँ मुम्बई की फिल्मों वाले पहुँच चुके हैं और किसी फिल्म की शूटिंग भी हो चुकी है। उसमें शाहरुख खान और माधुरी दीक्षित ने काम किया है। जिस सुन्दर झील पर उस फिल्म की शूटिंग हुई थी, अब यहाँ के लोग उसे माधुरी झील कहने लगे हैं। यह झील खूब सारी रंगबिरंगी पताकाओं से सजी हुई है। हमारे पहुँचने से कोई हफ्ता, दस दिन पहले यहाँ तीन दिनों का तवांग महोत्सव हुआ था। देशी-विदेशी पर्यटकों को आकर्षित करने के लिए वह एक सरकारी आयोजन था। ये पताकाएँ उसी समय सजायी गई थीं।

रंगबिरंगी पताकाओं के बीच, वहाँ कुछ सुन्दरियाँ भी दिखाई दीं जिन्होंने अभी-अभी जल स्नान किया होगा या सूर्य स्नान और अब कपड़े बदल रही हैं। वहाँ, जहाँ पहुँचने के लिए कोई रास्ता नहीं दिख रहा, ये सुन्दरियाँ वहाँ कैसे पहुँची होंगी? शायद, सीधे आसमान से उतरी हों। आसमान से तो परियाँ

उतरती हैं या यक्षिणी और किन्नरियाँ? उनका फोटो उतारने का मन किया और उन्होंने भी मना नहीं किया। बर्फबारी के भारी दिनों में जब यह झील भी जम जाती होगी तब ऐसी रंगबिरंगी परियाँ या यक्षिणी और किन्नरियाँ आकर कहाँ उतरती होंगी? तब यहाँ रंगों का नामोनिशान भी नहीं होता होगा। जिधर दिखता होगा, सब सफेद-सफेद ही होता होगा।

कोई झील अचानक किसी सुबह जमी हुई नहीं मिलती होती होगी। वह धीरे-धीरे कैसे जमती होगी? दूसरे दिन, तवांग से अपनी वापसी के रास्ते में मैंने वह देखा। पहले झील के किनारे की घास बर्फ के नीचे जमती है। फिर किनारे के छिछले पानी की सतह पर और यहाँ-वहाँ फैले छोटे-छोटे गढ़ों पर बर्फ की पतली पर्त सी पड़ती है। यह पर्त धीरे-धीरे फैलती जाती है और किसी एक दिन पूरी की पूरी वह झील बर्फ से ढक जाती होगी। और वहाँ सब कुछ सफेद-सफेद हो जाता होगा। यहाँ तक कि किनारे पर खड़े हुए ऊँचे-ऊँचे पेड़ भी।

अपने स्कूल के दिनों में मैंने पढ़ा था कि जहाँ बर्फ पड़ती है वहाँ होनेवाले पेड़ों की पत्तियाँ नुकीली और ऊपर की तरफ उठी हुई होती हैं। इन पर पड़नेवाली बर्फ ऊपर की ऊपर अटकी नहीं रह जाती, बल्कि नीचे झर जाती है। पेड़ों से झरती हुई उस बर्फ को देखना कैसा होता होगा, जब जमीन पर पहले ही सब ओर पड़ी हुई बर्फ की सफेदी-सफेदी होती है? यह कुतूहल स्कूल के उन दिनों से मेरे मन में बना हुआ था। लेकिन यहाँ पहुँचकर भी वह देखने नहीं मिला, क्योंकि बर्फबारी अभी उतनी भारी नहीं हुई है।

टैक्सी वाले ने इन पेड़ों के बीच मुझे वह पेड़ भी दिखाया, जिसकी लकड़ी जलाकर सुगन्धि की जाती है और उसकी तीलियों से अगरबत्ती बनाई जाती है। होटल के अपने कमरे में बन्द हवा में मैंने धूप और चन्दन की जो गाढ़ी सुगन्ध पाई थी, या नीचे, भालुकपोंग की उस होटल में सुगन्धियुक्त धुएँ के बीच मैंने उस बौद्ध सुन्दरी को देखा था, जो अयातुल्ला खोमैनी की कविता की नायिका सी दिखी थी, वह सब यहाँ होनेवाले इसी पेड़ की लकड़ियों का धुआँ और उसकी सुगंध थी। यहाँ के लोग भारी बर्फबारी से पहले इन लकड़ियों को काट कर जमा कर लेते हैं।

भारी बर्फबारी के दिनों में यहाँ जलाऊ लकड़ियों की भी भारी दिक्कत

होती है। इधर, ऊपर की तरफ रहनेवाले लोग थोड़ी-बहुत खेती करके और मवेशी चराकर अपना गुजारा करते हैं। इनके घरों में अभी रसोई वाली गैस नहीं पहुँची है। और शायद, वह इनकी आर्थिक हैसियत से अभी बाहर भी है। जब यहाँ भारी बर्फबारी से सब कुछ सफेद-सफेद हो जाता है तो वह बाहर से यहाँ आनेवाले पर्यटकों के लिए दर्शनीय और आनंददायी समय होता है। लेकिन इन स्थानीय लोगों के लिए वे दिक्कत और तकलीफ के दिन होते हैं।

यहाँ पहुँचकर जो देखने के लिए मेरी आँखें तरस रही थीं, वह याक एकदम अचानक हमारे सामने था। एक अकेला। वहाँ, जहाँ हरियाली गहरा गई है, वह अकेला खड़ा हुआ है। उसके बाल भूरे-सफेद हैं और उसके मालिक ने उसके गले में लाल रंग का रेशमी फीता बाँध दिया है, जिसके साथ कांसे या पीतल की घंटी लटकी हुई है। उसके कानों की लौ हल्की गुलाबी है। उसके कान लम्बे और नीचे की तरफ लटके हुए हैं। ऐसे में वह इतना चित्रमय दिख रहा है कि उस पर अपना कैमरा ताने बिना कोई नहीं रह सकता। लेकिन कैमरे को उसने, शायद बन्दूक समझा और भागकर छिपने लगा। ऐसे में उसके गले की घंटी बजने लगी। घंटी की आवाज सूनी घाटी में संगीत की तरह गूँजी।

इस संगीत को मैंने, तीन या चार दशक पहले बनी, सत्यजित रे की फिल्म 'काँचनजंगा' में सुना था। 'काँचनजंगा' में यह आवाज एक अकेली नहीं थी बल्कि याकों का पूरा रेवड़ घाटी से ऊपर आ रहा था और उन सबके गले में घंटियाँ थीं। इतने दिनों से कानों में बज रही उन घंटियों के स्वर को आज मैंने, यहाँ सुना। इस घटना को अपनी डायरी में नोट कर सकता तो कितना अच्छा होता लेकिन मैं तो डायरी ही नहीं लिखता।

तेजपुर विश्वविद्यालय के पर्यटन विभाग के ये तीनों छात्र अपने साथ उन स्थलों की सूची भी लेकर आए हैं, जो तवांग में दर्शनीय हैं। उनकी इस सूची में एक स्थल मैंने भी अपने लिए निर्धारित किया है। और वह है, यहाँ की बौद्ध मोनेस्ट्री। मुझे लगता है कि भारत में यह, सम्भवत: सबसे प्राचीन बौद्ध मोनेस्ट्री हो। इसे 15 वीं-16 वीं शताब्दी का बताया जाता है। लेकिन इस विषय में मैं बहुत अधिकारपूर्वक नहीं कह सकता क्योंकि यह इतिहास का विषय है। और इस बात की पूरी सम्भावना है कि इतिहास, मेरी जानकारी से बाहर भी होगा। लेकिन इसका धार्मिक महत्त्व इतिहास प्रमाणित है कि छठवें

दलाई लामा का जन्म यहीं हुआ था। बताया जाता है कि यह वैसा ही है, जैसा ल्हासा का पोटाई महल, जो वर्तमान दलाई लामा का राजकीय आवास था, जहाँ से पलायन करके उन्हें भारत में प्रवेश करना पड़ा।

तवांग की यह बौद्ध मोनेस्ट्री अत्यन्त विशाल है और ल्हासा के पोटाई महल की कल्पना को विश्वसनीयता के यथासम्भव नजदीक तक पहुँचाती है। तिब्बती स्थापत्य शास्त्र का यह एक प्रामाणिक नमूना है। इसमें इंटों और लकड़ी के काम का ऐसा आनुपातिक सन्तुलन है कि बाहर से देखने पर, यह काठ का महल दिखाई पड़ता है। इसके भीतर तिब्बती संस्कृति का एक अध्ययन केन्द्र भी है। इस केद्र में जाकर वहाँ देखने, समझने और संस्कृति के अध्येताओं से मिलने, उनसे बात करने को मन किया। लेकिन वह केन्द्र दोपहर के इस समय बन्द रहता है। यहाँ, पता नहीं किस बात पर, लामाओं के साथ तीन तिलंगों की कहा-सुनी हो गई। कल से अब तक, इतनी देर के साथ में मैंने, पहली बार उन तीनों को कुछ दबता पाया। लामाओं का रुख उनके प्रति आक्रामक था। मुझे बीच-बचाव करना पड़ा। कल सुबह हमें यहाँ से चल देना है। इतनी थोड़ी देर के बचे हुए समय में कोई अप्रिय बात क्यों हो?

मैंने प्रस्ताव रखा कि आज हम तवांग के किसी सबसे अच्छे होटल में भोजन करेंगे और अपने इस साथ को यादगार बनाएँगे। होना यह चाहिए था कि भोजन का बिल हम सब, चारों के बीच बराबर-बराबर बाँटा जाता। सुबह से लेकर अब तक, हमारे बीच इसी तरह का हिसाब रहा है। लेकिन उन लोगों ने पूरा बिल मेरी तरफ बढ़ा दिया। ऐसा करते हुए, अपनी शर्म से बचने के लिए वे लोग, नशे में होने का ढोंग कर रहे थे और अपनी समझ में, मुझे ठग रहे थे। और मैं सन्तोष कर रहा था कि एक अनजान जगह में मैं अपने लिए किन्हीं लोगों के संग-साथ का दाम चुका रहा हूँ। दाम चुकाने के बाद मैं फिर अकेला छूट गया।

अपने इस अकेलेपन को मैंने भरोसेमंद पाया और तवांग को रात में देखने के लिए, खुली सड़कों पर निकल आया। सड़कें सूनी हैं और चारों तरफ खूब घना नीला कोहरा पड़ा हुआ है। इस घने कोहरे में बहुत दूर तक दिखाई नहीं पड़ रहा है। बस, धुँधली-धुँधली रोशनियाँ दिख रही हैं।

त्रिपुरा

अबकी बार ले चल पार

ओ रे रंगीला
ओ नाविक, ओ मांझी
तूने नाव किस घाट लगाई
निरगुन कथा कहकर तो जा
ओ मांझी
ओ रे रंगीला...

बांग्लादेश के एक प्रसिद्ध भटियाली गायक अब्बासुद्दीन अहमद का यह भटियाली गान तब का है जब बंगाल संयुक्त था और निर्बंध। नदी पार करानेवाले नाविक बीच धार में भटियाली गान गाते तो उससे दोनों किनारे गूँजते। भटियाली गान की लोक परम्परा ने अविभाजित बंगाल की अनुभूतियों को एक अखंडित, जल संस्कृति से यथावत बाँध रखा है। लेकिन अब नदियों के जल विभाजित हैं। इधर पश्चिम बंगाल, उधर बांग्लादेश और बीच में त्रिपुरा।

त्रिपुरा को बांग्लादेश ने घेर रखा है। अगरतला पहुँचने के लिए बांग्लादेश की परिक्रमा करनी पड़ती है। जमीन के रास्ते यह दूरी 30 घंटों से भी अधिक

की होती है। लेकिन कोलकाता से अगरतला की हवाई उड़ान कुल जमा 40 मिनटों की है। इसमें बांग्लादेश के आसमान का कोई टुकड़ा शामिल होता ही है। आसमान से मेघना नदी कैसी दिखती होगी?

नीचे, हरीतिमा आच्छादित मैदान में उतरती सांझ की धूप ने पानी की कोई लकीर सी चमकाई। कुछ पहचान पाता, तब तक हवाई जहाज अगरतला एयरपोर्ट पर उतर रहा था।

एयरपोर्ट पर स्वागत के लिए मेरे नाम की तख्ती लिए हुए सुब्रत विश्वास मौजूद थे। वह यहाँ, नेहरू युवा केन्द्र की अगरतला इकाई से सम्बद्ध एक सक्रिय कार्यकर्ता हैं और नेहरू युवा केन्द्र के पूर्वोत्तर जोन के निदेशक डॉ. रामलखन राय ने यहाँ मेरे लिए उनका सहयोग जुटाया है।

कार्यक्रम कुछ इस तरह बना कि मैं त्रिपुरा से मिजोरम होते हुए, होली के पाँचवें दिन मणिपुर पहुँचूँ। वहाँ का रास महोत्सव अत्यन्त कलात्मक और लालित्यपूर्ण होता है। होली के पाँचवें दिन होनेवाला यह महोत्सव कितने दिनों से मुझे ललचाता आ रहा है और वहाँ डॉ. देवराज के साथ कितने मित्र मेरी प्रतीक्षा कर रहे हैं।

डॉ. देवराज हिन्दी साहित्य के एक जाने-माने समीक्षक हैं और मणिपुर विश्वविद्यालय में डीन हैं। उन्होंने डॉ. रामलखन राय से बात की। फिर तो डॉ. राय ने मेरे इस कार्यक्रम को अपने ही हाथ में ले लिया और अब वहाँ बैठे, अपने सेल फोन से इसका रिमोट संचालन कर रहे हैं। यहाँ होटल में चेक इन करने के साथ-साथ उनका फोन भी आ गया। पूछ रहे हैं—"आप अगरतला पहुँच गए, कोई असुविधा तो नहीं हुई?"

"चालीस मिनट की एक छोटी सी उड़ान में क्या असुविधा हो सकती थी?"

मैंने सुब्रत से पूछा—"बांग्लादेश बॉर्डर दिखाओगे?"

सुब्रत ने बताया—"यहाँ से 8 कि.मी. पर अखौरा बॉर्डर है। अभी समय है। चल सकते हैं। वहाँ अधिक देर नहीं हुई तो वापसी में यहाँ का जगन्नाथ मंदिर भी देखेंगे। होटल के पास में ही है।"

गोल चक्कर मार्केट चौराहा, अगरतला का प्रमुख चौराहा है। शेयर में चलनेवाले ऑटो रिक्शा प्रति सवारी पाँच रुपए लेते हैं और पहुँचा देते हैं। यहाँ से अखौरा बॉर्डर के चेक पोस्ट तक 10 रुपये में एक साइकल रिक्शा मिल

गया। कुल 15 रुपए में बांग्लादेश बॉर्डर? विश्वास नहीं हो रहा है।

बांग्लादेश के साथ जुड़ी मेरी आसक्ति पुरानी है और इच्छामती नदी ने इसे मृगजल की तरह भड़काया है।

कोलकाता से कोई 50-60 कि.मी. पर बनगाँव में इच्छामती नदी पर पुल है और पुल के दूसरे छोर पर बांग्लादेश बॉर्डर। लेकिन पुल पर रुकावट थी और मेरे पास कोई उपाय नहीं था। उस समय मैं वहाँ से किसी का नाम लेकर पुकारता तो जवाब में उसकी आवाज सीधे मुझ तक पहुँचती। लेकिन मेरे पास कोई नाम भी तो नहीं था, जिसे पुकारता।

वहाँ से मैं मन मार लौटा था, और यहाँ भारत-बांग्लादेश अन्तर्राष्ट्रीय सरहद पर, जीरो प्वाइंट लांघकर, इस समय मैं बांग्लादेश की सरहद में हूँ। चकित हूँ।

बांग्लादेश राइफल्स के नायक अब्दुल मन्नान ने हाथ मिलाया और चाय के लिए पूछा। मुझे आगाह किया गया था कि उधर बहुत भरोसा करने में जोखिम की बात हो सकती है। लेकिन नायक मन्नान का व्यवहार उससे अलग और दोस्ताना लग रहा है। यह सब सुब्रत का जुगाड़ है। वरना किसी सिविलियन के लिए जीरो प्वाइंट तक पहुँचना ही कहाँ हो पाता है।

यहाँ सब कुछ वैसा ही है जैसा भारत-पाकिस्तान के बीच वाघा चौकी पर है। एक तरफ भारत का सैन्य कार्यालय और दूसरी तरफ बांग्लादेश का सैन्य कार्यालय। दोनों तरफ से कागजी दस्तावेजों और रजिस्टरों के साथ इधर-उधर जाते-आते सैनिक अधिकारी। अपनी अपनी हदों के भीतर अपने-अपने देश के ध्वज। लेकिन वाघा चौकी की तरह यहाँ न तो रिट्रीट परेड का वैसा समारोही प्रदर्शन और न ही उस समारोह को देखने के लिए दूर-दूर से आए हुए लोगों की वैसी उत्साही भीड़। यहाँ सब कुछ खामोशी के साथ होता है घरेलू जैसे माहौल में।

उधर मगरिब की अजान हुई और इधर तक चली आई। उधर का सरहदी गाँव सोनाबादी है और इधर, कालिकापुर। बीच में नहर है। बांग्लादेश की अजान में संगीत की लहर शामिल है जो सुनने में अच्छी लगती है, और हवा के हल्के झोंकों की तरह बदन को छूती है। यह सांगीतिक अजान बांग्लादेश-भारत के बीच एक फर्क का पता भी देती है।

बाँस की फुनगियों पर और केले के पत्तों पर चाँदनी पड़ रही है। पेड़ और पत्तों पर पड़ रही चाँदनी नीचे ढुलक रही है, और घरों की छप्पर पर टपक रही है। गाँव के घर बाँस और मिट्टी के हैं और इन पर ताड़ के पत्ते और फूस की छप्परें हैं। इस समय लोग अपने घरों में हैं। दिन भर के बाद अभी लौटे होंगे। घरों में चूल्हे सुलग रहे हैं और छप्परों से बाहर आता हुआ धुआँ कोहरे के साथ मिलकर धुंध पैदा कर रहा है। जितनी दूर तक दिखाई पड़ रहा है, एक रहस्यमयी नीली झाईं ने सब कुछ ढक रखा है। सभी चीजें लोगों की हलचल छायाओं की तरह हिलती-डुलती दिख रही हैं। ऐसे में एक सरहदी बस्ती के बाहर-भीतर पैदल घूमना अपने मन को अनजान बना रहा है। इस अनजान मन में कालिकापुर, रहस्यमय नीले रंग में चित्रित एक सैरा की तरह थिर रहा है।

ऐसे ही अगरतला भी एक राजधानी से बिलकुल अलग, वेणुशिल्प की किसी कलावीथिका में से होकर गुजरने का बोध कराता है।

अगरतला की सजावट अभी भी बाँस के घरों से है। प्रत्येक घर के बाहर खुला अहाता है। अहाते में केले, सुपाड़ी और नारियल के वृक्षों की हरीतिमा है। उजली रातों में केले के पत्तों पर चाँदनी पड़ती होगी तो वह सारे का सारा नीली रहस्यमयता रचने लगता होगा और बाँस की सजावट वाले घर नीली रोशनी की बाढ़ में डूबते उतराते से दिखते होंगे।

अखौरा बॉर्डर से लौटने में देर हो गई और जगन्नाथ मंदिर छूट गया। सुब्रत ने सुझाया—"कल सुबह पहले जगन्नाथ मंदिर में दर्शन करेंगे। फिर त्रिपुर सुन्दरी। वहाँ से नीरमहल चलेंगे। नीरमहल झील में है।"

जगन्नाथ मंदिर का वातावरण मन को पावनता का बोध करानेवाला है। इच्छा जगाता है कि कम-से-कम एक दिन यहाँ रहकर इस पावनता को आत्मस्थ करें। सुब्रत ने मंदिर के किसी अधिकारी से बात की और एक दिन के लिए मंदिर की अतिथिशाला में रहने की व्यवस्था हो गई। अंग्रेजी से हिन्दी में अनुवाद करके समझनेवालों के लिए, जो 'टिप' पर है, वही 'टिपर स्टेट' व्यवहार में त्रिपुरा बन गया और सीधे-सीधे समझना चाहें तो माता त्रिपुर सुन्दरी के मंदिर से त्रिपुरा का नामकरण हुआ लगता है।

त्रिपुरसुन्दरी का यह मंदिर अगरतला से कोई 60 कि.मी. की दूरी पर

है। माँ त्रिपुर सुन्दरी काली का रूप है या बौद्ध तान्त्रिकों की कोई शक्ति? इस पर अलग-अलग अभिमत हैं। लेकिन इसमें कोई मतभेद नहीं है कि यह तंत्र साधना का एक प्रमुख केन्द्र रहा होगा। मंदिर के स्थापत्य और शिल्प में कोई ऐसा विशेष आकर्षण भी नहीं है जो इसे उल्लेखनीय और दर्शनीय बनानेवाला हो। लेकिन इसकी गणना हमारे यहाँ के 52 शक्तिपीठों में है। इसलिए दूर-दूर से दर्शनार्थी यहाँ आते है।

मंदिर के बाहर एक विक्षिप्त युवती चट्टान पर बैठी, रंगीन बर्फ का गोला चूस रही थी। उस विक्षिप्त सुन्दरी के शरीर पर सूत का एक धागा तक नहीं था। माता के दर्शन करके अभी-अभी मंदिर से बाहर आया मेरा मन भक्ति भाव से आप्लावित हो रहा था। इस दृश्य को मैंने किसी दैविक चमत्कार के साथ जोड़कर उसके निहितार्थ तक पहुँचने का यत्न किया तो, भक्ति आप्लावित मेरा मन अँधेरे चक्कदार रास्ते से होता हुआ कामरूप की कामाख्या के मंदिर के गर्भगृह में उतरने लगा। वैसे ही, जैसे वहाँ वनमाली पंडा ने मेरा हाथ पकड़कर मुझे सीधे गर्भगृह तक पहुँचाया था और वहाँ ले जाकर कामाख्या के सामने खड़ा कर दिया था। वनमाली पंडा ने भाव विभोर होकर आँखें मूँद लीं और मुझे बताया अब आप माँ की योनि के दर्शन कर रहे हैं।

वनमाली पंडा ने बताया—सती का शव अपने कंधे पर धरकर शिव ने प्रचंड तांडव किया था। तब सती का योनि अंग यही गिरा था। लेकिन मुझे कुछ भी दिखाई नहीं दिया। क्योंकि वहाँ अँधेरा था। यहाँ सब कुछ खुले में और भरपूर उजाले में है। निर्वसन सुन्दरी के सौन्दर्य में मैंने कामाख्या का दिव्य रूप देखा जो मेरी मनोकामना पूर्ण करने के लिए कामरूप से चलकर सीधे यहाँ त्रिपुरसुन्दरी के स्थान तक पहुँची और इस रूप में मेरे सम्मुख प्रकट हुई है। इस चमत्कार ने मुझे इतना हतप्रभ करके रख दिया कि मैं कोई मनोकामना करना ही भूल गया।

नीरमहल पहुँचते-पहुँचते दोपहर हो गई। दोपहर की धूप एकदम सफेद और पनीली है। फिर भी झील को जला रही है। धूप में जलती हुई झील स्तब्ध है और उसके जल पर यक्ष का पहरा पड़ा हुआ है। इधर पीपल की छाँव में बँधी नौका नाविक की राह तक रही है और उस पार नीर महल चमक रहा है।

मुझे मालूम है, उस पार कोई नहीं है क्योंकि कहीं कोई है ही नहीं।

लेकिन मन के भीतर सचिन देव बर्मन के खूब पके हुए धातुज स्वर में एक पुराना भटियाली गान उठ रहा है और मेरे ही भीतर गूँज रहा है—*मेरे साजन हैं उस पार /मैं मन मार/ हूँ इस पार/अबकी बार/ओ मेरे मांझी/ले चल पार...*

पता नहीं यह कैसे हुआ कि जो मेरे भीतर गूँज रहा था, बाहर भी उसने धुन पकड़ ली। अभी मैं विस्मय में था और नौका झील के बीच में, कि नाविक ने मेरे मन के भीतर-बाहर को समझ लिया और बिना कुछ कहे एक भटियाली गान सुनाने लगा—*ओ पागल/मेरे मन/ भाँति-भाँति की भाषा में /मत बोल।*

दोपहर की सफेद, पनीली धूप में नीरमहल बिना किसी गीत, बिना कोई कथा, एक सूनी आत्मा की व्यथा सा मिला।

वापसी में वही नीरमहल बिजली की रोशनी से जगमग है। दोपहर में झील जल रही थी। अभी झील शान्त है और जल शीतल है। शान्त झील के जल पर नीरमहल की जगमग छाया उतरा रही है। दोपहर का सूना महल रात के इस समय किसी मायामहल की तरह जाग रहा है।

लगता है, अभी वहाँ यक्षिणियाँ और किन्नरियाँ उतरी होंगी और संगीत सभा सज रही होगी। ऐसा, हर रात होता होगा जब जगमग रोशनी में नीरमहल किसी मायामहल की तरह जागता होगा। और फिर, जैसा कि रहस्य कथाओं में होता है, मायामहल में होनेवाला रासरंग पृथ्वीवासी मनुष्यों के लिए निषिद्ध होता होगा। इस निषेध का उल्लंघन करनेवाला मनुष्य पत्थर का हो जाता होगा या उसका दिमाग फिर जाता होगा।

हठात् मेरा ध्यान उस विक्षिप्ता की तरफ वापस लौटा जो मुझे त्रिपुरसुन्दरी के मंदिर के बाहर दिखी थी और उस समय मैंने उस निर्वसन युवती के सौंदर्य में कामाख्या के दिव्य रूप का दर्शन किया था। अब मन में सन्देह जाग रहा है और शंका हो रही है। कहीं ऐसा तो नहीं कि उस सुन्दरी ने किसी रात में, मायामहल में होनेवाले रासरंग को जानने का लोभ किया हो? और अब, उस निषेध उल्लंघन का दंड भोग रही है। उसने मायामहल में ऐसा क्या देख लिया होगा, जिसका परिणाम ऐसा दंडनीय और इतना यातनाकारी हुआ? समझ में नहीं आता।

दोपहर की धूप में जिन बस्ती, बाजारों के अलसाए, कुम्हलाए चेहरे देखते हुए हम इधर से निकले थे, अब वहाँ रौनक है और जगमग रोशनी

में सब कुछ चमकता सा दिख रहा है। हम उसी रास्ते से वापस लौट रहे है जिससे होकर बांग्लादेश की रेल लाइन को देखने के लिए गए थे। सुब्रत ने बताया था कि सुनामुड़ा बॉर्डर के साथ बांग्लादेश की रेल लाइन गुजरती है। बॉर्डर से पहले, रवींद्रनगर भारतीय चौकी है। बॉर्डर की तरफ जाने के लिए यहाँ, बी.एस.एफ. को सूचित करना पड़ता है।

हो सकता है कि जब हम वहाँ पहुँचें, उसी वक्त कोई ट्रेन हमारे सामने से गुजरे और उसमें लोग भी हों। उनमें से किसी की नजर हम पर पड़ेगी तो उसे जरूर हैरानी होगी कि कोई उनको और उनकी ट्रेन को देखने के लिए कितनी दूर से यहाँ तक आ सकता है। लेकिन रवीद्रनगर तक पहुँचते-पहुँचते शाम हो गई। यहाँ भी शाम के झुटपुटे में अजान सुनाई दी। मगरिब की अजान के इस वक्त, कल हम अखौरा बॉर्डर पर थे और आज सुनामुड़ा बॉर्डर के करीब। अजान दोनों तरफ से उठ रही है। सरहद के उधर भी और इधर भी। बांग्लादेश और भारत के अन्तर्राष्ट्रीय समय मान अलग-अलग हैं। लेकिन अजानें एक समय पर और एक साथ हो रही हैं। दोनों तरफ की अजानें भी एक ही होंगी। अजानें अलहदा कैसे हो सकती हैं?

रवींद्रनगर में सुब्रत ने परचून की एक दुकान से अपने घर के लिए ढाका की सेवइयाँ खरीदी। ढाका की सेवइयाँ, स्वादिष्ट बताई जाती हैं, और भारतीय रुपयों में खरीदने पर ढाका की बनिस्बत यहाँ सस्ती पड़ती हैं।

सरहद पार से होनेवाले ऐसे छोटेमोटे लेनदेन के लिए रवींद्रनगर से थोड़ा पहले पड़नेवाला कटक बाजार एक बड़ा बाजार है। इधर से चीनी उधर जाती है तो बदले में ताड़ का तेल और अंग्रेजी शराब उधर से आती है। इधर से उधर सामानों को लाना ले जाना पैदल और साइकिलों से होता है। यह हमारी आँखों के सामने से हो रहा है और बोध करा रहा है कि यहीं कहीं सरहद है और सरहद आर-पार हो रही हैं। आने-जानेवाले लोग, उनकी साइकिलें, उनका पहनना, उनका बोलना सब कुछ एक जैसा है। यहाँ दोनों तरफ के लोग एक जैसी बांग्ला बोलते हैं, जिसमें बांग्लादेश की बांग्ला गहरी घुली-मिली होती है।

कटकबाजार रोशनी से जगमग है और सरहद के इस बड़े बाजार में रौनक है। दुकानें छोटी-छोटी हैं लेकिन माल से भरी हुई और ग्राहकों से गुलजार हैं।

दोपहर में हमने नलछेड़ा बाजार में भोजन किया था। अब वहीं बैठे चाय

पी रहे हैं। बाजार में भारी भीड़ हो रही है। पारम्परिक वैष्णवी कीर्तनियों की कोई प्रतिष्ठित मंडली आई हुई है। यह भीड़ उसी के लिए है।

बाजार के बीचोबीच बहुत बड़ा और खुला मंडप बनाया गया है। लकड़ी के खंभों पर छप्पर डालकर फूस की छाजन की गई है। चारों तरफ खुले रास्ते छोड़े गए हैं। इन रास्तों पर बाँस की कमानियाँ तानकर तोरण बनाए गए हैं और इन पर रंगबिरंगी झंडियों, पताकाओं की सजावट है।

छत्तीसगढ़ में भी वहाँ के एक आनुष्ठानिक लोक महोत्सव 'रहस' के लिए ऐसे ही मंडप बनाए जाते हैं। 'रहस' कृष्ण की रासलीला ही है। मुझे लगता है कि कृष्ण की भक्ति परम्परा का फैलाव जहाँ तक है, वहाँ लोकमंचीय प्रस्तुतियों में ऐसी समानताएँ उनके रूप, विधान या अनुष्ठान में कहीं-न-कहीं मिलेंगी ही।

मेरा अनुमान है कि इस समय यहाँ 10 हजार से भी अधिक श्रद्धालु दर्शकों की भीड़ है। कीर्तन मंडली में 10-12 लोग दिख रहे हैं। ढीले-ढाले पीतांबरी वस्त्र और लम्बे काले केशों वाले ये कीर्तनिए प्राय: सबके सभी मध्यवय के और लम्बे छरहरे शरीरों वाले हैं। इनके पैरों में घुघरू और चेहरों पर चन्दन रोली, हल्दी से चित्रित आकृतियों की सजावट है जो रोशनी में चमक उठती है। ऐसे में वे लोग किसी अन्य लोक से आए हुए प्राणी लगते हैं।

उनके साथ हारमोनियम, खोल, मंजीरे, करताल, एकतारा जैसे पारम्परिक वाद्य हैं। वे गा रहे हैं और गाते-गाते भाव-विभोर होकर नाचने लगते हैं। नाचते-नाचते भावावेश में मंडप से बाहर निकलकर दर्शकों के बीच भी चले आते हैं। रोते-रोते किसी दर्शक के गले लिपट जाते हैं। इस दशा में दोनों भाव विह्लल पहले तो एक साथ मिलकर रोते हैं, फिर एक-दूसरे को शान्त करते हैं। इस बीच कीर्तन यथावत चलता रहता है।

शायद ये सब-की-सब किसी भी पारम्परिक वैष्णवी कीर्तन की सहज अवस्थाएँ और प्रशिक्षण, प्रस्तुतियों का स्वीकृत पाठ्क्रम है। दर्शकों में भी, सामने की पंक्ति में वे ही अनुभवी और वयोवृद्ध लोग होते होंगे जो इन भाव दशाओं को अच्छी तरह से समझते है या स्वयं कोई पुराने कीर्तन गुरु होते होंगे।

मैं कुछ भी नहीं समझ रहा हूँ क्योंकि सब-का-सब बांग्ला में है और वह भी उस बांग्ला में जो बांग्लादेशी अधिक है। फिर भी मैं सब कुछ समझ

रहा हूँ। क्योंकि इसमें भाषा से भाव प्रबल है।

जगन्नाथ मंदिर की अतिथिशाला में भोर कुछ अलग लगी। अलग इस अर्थ में कि कल मैं होटल में था और सुबह आराम से उठा था। उठने के बाद भी देर तक सबेरे की चाय पीता बैठा रहा। लेकिन आज, अभी रात का अँधेरा बाकी रहा तभी मैं जाग चुका था। मंदिर की अतिथिशाला में और लोग भी थे। वे मुझसे पहले जाग चुके थे और अब सबके सब उस हलचल में शामिल थे, जो प्रात: कालीन पूजा-अर्चना के लिए वहाँ हो रही थी।

सच कहूँ? पता नहीं क्यों, मैं उस पावनता बोध को आत्मस्थ नहीं कर पाया जिसके लिए इस मंदिर की अतिथिशाला में रहने की इच्छा जागी थी। फिर भी स्नान-ध्यान से निवृत्त होकर आज की अपनी यात्रा के लिए एक देव स्थान से प्रस्थान करना अच्छा लग रहा है। इसमें कुछ शुचिता का भाव है, कुछ दिव्यता का। अभी सुबह का उजाला नहीं हुआ है और मार्च के पहले हफ्ते में अभी यहाँ ठंडक है।

इन दिनों त्रिपुरा में भूमिगत संगठनों की गतिविधियाँ शान्त हैं फिर भी अगरतला से चलनेवाली यात्री बसों के साथ हथियारबन्द दस्तों के 'एस्कार्ट' चलते हैं। दूर जानेवाली बसें प्राय:सुबह छह बजे के आसपास निकलती हैं और धर्मनगर यहाँ से दूर है।

धर्मनगर उत्तरी त्रिपुरा जिले में है और त्रिपुरा राज्य में उत्तरी त्रिपुरा एकदम दूसरे छोर पर है। त्रिपुरा की प्रशासनिक राजधानी अगरतला है, लेकिन धर्मनगर को त्रिपुरा की लोक संस्कृति का केन्द्र माना जाता है। त्रिपुरा का यह हिस्सा रेल से भी जुड़ा हुआ है। सिलचर की तरफ से आनेवाली छोटी लाइन कुमारघाट रेलवे स्टेशन तक आती है। रास्ते में पड़े हुए कांक्रीट के स्लीपरों को देखकर अंदाजा होता है कि बड़ी लाइन में बदलने का काम शुरू होने को है।

धर्मनगर पहुँचते-पहुँचते दोपहर हो गई। सुबह के समय घुमावदार पहाड़ी रास्ते अच्छे लगे थे। फिर काफी दूर तक मैंने सड़क के साथ-साथ चलनेवाली पहाड़ियों में अनन्नास की झाड़ियों को पहचानने में अपना मन लगाया। मैंने अभी तक फलता हुआ अनन्नास नहीं देखा है और यहाँ भी अनन्नास के फलने में अभी समय बाकी है। लेकिन इतनी देर में मैं अनन्नास की झाड़ियों को पहचानने लगा।

रास्ते में पड़नेवाले गाँवों की बसाहट एक-दूसरे से काफी दूरियों पर मिलती हैं। लेकिन पीछे छूटते जानेवाले गाँवों का आर्थिक-सामाजिक रूप एक नजर में पकड़ में आनेवाला है। कुछ घर बाँस, मिट्टी की दीवारों पर ताड़ के पत्तों और फूस की छप्पर वाले। कुछ की छप्परों पर ताड़ के पत्तों और फूस को ढकती हुई टिन की चादरें। कुछ और बेहतर घरों में लकड़ी के खंभों की मजबूती और दरवाजे-खिड़कियों पर बाँस की कलात्मकता।

फिर एकरसता उबाने लगी और धूप थकाने लगी। धर्मनगर पहुँचते-पहुँचते भूख भी लग आई लेकिन कुछ खाने को मन भी नहीं कर रहा है। तपन नाग ने फूलों से स्वागत किया और फिर इस मौसम का पहला तरबूज खिलाया। तपन नाग यहाँ नेहरू युवा केन्द्र में उप निदेशक हैं।

तरबूज ने चित्त को शान्त किया और तात्कालिक राहत पहुँचाई। इस समय, शायद इसी की जरूरत थी। गर्मियों के इस चित्ताकर्षक फल की तासीर अजीब ठंडक पहुँचानेवाली होती है। मध्य एशिया से आकर भारत में बसनेवाले पहले मुगल, बाबर पर केन्द्रित उपन्यास 'बाबर' के रूसी लेखक का नाम इस समय याद नहीं आ रहा है। उपन्यासकार लिखता है कि मध्य एशिया से आए हुए मुगल सिपाहियों के लिए यहाँ की गर्मी बेचैन करनेवाली होती थी। उस बेचैनी और तपिश को यही तरबूज शान्त करता था।

धर्मनगर का सर्किट हाउस बड़ा और आरामदेह है। रास्ते की थकान ने थोड़ी देर के लिए शरीर को अलसाया और सर्किट हाउस ने मन को आराम के लिए ललचाया। लेकिन इस लालच में फँसने पर रांघना पहुँचने में देर हो सकती थी।

यहाँ से कोई 20-22 कि.मी. पर रांघना इधर का आखिरी भारतीय गाँव है। उधर सिल्हट जिले का बटुली बांग्लादेश का पहला गाँव होगा। संयुक्त बंगाल का सिल्हट जिला अब बदलकर मौलवीबाजार हो गया है। दोनों के बीच बहनेवाली रांघना नदी भारतीय सीमा में है। इसलिए, उसके किनारे बसे गाँव को उसका नाम मिल गया। इधर नदी है, तो उधर बांग्लादेश की रेल लाइन। आँखों पर जोर दें तो क्षितिज के साथ रेल लाइन भी दिखने लगेगी। यहाँ से बांग्लादेश का पहला रेलवे स्टेशन होगा पुलाउड़ा।

रांघना अपनी कहानी खुद सुनाने के लिए हमारा रास्ता देखता मिला।

तपन नाग इसी गाँव के हैं। यहाँ उनका अपना पुश्तैनी घर है। उपवन सा सुन्दर घर, जिस पर सुपाड़ी और नारियल जैसे नहीं मुरझानेवाले पेड़ों की हरियाली है। नारियल के पेड़ इस समय हरे-हरे फलों से लदे हुए हैं और अपनी तरफ ललचाते हैं। लेकिन उपवन सा सुन्दर घर अब सूना है। अब यहाँ कोई नहीं रहता। तपन नाग ने अपना पुश्तैनी घर, नाते-रिश्तेदारों के भरोसे छोड़ दिया है और खुद धर्मनगर में जा बसे हैं।

तपन नाग की तरह और भी घर-परिवारों के लोग अपने इस पुश्तैनी गाँव को छोड़कर धर्मनगर और आसपास जा बसे हैं, जहाँ जीवन की सुरक्षा हो। रांघना क्रमशः सूना पड़ता जा रहा है।

यह सिलसिला बहुत पुराना नहीं, इधर के 2-3 वर्षों में शुरू हुआ है और तब से लगभग 1500 की जनसंख्या वाले इस सरहदी भारतीय गाँव के 50-60 जन अपना गाँव-घर छोड़कर जा चुके हैं। और यह पलायन रुक नहीं रहा है क्योंकि उधर से खतरा नहीं रुक रहा है। बांग्लादेश की तरफ से सशस्त्र डकैत और आतंकवादी इधर आते हैं और गाँव के लोगों को उठाकर ले जाते हैं। फिर 2 लाख से 5 लाख रुपयों (भारतीय मुद्रा) की फिरौती लेकर वापस छोड़ते हैं। इनके अड्डे उधर, बटुली और गाजीपुर के पहाड़ी इलाकों में हैं। गाँव के लोगों का कहना है कि इन डकैतों और आतंकवादियों की पीठ पर बी.डी.आर. (बाग्लादेश राइफल्स) के हाथ हैं।

क्यों इस तरफ बॉर्डर सिक्यूरिटी फोर्स की भारतीय चौकी नहीं? इस सवाल के जवाब में उन लोगों ने मुझे ले जाकर, बी.एस.एफ. की भारतीय चौकी के सामने खड़ा कर दिया। चौकी खाली मिली। न कोई सिपाही, न किसी सिपाही के होने का निशान।

अब मुझे समझ में आ रहा है कि यहाँ, इस समय मैं भारत-बांग्लादेश के बीच एकदम असुरक्षित सरहद पर हूँ। यहाँ के लोग अपनी रक्षा के उपाय आप कर रहे हैं। रांघना के लोगों ने मिलकर ग्राम रक्षा समिति का गठन कर लिया है, और दलों में बँटकर बारी-बारी से रात में गश्त करते हैं। ग्राम रक्षा समिति के ये स्वयंसेवक निहत्थे होते हैं, और उधर से हमला करनेवाले डकैत और आतंकवादी आग उगलनेवाले हथियारों से लैस।

यहाँ दोनों देशों के बीच स्थित 'उभय भूमि' (नो मेंस लैंड) पर बाड़

घेरने का काम अभी शुरू होने को है। इसके लिए भूमि अधिग्रहण का बड़ा पेचीदा काम, इससे भी पहले होना है। इसमें सबसे बड़ी पेचीदगी ये है कि दोनों देशों के बीच 150 मीटर चौड़ी 'उभय भूमि' पर कम-से-कम 50-60 किसानों के खेत भी आ रहे हैं। इन खेतों से हर मौसम की फसल ली जा रही है और इन खेतों के किसान इधर, रांघना के भी हैं और उधर, बटुली के भी। जमीनों के बँटवारे का ये पेचीदा निपटारा तो किसी-न-किसी तरह हो ही जाएगा और मिल्कियत का मुआवजा मिल जाएगा, जिसमें जमीन से जुड़ाव का दाम भी शामिल होगा। लेकिन नाते-रिश्तेदारियाँ तो फिर भी इधर और उधर के बँटवारे के बावजूद रहेंगी। और बँटी हुई इन रिश्तेदारियों की डोरें एक-दूसरे को आपस में बाँधे रखेंगी।

रांघना के लोगों के साथ मैं नदी के उस पार उतरा तो बांग्लादेश में था। एक देश फलांग कर दूसरे देश में इस तरह बेरोकटोक दाखिल होने का अनुभव अपने को विस्मित, विमुग्ध करनेवाली सबसे सघन अनुभूतियों से स्पंदित है। उधर एक टीले पर खड़े होकर रांघना के लोगों ने मुझे बटुली के घर दिखाए जहाँ उनकी रिश्तेदारियाँ है, और शादी-ब्याह, जचकी जापा के मौकों पर उनका आना-जाना होता रहता है।

इन लोगों ने उन लोगों को आवाज देकर बुला लिया, जिनके खेत उभय भूमि की 150 मीटर की पट्टी में फँसे हुए हैं। मैं उन लोगों को छू सकता हूँ, उनके साथ बात कर सकता हूँ और उनके घर-परिवार के हाल-चाल पूछ सकता हूँ। ऐसा करते हुए अपने को भरोसा दिला सकता हूँ कि मैं उनके साथ सुख-दुख में शामिल हो रहा हूँ।

यह एक सन्तोष प्रदान करनेवाला अनुभव है और यह अखौरा बॉर्डर से अलग अनुभव है, सुनामुड़ा बॉर्डर से भी अलग। अखौरा बॉर्डर में मैंने अपनी उपस्थिति दर्ज की थी और किसी वर्जना को तोड़ने का सुख लेकर वहाँ से लौटा था। सुनामुड़ा बॉर्डर पर सरहद के होने का आभास था और यह आभास कविता के अमूर्तन की तरह वहाँ स्पंदित था। वह स्पंदन अभी बना हुआ है। लेकिन यहाँ, रांघना में सह अस्तित्व का जीवन मेरे सामने है। आतंक और पलायन के बावजूद यहाँ सम्बन्धों का विश्वास कायम है, और यह विश्वास नदी के इस पार और उस पार एक जैसा है।

रांघना तपन नाग का पुश्तैनी गाँव है। यहाँ उनके नाते-रिश्तेदार हैं। इस बार तपन नाग, शायद बहुत दिनों बाद अपने गाँव आए हैं, और अपने साथ एक मेहमान को लेकर आए हैं। गाँव के लोग मेहमान के साथ चाय-पानी का शिष्टाचार निभाना चाहते हैं। लेकिन मुझे नारियल के हरे-भरे फल ललचा रहे हैं, और अपनी यह लालच मैंने उनसे छियायी भी नहीं। नारियल पानी मुझे इतना पसन्द है क्योंकि यह हर कहीं नहीं मिलता। लेकिन एक नारियल में जितना सारा और जितना मीठा पानी मुझे रांघना में मिला, वैसा कहीं और नहीं मिला। कम-से-कम अब तक तो नहीं।

आज फाल्गुन की पूर्णिमा है। चन्द्रमा अपने समय से कुछ पहले निकल आया है। फिर भी खिला हुआ है और जमीन आसमान को चाँदनी से बाँध रहा है। चाँदनी चटक चमकीली है और भरपूर उजाला फैला रही है। इस उजाले में आसमान खुला-खुला और दूर तक फैला हुआ दिख रहा है। कुछ और नजदीक भी लग रहा है। शाम के ऐसे समय में क्रमशः सूनी पड़ती जा रही एक बस्ती को अकेला और उसके हाल पर छोड़कर निकल आना, मन को दुखानेवाला है।

कल होली होगी। लेकिन आज यहाँ कहीं भी होलिका दहन की तैयारी नहीं दिखी। अलबत्ता धर्मनगर के काली मंदिर में संध्या आरती हो रही है। पूर्णिमा पर यहाँ विशेष आरती-पूजा होती है। उसके लिए मंदिर के प्रांगण में धर्मप्राण सुहागिनें एकत्रित हुई हैं। उन्होंने शंख बजाए और मिलकर उलू ध्वनियाँ कीं।

मंदिर से उठनेवाली ये पवित्र ध्वनियाँ संधिकाल को आप्लावित कर रही हैं और एक दुखते हुए मन को शान्त कर रही हैं।

मिजोरम

अभी जो है वही जीवन है

कहते हैं कि सांध्य तारा मनोकामना पूरी करता है।

सांध्य तारा ठीक मेरे सामने उदित हुआ। मैंने कामना की कि शाम की यह अतल उदासी संगीत में बजने लगे और जहाँ भी एकान्त व्याप्त है वहाँ जगमग रोशनी हो जाए। फिर मैंने सर झुकाया और आँखें मूँद लीं। मेरे अपने मन की उदासी, शाम को निपट अकेलेपन में डुबो रही थी। और मुझे निराशा घेर रही थी कि आइजल के सौन्दर्य का स्पर्श पाये बिना कल की सुबह यहाँ से चले जाना है?

अपनी निराशा से उबरने के लिए मैंने आँखें खोलकर देखा तो सांध्य तारा का चमत्कार घटित होने लगा था। चाँदमारी के पहाड़ी कटाव पर आइजल की सांझ गहरा रही थी और वह रोशनियों के जागने का समय था। नीचे, गहरी खाई में अंधियार का सागर लहरा रहा था और लहरें उठ रही थीं। उठ रही लहरें आसमान को छू रही थी और उन पर असंख्य फूल खिल रहे थे। नीचे, अँधेरे विशाल विवर में इतने सारे जहाज एक साथ ऊभ-चूभ कर रहे थे, जितने संसार के किसी भी बन्दरगाह पर एक समय में नहीं देखे गए होंगे। ये जहाज कई-कई मंजिलों जितने ऊँचे हैं और उनके भीतर की रोशनी छन-छनकर

बाहर आ रही है। ऐसा लगा, जैसे यह सृष्टि मायावी मय की रची हुई है। मय ने इसे अपनी माया से रचा है।

लेकिन ऐसा लगना सही नहीं है। क्योंकि, इस समय जो भी आँखों के सामने है, वह सब का सब मनुष्य के ही पुरुषार्थ की रचना है। इस समय, चाँदमारी के इस कटाव के ठीक सामने आइजल की शाम जगमगा रही है और लोहे की ठंडी रेलिंग के सहारे झुककर मैं नीचे गहरी खाई में झाँक सकता हूँ। जगमग रोशनी से भरे-पूरे घर अपने लोगों के लौटने की प्रतीक्षा कर रहे हैं। वहाँ, जिनकी प्रतीक्षा हो रही है वे लोग दिन भर के बाद अब घर लौट रहे होंगे। घर लौट रहे लोग जल्दी में हैं और तेज-तेज चल रहे हैं। इस समय आइजल के सारे वाहनों के मुँह घरों की तरफ हैं। हेड लाइट्स की रोशनियों ने एक-दूसरे के साथ गुँथकर जंजीर बना ली है और पूरी सड़कों पर खिंच गई हैं। इन जंजीरों के बीच से होकर सड़क पार करने के लिए थोड़ी सी जगह भी खाली नहीं दिख रही है।

मिजोरम में पढ़े-लिखे लोगों का प्रतिशत बहुत ऊँचा है ये पढ़े-लिखे लोग किसी-न-किसी रोजगार, धंधे से जुड़े मिलेंगे। चाहे वह सरकारी नौकरी हो या खुद का अपना रोजगार। स्त्री-पुरुष, दोनों किसी-न-किसी काम-धंधे में लगे मिलेंगे। वही लोग अब, दिन भर के बाद अपने घरों को वापस लौट रहे हैं। घर, जो जगमग रोशनी से भरे-पूरे हैं और लोगों के लौटने की प्रतीक्षा में हैं। यहाँ शाम जल्दी पड़ती है और रात गहरी होती है। गहरी रात में रोशनी आवाज देकर घर बुलाती है।

मुझे अपनी ही कविता की कुछ पंक्तियाँ याद आ रही हैं—

दीया-बाती के ऐसे समय में
घर पहुँचने को बेचैन
वैसी भीड़ में
एक मैं क्यों ना हुआ
साइकल थामे
सड़क पार होने की प्रतीक्षा में
साइकल के हैंडल से लटकाए
सब्जियों वाला थैला

मेरी हाथ घड़ी में नहीं
हुआ घर वापस लौटने का समय कभी...

आइजल सुन्दर है। मैंने सुना था।

आइजल सुन्दर है। उसका सौन्दर्य मैंने जी लिया। जीने के लिए एक शाम पर्याप्त होती है, यदि उसमें जीवन का स्पर्श हो। आइजल के सौन्दर्य में जीवन का स्पर्श है।

स्कूल के दिनों में, प्रारम्भिक भूगोल में पढ़ा था कि जहाँ पहाड़ होते हैं वहाँ भूकम्प आने की आशंका बनी रहती है। इसलिए, पहाड़ी बस्तियाँ बाँस और लकड़ियों के हल्के-फुल्के घरों में बसती हैं। लेकिन आइजल कई-कई मंजिलों वाली ऊँची और आलीशान इमारतों से आबाद है। इन पर साँझ की छाया पड़ती है तो ये इमारतें कई-कई मंजिलों वाले जहाजों की तरह लगने लगती हैं।

शायद यहाँ के लोग भूकम्प से निशंक हो चुके हैं। या यहाँ के लोगों ने जीवन को समझ लिया है कि अभी जो है वही जीवन है।

पूर्वोत्तर के जिन राज्यों में प्रवेश के लिए 'इनर लाइन परमिट' की अनिवार्यता लागू है, मिजोरम उनमें से एक है। लेकिन मिजोरम ने इसे सरल बनाया है। और अपने यहाँ प्रवेश के लिए 'इनर लाइन परमिट' की जगह, भारतीय नागरिकता को प्रमाणित करनेवाले किसी भी वै्ध 'परिचय-पत्र' को मंजूर कर लिया है। मिजोरम को यह बात समझ में आ चुकी है कि प्रतिबंध लगाकर पर्यटकों को अपने यहाँ नहीं बुलाया जा सकता।

यहाँ, मिजोरम पर्यटन विभाग के निदेशक, एक आई.ए.एस. अधिकारी हैं। उन्हें नजदीक से जाननेवाले यहाँ के और यहाँ से बाहर के भी लोग साम पुइया कहते हैं। मिजोरम के एक और आई.ए.एस. अधिकारी, रॉबर्ट हरंगडोला छत्तीसगढ़ कैडर में हैं, उनमें मेरा पुराना परिचय है। साम पुइया उन्हें अच्छे से जानते हैं। मिजोरम को जानने के लिए रॉबर्ट हरंगडोला ने मुझे एक पुस्तक दी थी—'मिजोरम व्हेयर बैंबू फ्लॉवर्स' (मिजोरम जहाँ बाँस फूलता है)।

उससे पहले मैंने बाँस के फूल नहीं देखे थे। न मुझे यह पता था कि बाँस के फूल अपने साथ कैसी विभीषिका लाते हैं। मिजो लोग मानते हैं कि वे (बर्मा) म्यांमार से पलायन करके यहाँ आए हैं और एक दिन वहाँ लौटेंगे। वहाँ, उनके पूर्वज, पहचान के लिए बरगद का एक पेड़ लगाकर आए थे।

जब उस पेड़ की छाया इतनी फैल जाएगी कि सब-के-सब उसके नीचे आश्रय पा सकें, तब ये लोग वहाँ लौट जाएँगे। वहाँ इनके देवता का वास है। वह देवता पवित्र पर्वत की एक चट्टान में विद्यमान हैं। जनश्रुति है कि एक बार वहाँ बाँसों में अरअरा के फूल आए थे। और बाँस के फूलों के पीछे-पीछे अकाल, भूख और महामारी। तब इनके पूर्वजों ने वहाँ से पलायन किया था और यहाँ आए थे। अब, यहीं के होकर रह गए। वहाँ की बातें अब, बस जनश्रुतियों में ही बचीं।

मिजोरम ने ईसाई मत और अंग्रेजी को पूरी तरह अपना लिया है। लेकिन अपनी आन्तरिक संरचना और परम्पराओं में मिजो लोग अभी तक आदिवासी हैं। किसी आदिवासी समाज का, आधुनिकीकरण में यह रुपान्तरण सचमुच एक सन्तुलित आदर्श प्रस्तुत करता है। आधुनिक शिक्षा के साथ सहज जुड़ाव के लिए, मिजोरम के आदिवासी कबीलों ने सर्वसम्मति से निर्णय लेकर रोमन लिपि को अपना लिया है। लेकिन, अपनी निज भाषा को बनाए रखा है, जो मिजो ही है। ईसाई धर्म और अंग्रेजी व्यवहार के बावजूद इन आदिवासी कबीलों ने अपनी लोक संस्कृति और कलाओं को भी उनके पारम्परिक रूपों में सुरक्षित बचाए रखा हैं।

चापचर कुट मिजोरम का सबसे बड़ा वार्षिक सांस्कृतिक कार्यक्रम है, जो मिजो माह 'वाउ थ्ला' के किसी दिन आयोजित होता है। मिजो लोगों ने अपने यहाँ दिन, माह और तिथियों को ग्रेगोरियन कैलेंडर के साथ मिला लिया है। इस वर्ष चापचर कुट 'वाउ थ्ला' के 12वें दिन, अर्थात मार्च माह की बारहवीं तारीख को पड़ेगा। इस सांस्कृतिक उत्सव में मिजोरम की सभी जनजातियाँ आज भी अपनी रंगबिरंगी कबीलाई साज-सज्जा में शामिल होती हैं और अपनी पारम्परिक कला प्रस्तुतियों के साथ उत्सव मनाती हैं। इसमें मिजोरम का वह बाँस, नृत्य 'चीरो' भी शामिल होगा जिसमें ध्वनि की लयबद्धता और गति की चपलता का आश्चर्यजनक कलात्मक सामंजस्य होता है।

लेकिन 12 मार्च को तो इम्फाल-कोलकाता फ्लाइट से मेरी वापसी की बुकिंग है।

लोककला के शुद्ध आनंद को मैंने अपने अंधविश्वास से जोड़ रखा है, जो भाग्य होने पर ही हिस्से में आता है। इसके लिए, चलकर वहाँ उस

नैसर्गिक प्रसार में पहुँचना होगा जहाँ लोक कला का कोई रूप अपनी दिव्यता में हमारे सामने अकस्मात् प्रस्फुटित होता है। उस दिव्य क्षण में वहाँ, हमारी अपनी उपस्थिति भी अकस्मात होती है, नियोजित नहीं। मेरा यह अंधविश्वास लोककलाओं के नियोजित प्रायोजित कार्यक्रमों को नामंजूर करता है। मिजोरम के इस लोक महोत्सव चापचर कुट के विषय में मैं दुविधा में हूँ कि इसे नियोजित कार्यक्रम मानूँ या मिजो जनजातियों का लोक समागम? इस समागम में उनकी स्वाभाविक कला अभिव्यक्तियों का सामूहिक प्रदर्शन होता है। समझ लें कि अपने यहाँ के पारम्परिक मेले-मड़इयों जैसे।

चापचर कुट मेरे भाग्य में नहीं हैं। इससे कुछ निराशा भी हुई। मेरी निराशा को कुछ कम करने के लिए साम पुइया ने मुझे, मिजोरम सरकार के जन सम्पर्क विभाग का रंगबिरंगा कैलेंडर और सुन्दर सी डायरी भेंट की। कैलेंडर के मार्च माह वाले पृष्ठ पर चापचर कुट का चित्र प्रकाशित हैं।

तो, मुझे तसवीर से दिल बहलाना है?

कल का आधा दिन तो रास्ते में ही निकल गया था। बकाया आधा दिन, यहाँ पहुँचकर अपना ठौर-ठिकाना करने में लग गया।

दोपहर में कहीं पहुँचना, आदमी को इधर का छोड़ता है, न उधर का बचाता है। लेकिन सिलचर से आइजल के बीच चलनेवाली टैक्सियाँ दोपहर तक आइजल का एक फेरा करके, शाम ढलते-ढलते सिलचर वापस हो जाती हैं और वहाँ रात रुकती हैं। इस रास्ते में, कोलासिब में 'इनर लाइन परमिट' और दूसरे परिचय-पत्रों की जाँच होती है। सामान-असबाब की तलाशी भी होती है। सिलचर की तरफ से आने पर कोलासिब, एक तरह से, मिजोरम का प्रवेश द्वार है।

आइजल में, मेरा रास्ता देखते हुए, वूजा कैप टैक्सी वाले के ऑफिस में ही मिल गए। यह भी वहाँ, इम्फाल में बैठे डॉ. राम लखन राय का ही सौजन्य—सहयोग है। डॉ. राय अपने सेल फोन से रिमोट-कंट्रोल बनाए हुए हैं। और मुझे कहीं भी अकेला नहीं पड़ने दे रहे हैं। मैंने, यहाँ से, इम्फाल जाने के लिए सड़क का रास्ता सोच रखा था। लेकिन उन्होंने एक झटके में मेरा उत्साह ठंडा करके रख दिया—रास्ते भर पहाड़ और बस पहाड़। कितना देखेंगे? और रास्ते इतने घुमावदार कि यहाँ पहुँचते-पहुँचते हड्डियाँ हिल जाएँगी।

उनका सुझाव है कि आइजल-इम्फाल फ्लाइट के लिए तुरन्त टिकट ले लूँ। अभी मिल जाएगी। मुश्किल से 50 मिनट की फ्लाइट है। आराम रहेगा। वूजा केप टिकट बुक करा देंगे। वूजा केप एक वृद्ध सज्जन हैं। लेकिन स्थानीय होने के कारण मेरे लिए काफी सहायक होंगे।

वूजा केप यहाँ नेहरु युवा केन्द्र के साथ जुड़े हुए हैं। उन्होंने मेरे लिए होटल अहिंसा में पहले से बुकिंग करा रखी थी। होटल अहिंसा, मध्यम दर्जे में, आइजल के अच्छे होटलों में गिना जाता है। मुझे लगा था कि यह किसी जैनी का होटल होगा। इसलिए, इसका नाम अहिंसा है। और वूजा केप ने शायद मुझे महात्मा गांधी का अनुयायी समझा होगा। इसलिए, इसे बुक किया।

मैं खुद नहीं समझ पा रहा हूँ कि होटल अहिंसा मुझे किसी जैनी का होटल क्यों लगा? और वूजा केप ने मुझे महात्मा गांधी का अनुयायी कैसे समझ लिया? यह एक दिलचस्प पहेली की तरह लगता है। होटल अहिंसा की दीवारों का रंग लाल और खूब गाढ़ा है। जैसे, सीधे किसी चीनी ड्रैगन का चित्र उतरकर अभी-अभी आया हो। चीनी ड्रैगन का यह गाढ़ा लाल, पीला, नीला रंग आइजल की सजावट में खूब मिलता है।

होटल की खिड़की से बाहर पहाड़ों की छायाएँ अमूर्तन चित्रकारी की तरह वैचारिक जटिलताएँ रच रही हैं। मन को किसी एक जगह टिकने नहीं देतीं। समूचा शहर जगमग रोशनी की झालर बना इन छायाओं पर लटक रहा है। रोशनी की इन झालरों और छायाओं के बीच कहीं, होटल अहिंसा की वह रिसेप्शनिस्ट भी होगी, अभी थोड़ी देर पहले ही जिसकी ड्यूटी पूरी हुई थी और दिन भर के बाद वह मुक्त हुई थी। होटल के खाली समय में मैंने उसे गुनगुनाते हुए सुना था। तभी मेरा ध्यान उसकी तरफ गया था। देखने में वह भली और लगने में अच्छी है। उसका गला सुरीला है। वह कोई मिजो गीत गा रही थी। मैंने उससे गीत का अर्थ पूछा। उसने बताया कि यह एक प्रेम गीत है। यह बताते हुए उसकी आँखों से प्रेम छलक रहा था।

मैं अनुमान कर रहा हूँ कि इस समय, वह जहाँ भी होगी वह गा रही होगी और उसका पे्रमी गिटार बजा रहा होगा।

मिजोरम संगीत से भरपूर है। यहाँ, जन्म से लेकर मृत्यु तक, सभी संस्कारों के लिए संगीत की निर्धारित संहिता है। मिजोरम प्रेम से भरपूर होगा,

क्योंकि संगीत और प्रेम एक-दूसरे से आबद्ध होते हैं।

मार्च महीने के दूसरे हफ्ते में आइजल अभी ठंडा है। होटल से बाहर निकलते समय ऊपर से विंडचीटर डालना जरुरी लगा। वापस लौटकर कमरे में आया तो रूम ब्वॉय खिड़की के शीशे पर पर्दे डालकर और बिस्तर ठीक करके जा चुका था। कम्बल ओढ़कर सोना आरामदायक लगा।

वूजा केप ठीक नाश्ते के समय होटल पहुँच गए। लेकिन खुद घर से नाश्ता करके आए हैं। अलबत्ता, हम साथ-साथ चाय पिएँगे।

आइजल के रास्ते खूब उतार-चढ़ाव वाले और घुमावदार हैं। वूजा केप को, इनके बीच से निकलनेवाली सँकरी गलियाँ पता हैं। इन गलियों से होकर कहीं पहुँचने के रास्ते छोटे हो जाते हैं। और जल्दी पहुँचाते भी हैं।

किसी कंडक्टेड टूर के साथ यहाँ आया होता तो इन सँकरी गलियों को देखे बिना, दिखावटी सजावटी आइजल में भटक कर बाहर ही बाहर निकल गया होता। मुझे लगता है कि मैं असल आइजल को देख रहा हूँ। एक आइजल इन सँकरी गलियों में भी बसता है। इन गलियों में घरों के पिछवाड़े खुलते हैं, पतली सड़कें और नालियाँ हैं। फिर भी साफ-सफाई है। कोनों में सब्जी-भाजी और रोजमर्रा के सामानों की छोटी-छोटी दुकानें हैं। इन दुकानों में सामानों के दाम, मुख्य सड़क की बड़ी दुकानों से कम होंगे। यहाँ की पढ़ी-लिखी युवतियाँ इन दुकानों को चलाती हैं। जब दुकानों पर ग्राहक नहीं होते तब ये पढ़ी-लिखी युवतियाँ आपस में हँसती-बोलती और मन बहलाती हैं या गीत गाती है। यह हँसना बोलना और गीत गाना किसी अजस्त्र रस धार की तरह उनकी आन्तरिकता में से प्रस्फुटित होता है।

घरों के पिछवाड़े वाले इन रास्तों पर, यहाँ भी, बच्चे अपने खेल, खेल रहे हैं और उनकी देखभाल करनेवाली उनकी माँएँ या बहनें उनकी तरफ से पूरी तरह निश्चिन्त हैं। घरों से निकलकर स्कूल जानेवाले बच्चे अलग से नजर आते हैं। उनके स्कूली यूनिफॉर्म और किताब-कॉपियों से भरे बस्ते अलग से उनकी पहचान करा देते हैं। इनमें लड़कियाँ अधिक हैं। मुख्य सड़क पर इन्हें स्कूल जानेवाली, पीली बस मिल जाएगी। थोड़ी देर में वूजा केप थक गए और हाँफने लगे। उन्होंने बताया कि दो-तीन दिनों से उनके घुटनों में दर्द भी है। इस उम्र में, इस तरह के दर्द होंगे ही। सच तो यह है कि मैं कुछ अधिक

ही थका हूँ, क्योंकि इतने उतार-चढ़ाव वाले रास्तों का मुझे अभ्यास नहीं है। फर्क है तो बस इतना कि मेरे घुटनों में दर्द अभी शुरू नहीं हुआ है और मैंने अपनी थकान को छिपाकर रखा है इसलिए हाँफ नहीं रहा हूँ। मेरा मन कर रहा है कि टैक्सी ले ली जाए। दिन भर के लिए आराम हो जाएगा। लेकिन वूजा केप का कहना है कि सिटी बस से काम चल सकता है तो फिर टैक्सी पर फिजूलखर्ची क्यों की जाए?

आइजल की सिटी बसें आरामदायक और बिना भीड़-भाड़ वाली मिलीं। ये 30-35 सीटों वाली छोटी बसें हैं। लेकिन, आइजल के घुमावदार पहाड़ी रास्तों के लिए छोटी बसें अधिक उपयुक्त हैं। आइजल में टैक्सियाँ खूब हैं। यहाँ के पढ़े-लिखे युवकों में नई कारें खरीदकर टैक्सी चलाने का शौक भी खूब है। इसमें रोजगार और शौक दोनों साथ-साथ पूरे होते हैं।

टैक्सियाँ हों या निजी कारें, यहाँ प्रायः सभी पर, देवनागरी के 4 (चार) अंक से मिलते-जुलते प्रतीक चिह्न वाले लाल रंग के स्टिकर दूर से दिखाई देते हैं। यहाँ 'एड्स' का प्रकोप इतना फैला हुआ है या यह एड्स नियंत्रण कार्यक्रम के विज्ञापन का फैलाव हैं?

आइजल हरे-भरे पहाड़ों पर बसा है और दूर दिख रहे हरे-भरे पहाड़ों ने आइजल को घेर रखा है। दिन के इस समय आइजल धूप में खिला-खिला दिख रहा है। मार्च महीने की धूप का रंग धुल-धुला और पनीला है। आाइजल धूप में बसा है और इसे बसाने के लिए धूप ने खुद पहाड़ों की हरियाली को तराशा है। सूत-सूत नापकर और जरूरत से एक सूत कम, न ज्यादा।

हरियाली पिघल रही है और पहाड़ों से नीचे उतर रही है और धुली हुई सफेद पनीली धूप के साथ-साथ घुल-मिल रही है। पहाड़ ऊपर भी हैं और नीचे भी। जहाँ पहाड़ नहीं हैं वहाँ अतल गहरी खाइयाँ हैं। इनमें नीला पारदर्शी आसमान उतर रहा है। खाइयाँ दिन के इस समय भी नीले कोहरे से डबडबाई हुई हैं। हिलोरें लेता हुआ कोहरा खाइयों में समा नहीं पा रहा है। कगारों को तोड़कर उफन रहा है। ऊपर से पिघलकर नीचे आती हुई हरियाली और नीचे, अतल गहरी खाइयों से उफन कर सड़क पर फैला हुआ नीला कोहरा। दोनों के बीच धूप में बसा हुआ एक शहर। आइजल दिन भर ऐसा ही रहता है या, मुझे ऐसा मिला? दिन के इस समय आइजल की सड़कों पर चलना ऐसा लग

रहा है जैसे नीले आसमान पर सड़कें खिंची हुई हैं और लोग उन पर चल रहे हैं। या, मुझे ऐसा लगा?

आइजल के लोगों ने आइजल की सबसे ऊँची पहाड़ी पर प्रभु यीशु का चर्च बनाया है। यह चर्च, जापान के माउंट फूजी को बारहों मास ढककर रखनेवाले हिम शिखर की तरह, हर वक्त दिखता रहता है। यह कब बना और इसे किसने बनवाया, मुझे नहीं मालूम। न ही यह पता करने के लिए मैं वहाँ तक गया। वहाँ तक जाने की जरूरत ही नहीं है। आइजल की हर दिशा इस भव्य चर्च की तरफ से खुलती है और हर सड़क यहाँ पहुँचकर रुकती है। लगभग पूरा मिजोरम प्रभु यीशु का उपासक है। यहाँ राजधानी के इस शहर में प्रभु यीशु के श्रेष्ठ और 'प्रभु सत्ता युक्त उपासक' वास करते होंगे। उन्होंने ही मिलकर ऐसा भव्य चर्च यहाँ बनवाया होगा ताकि यहाँ के समाज में उनकी उपस्थिति और उनके वर्चस्व का ठीक-ठीक पता चल सके।

मिजोरम में थोड़े-बहुत बौद्ध धर्मावलम्बी भी हैं। ये लोग प्राय: आदिवासी हैं और भीतर की तरफ बसे हुए गाँवों में रहते हैं।

वूजा केप ने बताया कि आइजल में यहूदी भी हैं। और यहाँ उनका अपना अलग चर्च है। मेरे लिए यह अप्रत्याशित जानकारी है। और जबर्दस्त तरीके से मेरी उत्सुकता को जगानेवाली। वूजा केप ने मुझे वहाँ तक पहुँचाया और उन लोगों से मिलवाया भी। वे लोग यहाँ अपना एक स्कूल भी चलाते हैं और वहाँ हिब्रू भाषा भी पढ़ाई जाती है। मैं यहूदियों के धार्मिक कर्मकांड और उनकी आनुष्ठानिक विधियाँ देखना चाहता था क्योंकि उनमें आज भी अपनी अति प्राचीनता और पारम्परिक विशिष्टता का निर्वाह है। लेंकिन वह पूजा और धार्मिक अनुष्ठानों के लिए निर्धारित समय नहीं था। मुझे उनके शिक्षक और शिक्षिकाओं से मिलकर सन्तोष करना पड़ा। वे लोग अपने पारम्परिक, यहूदी तौर-तरीकों के कपड़े पहने हुए थे। उस दिन उनके स्कूली छात्र-छात्राओं का सांस्कृतिक कार्यक्रम वहाँ हो रहा था। मुझे उनके साथ शामिल होने का मौका अनायास ही मिल गया। मैंने उनके गीत सुने और नृत्य देखे। मुझे अनुमान हुआ कि इन गीतों में यहूदियों के आराधना गीत भी शामिल होंगे। वूजा केप ने मेरे अनुमान को सही बताया।

मुझे लगा कि यहाँ सभी लोग वूजा केप को जानते हैं और उन्हें सम्मान

देते हैं। तब वूजा केप ने बताया कि वह खुद यहूदी हैं और उनका एक बेटा इजरायल में रहता है। वूजा केप मिजो भी नहीं बल्कि मेइती हैं। मेइती मणिपुर की एक प्रमुख जनजाति है। मुझे लगा कि मणिपुर में वूजा केप अपने नाते-रिश्तेदारों के लिए मेरे साथ कोई सन्देश भेजना चाहेंगे। लेंकिन ऐसी कोई बात नहीं हुई।

इम्फाल के लिए कल सुबह 10 बजे की फ्लाइट है। और मुझे सुबह 8 बजे एयरपोर्ट पर रिपोर्ट करना है। लेकिन वूजा केप ने तब तक भी मुझे कोई सन्देश नहीं दिया। शायद अब वहाँ उनका कोई सम्पर्क न बचा हो।

यह कैसे हो सकता है? और यदि ऐसा है तो यह कितनी अजीब बात होगी। जरूर कोई बात होगी। शायद उनकी पत्नी यहाँ, मिजोरम की रहनेवाली हो और वहाँ नहीं जाना चाहती हो। वूजा केप अपनी पत्नी को खूब प्यार करते हों। इस उम्र तक पहुँचकर उन दोनों का प्यार इतना पक चुका होगा कि अब कोई और जरूरत नहीं बची होगी।

सुबह से बादल घिरे हुए है और बारिश का अंदेशा है।

मार्च महीने में भी, बारिश अभी तक पीछा नहीं छोड़ रही है। होली की सुबह मैं धर्म नगर से निकला था तो वहाँ अपने पीछे बारिश छोड़ता आया था। लेकिन दोपहर में सिलचर पहुँचा तो सिलचर सुबह से बरस रहा था। सिलचर, वैसे ही, साल के बारहों महीने बारिश वाला ही है। मिजोरम का, सुना था कि मौसम यहाँ खुला ओर खुशगवार होता है। मेरे लिए ये तो बादल और इनकी सुरमई भी आइजल का एक मिजाज है। जाते-जाते वह भी देख लिया।

यहाँ का एयरपोर्ट 20-22 कि.मी. दूर, लेंगपुई में है। इसके लिए अभी, नई सड़क बनाई गई है। पुरानी सड़क के मुकाबले यह रास्ता 10-12 कि.मी. की बचत वाला है। झिरझिराती बारिश ने आंकी-बांकी सड़क को धो दिया है और रास्ते के किनारे, पहाड़ी कटावों पर खड़े घरों को बाहर से भिगो दिया है। भीगी सड़क भीगे घर अपने असल रंगों से अलग दिख रहे हैं और रंगों के व्याकरण में दो नये रंग जोड़ रहे हैं—सूखा और गीला। जहाँ सूखा है, उसे भूरे में शामिल करने से काम चल जाता था। लेकिन, जहाँ गीला है वहाँ कौन सा रंग हुआ? यही ठीक रहेगा कि दो नये रंग मंजूर कर लूँ—सूखा और गीला। ये घर, आइजल की शानदार बहुमंजिला इमारतों से अलग, ऐसे हैं जैसा अपने स्कूल के दिनों में प्रारम्भिक भूगोल की पुस्तकों में पढ़ा था। बाँस के ढांचे

वाले वैसे ही हल्के मकान जो अपने दो पिछले पायों के सहारे पहाड़ी कगारों पर लटके हुए से दिखते हैं। ऊपर आसमान, नीचे अतल खाई और इनके बीच यहाँ से वहाँ तक हवा में तने हुए तार। खूब ढलवां छतें, जिन पर बारिश का पानी टिकने न पाये। प्रायः सभी घरों की, ऊपर वाली मंजिलों की खिड़कियाँ सुबह के इस समय खुली हुई दिख रही हैं। भीगी हवाओं को भीतर बुला रही हैं। इन खुली हुई खिड़कियों से, दूर तक फैले हुए पहाड़ और वहाँ से ढलानों पर उतरते हुए जंगल दिखाई देते होंगे। रास्ते भर सड़क के दोनों किनारों से उतरकर जंगलों तक फैलते हुए, हरे-भरे बाँसों के भिरे। बाँस के इन गझिन भिरों को देखकर भरोसा होता है कि मिजोरम के बाँस कभी खत्म नहीं होंगे क्योंकि उन पर मनुष्य को आश्रय देने का दायित्व है।

एयरपोर्ट पहुँचते-पहुँचते बारिश ने जोर पकड़ लिया और बादलों का रंग सुरमई से स्याह होने लगा। ऐसे में हवाई जहाज कैसे उतरेगा? मौसम का मिजाज देखकर यहाँ के लोग वहाँ बताएँगे तभी हवाई जहाज दमदम से उड़ेगा। अन्यथा आज की फ्लाइट रद्द भी हो सकती है। एयरपोर्ट के भूगोल और मौसम के मिजाज के, यहाँ के जानकार लोग बारिश को कोहरे से बेहतर बता रहे हैं। बारिश कोहरे को छाँटती है और रन वे दिखाई देने लगता है। लेकिन बारिश, कोहरे को छाँट नहीं पा रही है। उल्टे कोहरा और घना होता जा रहा है।

बारिश और कोहरे के बीच, एक मिजो युवती रोशनी की लकीर की तरह किसी तरफ से आई और सीढ़ियाँ चढ़कर ऊपरी लाउंज की तरफ निकल गई। तब ध्यान आया कि बारिश और कोहरे का खेल वहाँ से बेहतर दिखाई दे रहा होगा। रनवे के खुलने के आसार भी वहाँ से, पहले दिखेंगे। वहाँ सुनसान अकेलापन है और ऐसे में किसी सुन्दर युवती को इस तरह, वहाँ अकेली छोड़ देना मुझे ठीक नहीं लगा। मिजो युवती ने नेवी ब्लू रंग की लम्बी स्कर्ट के ऊपर कत्थई रंग का गर्म कोट पहन रखा है। और इसमें, वह बेहद किताबी दिख रही है। समझ में नहीं आ रहा है कि उसे भी इसी फ्लाइट में इम्फाल जाना है, जो मौसम की अनिश्चितता के कारण अधर में लटकी हुई है। या इसमें उसका कोई आनेवाला है? सर्दी बढ़ गई है। सर्दी की वजह से, वैसे ही, उसके गाल लाल-लाल हो रहे हैं, ऊपर से वह पान चबा रही है। पान उसके भीतर एक आँच उकसा रहा है और एक गुलाबी लपक, पूरी-की-पूरी उसे

गुलाबी बना रही है। उसे इसका पता भी नहीं चल रहा है। ऐसे में, उसे छूने की एक जबर्दस्त इच्छा मुझमें जाग रही है और अवश कर रही है।

मैंने एक चाल चली और एक खेल खेला। मैंने अपनी जेब से एक सिक्का निकालकर हवा में उछाला, फिर उसकी हथेलियों में दबाकर उससे पूछा—"चित या पट?"

चित में फ्लाइट आती, पट में नहीं। लेकिन खेल को समझे बिना उसने, पहले एक हथेली खोली फिर दूसरी भी खोल दी। अबकी बार मैंने अपनी दो उँगलियाँ उसकी तरफ बढ़ाकर, कोई एक पकड़ने के लिए कहा। एक में फ्लाइट को आना था, दूसरी में नहीं। लेकिन उसने फिर वही किया। पहले उसने एक उँगली पकड़ी, फिर दूसरी भी पकड़ ली।

पता नहीं, इस खेल को वह समझ भी रही थी या नहीं? बस, हर बात पर हँस रही थी। वह ठीक से हिन्दी नहीं समझ पा रही थी। इंग्लिश भी उसकी समझ में नहीं आ रही थी। लेकिन इतना तो समझ ही रही थी कि उसे छूने के लिए ही मैं यह सारा प्रपंच रच रहा हूँ। उसने अपना नाम बताया—मैरी। मैरी 32 वर्ष की है। उसकी हथेलियाँ सुन्दर और मुलायम हैं। बारिश, कोहरा और ठंडक के ऐसे समय में उन हथेलियों को अपने हाथों में लेना सुखद था।

आखिरकार, 12 बजे के आसपास एयरपोर्ट के लोगों ने दमदम एयरपोर्ट को सूचित कर दिया कि यहाँ का मौसम सुधरने की कोई उम्मीद नहीं है और इम्फाल फ्लाइट रद्द हो गई।

इसने मुझे बहुत अधिक निराश किया और इतना ही मेरे उन मित्रों को भी निराश किया, जो वहाँ मेरी प्रतीक्षा कर रहे थे। इम्फाल का 'रास महोत्सव' कितने दिनों से मुझे ललचा रहा था। और अब ऐसा दिख रहा है कि वह केवल 50 मिनट की दूरी से छूटने जा रहा है। दिलासा दिलाने के लिए एयरपोर्ट के लोग कह रहे हैं कि कल स्पेशल फ्लाइट आ सकती है। यहाँ से इम्फाल के लिए नियमित फ्लाइट आड़े दिनों पर है। आज की छूटी, अब परसों मिलेगी। और परसों, इम्फाल से कोलकाता वापसी की मेरी फ्लाइट पहले से ही बुक है।

मैंने डॉ. देवराज से बात की। उन्होंने बताया कि वहाँ, डॉ. राम लखन राय इम्फाल एयरपोर्ट पहुँचकर मेरा रास्ता देख रहे होंगे। और हिन्दी साहित्य से जुड़े हुए अन्य मित्र, मेरे लिए, डॉ. देवराज के पास बैठे हैं।

एयरपोर्ट के अधिकारियों ने बताया कि कैंसल्ड फ्लाइट के यात्रियों को कल तक ठहराने के लिए दो इन्तजाम किए गए हैं। वापस, आइजल में, होटल रिट्ज में। और यहाँ, लेंगपुई में, टूरिस्ट रिसॉर्ट में। मैंने लेंगपुई के टूरिस्ट रिसॉर्ट में ठहरना पसन्द किया।

लेंगपुई गाँव, एयरपोर्ट से काफी दूर है। लेकिन, अपनी बुनावट और वहाँ की सामाजिक बसाहट में, लेंगपुई किसी पारम्परिक मिजो गाँव का एक आदर्श नमूना ही है। और रिसॉर्ट? गाँव से भी आगे जंगल में।

बड़ी देर से एक महिला मेरा ध्यान बँटा रही थी। और मैं कुछ तय नहीं कर पा रहा था कि उसके चेहरे पर चश्मा, उसे ध्यान देने योग्य बना रहा है या चश्मे से झाँकती उसकी आँखें? उसकी आँखों में पढ़ी-लिखी बुद्धिमत्ता और दुनियादार समझदारी बराबर-बराबर झलक रही है। उससे बात करने को मन कर रहा था। वह खुद ही चलकर मेरे पास आई और उसने मुझसे पूछा—"क्या आप भी रिसॉर्ट में रुक रहे हैं?"

यह तो उसने पहले से ही पता कर लिया होगा। अब, मुझसे पूछकर अपनी तसल्ली कर रही है। दरअसल, वह खुद भी आइजल वापस जाकर वहाँ, होटल रिट्ज में ठहरने के बदले यहाँ, लेंगपुई के टूरिस्ट रिसॉर्ट में रहने की इच्छुक थी। लेकिन मन में आशंकित थी कि कहीं, जंगल के बीच, रिसॉर्ट में वह अकेली तो नहीं छूट जानेवाली है। उसने अपना नाम बताया—यास्मीन किचलू और अपना हाथ मुझे दिया। यास्मीन की हथेली, मुझे मैरी की हथेलियों से अलग मिली। इसमें एक महिला की कोमलता तो है लेकिन, इसका स्पर्श बताता है कि यह, आदतन लोगों से हाथ मिलाते रहनेवाली किसी बिजनेस एक्जिक्यूटिव की हथेली है।

मुझे भूख लग रही थी। लेकिन कुछ समझ में नहीं आ रहा था कि क्या करूँ? अभी तक सारा ध्यान इस बात में था कि हवाई जहाज आएगा या नहीं? लेकिन अब, जब फ्लाइट रद्द हो चुकी है तो अपनी तरफ ध्यान जा रहा है। सुबह से लेकर अब तक चाय-नाश्ते के लिए न समय मिला था, न जगह मिली थी। यास्मीन ने दो एग-रोल्ज बनवाए और अपनी प्लेट मेरी तरफ बढ़ाई। आखिर, अब 24 घंटों के लिए हमें एक जगह, एक साथ रहना है तो क्यों न दोस्ती की शुरुआत यहीं से और इस तरह की जाए?

हम कुल चार जन लेंगपुई के टूरिस्ट रिसॉर्ट में ठहरनेवाले हैं। यास्मीन—एक महिला बिजनेस एक्जिक्यूटिव, एक रिटायर्ड बैंक अधिकारी, ऑटोमोबाइल्स स्पेयर पार्ट्स का रोजगार करनेवाला एक व्यापारी और मैं—हिन्दी का एक लेखक। मुझे पूरा भरोसा है कि यास्मीन, मुझसे पहले, किसी लेखक से नहीं मिली होगी। और यहाँ, ऐसे में किसी लेखक से मिलना उसकी दिलचस्पियों को कैसे नहीं जगाएगा? जैसे, उससे मिलने से पहले मैंने सिगरेट पीनेवाली महिलाओं को देखा तो था, लेकिन दूर से। और अब हम, 24 घंटों के लिए एक जगह, एक साथ रहेंगे। यास्मीन सिगरेट पीती है और यहाँ रिसॉर्ट में पहुँचते ही उसने सबसे पहला काम यह किया कि जेब से सौ रुपए का नोट निकालकर रिसॉर्ट के किसी कर्मचारी को दिया और उसे सिगरेट लाने के लिए एयरपोर्ट भेज दिया।

रिसॉर्ट एक ऊँची पहाड़ी टेकड़ी पर है। लेकिन, बाँस के घने जंगलों के बीच कुछ ऐसा ढका-मुंदा है कि यहाँ पहुँचे बिना, कहीं और से दिखाई नहीं देता। पीछे की तरफ ढलानों में बाँस की सुन्दर कॉटेज बनी हुई हैं। हम इन्हीं में रहेंगे। बाहर से देखने में ये कॉटेज बिलकुल, बाँस के उन पारम्परिक मिजो घरों के जैसी हैं, जो एयरपोर्ट के रास्ते में खड़े, सुबह की झिरझिराती बारिश में भीग रहे थे।

भीतर सूखा है। बाहर सब कुछ भीगा-भीगा है। मैंने अपने कॉटेज की खिड़की खोल दी और पहाड़ों की तरफ से आनेवाली भीगी हवा को भीतर आने दिया। भीगी हवा थरथर काँप रही है और उसकी छुअन ठंडी है। खिड़की से बाहर, जहाँ तक दिख रहा है, जंगल फैला हुआ है और पहाड़ों पर बादल उतरे हुए हैं।

दोपहर भर बारिश होती रही। ऐसे में गरम कम्बल लपेटकर सोना अच्छा लग रहा था। लेकिन यास्मीन ने, दोपहर में खाने के समय ही कह दिया था कि शाम को हम सब पैदल टहलने के लिए निकलेंगे। जब से हम यहाँ पहुँचे हैं, वह इसी तरह हुकुम चला रही है और हम सब उसकी ही सुन रहे हैं। यहाँ, इस जंगल में 24 घंटों के लिए एक घर उपज गया है और एक स्त्री उसकी जतन कर रही है। कल, इस वक्त यह घर, यहाँ नहीं होगा। कहीं भी नहीं होगा। सब अपने-अपने घरों में पहुँच चुके होंगे, जो उनका यथार्थ है।

और यह? एक 'फिक्शन' है। इसका निर्धारित जीवन कुल 24 घंटे के लिए है।

और मैं? मैं तो 'फिक्शन' जीता हूँ। वही मेरा यथार्थ है। यथार्थ का जीवन मेरे हिस्से में नहीं आया। इसलिए मैं 'फिक्शन' में जीवन का यथार्थ ढूँढ़ लेता हूँ।

कभी कोई सचमुच की, कथास्थिति ऐसी भी बनेगी जिसमें जीने के लिए एक छोटी-सी जगह मेरे हिस्से में भी आएगी? मैंने नहीं सोचा था। लेकिन यहाँ, ऐसा ही हो रहा है। इसमें एक स्त्री है और तीन पुरुष हैं। और हम, चार के चारों, 24 घंटे के लिए जंगल में छोड़ दिए गए हैं। यहाँ केवल हम हैं और एक साथ हैं। जहाँ संग-साथ है, वहाँ इच्छाओं और स्पर्धा का द्वंद्व भी होना ही है। इनके बीच, एक स्त्री अद्‌भुत कौशल के साथ सन्तुलन का नैसर्गिक खेल, खेल रही है और तीनों पुरुषों को साध रही है।

ऑटोमोबाइल्स स्पेयर पार्ट्स के व्यापारी ने मेरी थाह ली—"आपने तो पूरा नॉर्थ ईस्ट देखा है। सबसे सुन्दर कहाँ लगा?"

मुझे सोचने की जरूरत भी नहीं हुई—"मणिपुर, ऑफ कोर्स।"

इस पर वह उखड़ गया—"मणिपुर, जहाँ जिंदगी बदशक्ल हो चुकी है, वह नर्क, उसे आप सुन्दर बता रहे हैं?"

वह उखड़ना ही चाहता था और इसके लिए वह बहाना ढूँढ़ रहा था। वह, उसे मिल गया। तब, यास्मीन ने बात को सँभाला—"इसमें ऐसे उखड़ने की क्या जरूरत है? तुमने वहाँ नर्क देखा। वह तुम्हारा अनुभव। इन्होंने वहाँ स्वर्ग देखा होगा। वह इनका अनुभव। किसी के अनुभव पर तो विवाद नहीं हो सकता।"

उस समय तो बात सँभल गई। लेकिन मन में जो था, वह बाहर अपनी झलक दिखा चुका था और साथ-साथ चल रहा था।

टहलते-टहलते हम, लेंगपुई गाँव तक निकल आए। फिर भी शाम का अँधेरा पड़ने के बदले, बिन बरसे बादलों की सफेदी से उजाला अभी बचा हुआ है और यास्मीन का मन, अभी भी, रिसॉर्ट लौटने का नहीं है। सड़क की दाहिनी तरफ से एक पगडंडी नीचे उतर रही है और सीधे, बाँस के जंगलों के भीतर जा रही है। यहाँ से दिखता है कि यह पगडंडी हमें पहाड़ के कटाव तक पहुँचाएगी। वहाँ, गहरी खाई होगी और सामने एक और पहाड़ होगा। फिर कितने सारे पहाड़। मैंने उसी पगडंडी की तरफ यास्मीन को दिखाया। लेकिन

ऑटोमोबाइल्स स्पेयर पाट्‌र्स के व्यापारी ने इशारे को झटक दिया। वह रिसॉर्ट लौटना चाहता है। शाम के इस मादक समय में मद उसे अपने पास बुला रही है। और मद वहाँ रिसॉर्ट में है।

यास्मीन सिगरेट पीती है लेकिन शराब में उसकी दिलचस्पी नहीं है। चाहे वह, शराब नहीं पीती, लेकिन किसी को पीने से मना भी नहीं कर सकती। उसने कुछ नहीं कहा। और बिना कुछ कहे, पगडंडी वाले रास्ते पर उतर गई।

जंगल के बीचोबीच एक बहुत बड़ा आश्रम जैसा है। शान्त, सुरम्य और चित्रमय। सामने रंगबिरंगे फूलों की फुलवारी और पीछे, जोती-बोई जमीन खूब दूर तक फैली हुई है। वहाँ, दो शिकारी कुत्ते बँधे हुए हैं। हमें देखकर जोर-जोर से भौंकने लगे। उनका भौंकना सुनकर, एक अधेड़ सी महिला बाहर आई। उसके एक हाथ में पीतल का यंत्र है। इसे घुमाते रहने से बुद्ध के पवित्र मंत्र की आवृत्ति होती रहती है—ओम म्हने पद्‌मे हुम।

यहाँ, इस एकान्त वन में, किसी भोटिया का आश्रम कहाँ से आया? पूछने पर पता चला कि तिब्बत से दलाई लामा के साथ भारत आए हुए कुछ भोटिया परिवार मिजोरम में भी बसे हैं। वही, कुछ लोग यहाँ, लेंगपुई में हैं। और छोटी-मोटी दुकानें चलाते हैं या खेती करते हैं। ये लोग बौद्ध धर्म को अपनाए हुए हैं। जहाँ से यह पगडंडी जंगल के रास्ते उतरती है वहीं, कोने में इनका अपना एक छोटा सा मंदिर भी है। तब ध्यान में आया कि हाँ, वहाँ रंगबिरंगी पताकाएँ हवा में लहरा रही थीं, जिन पर पवित्र मंत्र चित्रित होते हैं। ये मंत्र दुष्ट आत्माओं से उनकी रक्षा करते हैं।

रात खूब ठंडी हो गई है और भारी भी है। भारी है इसलिए महसूस हो रही है। जंगल एकदम चुप है। रातों को निकलनेवाले जानवर भी इस समय, भीतर की तरफ, कहीं दुबके हुए होंगे। रात-बिरात नींद टूटने पर या सपने में चौंककर कभी-कभी पंक्षी पंख फड़फड़ाते हैं। वह फड़फड़ाहट तक नहीं हो रही है। बारिश में, बाँस दिन भर भीगे थे और उनकी पत्तियों पर पानी ठहरा हुआ था। पत्तियाँ रह-रहकर सिहरती हैं और बदन झड़ाती हैं। तब यही ठहरा हुआ पानी बूँद-बूँद बिखरता है और सन्नाटा तोड़ता है।

भीगी रात का सन्नाटा नींद में चला आया। सन्नाटा टूटा तो न रात बची थी, न नींद।

एकदम सफेद रंग की सुबह फैली हुई है। बाहर धुंध पड़ी हुई है और पूरी घाटी उसमें तैर रही है। धुंध इतनी गहरी है कि ठीक सामने का मोड़ तक दिखाई नहीं देता और अपने कंधों के ठीक ऊपर, अगल-बगल की पहाड़ियाँ धब्बों की तरह दिख रही हैं। ऐसे में, किसी देखनेवाले को मैं कैसा दिख रहा होऊँगा? लेकिन मुझे देखने की किसे पड़ी है?

पिछली शाम, चहलकदमी करते हुए, हम लेंगपुई गाँव की तरफ निकल गए थे। अभी सफेद, धुँधली सुबह के इस अगम-अगोचर समय में, उससे बिलकुल विपरीत दिशा में चल रहा हूँ और अपनी एकान्त सत्ता से सीधे साक्षात्कार कर रहा हूँ। चौबीस घंटों की निर्धारित अवधि वाले फिक्शन का यही हिस्सा मेरा निजी यथार्थ होगा। यह रास्ता सीधी चढ़ाई वाला और खूब मोड़दार है। रास्ते भर कहीं कोई नहीं, कुछ भी नहीं। बस, सुनसान में उफनती हुई खूब गाढ़ी सफेद धुंध। ऐसे सुनसान में, अचानक इस सुनसान से भी सूना एक अकेला घर दिखा जिस पर, मालूम नहीं कब से ताला पड़ा हुआ है। ऐसा लगता है कि इस घर में रहनेवाले लोगों को कहीं गए बहुत दिन हुए। और नहीं मालूम कि वे लोग कब लौटेंगे। अब, यहाँ से लौट चलने के लिए वह मुझे एक उपयुक्त जगह लगी। मैंने उस सूने घर को अपनी पहचान के लिए एक निशान बना लिया। अब रास्ते भर मेरा मन वहाँ अटका रहेगा कि उस सुनसान में वह सूना घर, उन लोगों का रास्ता देखता कितना अकेला होगा?

रिसॉर्ट वापस पहुँचा, तब तक धुंध छँट चुकी थी। और चमचमाती धूप निकल आई थी। इस धूप में रन वे साफ दिखाई देगा। इसलिए हवाई जहाज आएगा। फिर भी इम्फाल केवल 50 मिनट की दूरी से छूट जाएगा। एयरपोर्ट के लोगों ने कहा था कि इम्फाल के लिए स्पेशल फ्लाइट अरेंज होने पर वे लोग हमें रिसॉर्ट में खबर करेंगे। हम समझ रहे थे कि यह दिलासा दिलानेवाली बात है। फिर भी, पिछली शाम, देर तक हमने उनकी तरफ से खबर का रास्ता देखा था। लेकिन कोई खबर नहीं आई थी। सीधी सी बात है कि अब कोलकाता फ्लाइट में हमारे लिए जगह बना दी जाएगी और कोई रास्ता भी तो नहीं है।

सिक्किम

वहाँ बैठा कोई हारमोनियम बजाता होगा

यति यथार्थ है या मिथक? यह रहस्य अभी तक अनसुलझा है। इसका अनसुलझा रहे आना, हिमालय के साथ जुड़ी हमारी आसंक्तियों को रहस्यमयता से जोड़े रखता है। लेकिन सिक्किम के लिए यह मिथक, उनके विश्वास से जुड़ा हुआ है। पूर्वी हिमालय के इस क्षेत्र में, यहाँ से लेकर तिब्बत तक यति की मिथक कथाओं का विश्वास लोकव्याप्त है। यह लोक समुदाय मोटे तौर पर बौद्ध धर्मावलम्बी है। इसलिए मुझे लगा कि बौद्ध अध्येताओं के पास इसके कोई सूत्र मिलेंगे।

गंगटोक का 'नामग्याल इंस्टीट्यूट ऑफ टिबेटोलॉजी' बौद्ध धर्म और मान्यताओं से सम्बन्धित अध्ययन का एक बहुत बड़ा और प्रामाणिक केन्द्र है। मैंने इस केन्द्र के आचार्य लामाओं से पूछा। उन्होंने बताया कि सुनने को तो, उन्होंने भी सुना है, लेकिन उसे देखा नहीं है। उनका मानना है कि यति एक रक्षक देव रूप है। मुझे लगा कि पुराने लोग जानते होंगे और हो सकता है कि उनमें से किसी ने यति को देखा भी हो। लेकिन ऐसे पुराने लोग मिलेंगे कहाँ? आज रात मैं लाचुंग पहुँचूँगा। वहाँ रहनेवाले सबसे वृद्ध का पता करके उनसे मिलूँगा और पूछूँगा।

मुझे यूमथांग जाना है। वहाँ बर्फ पड़नी शुरू हो गई है। यूमथांग के लिए लाचुंग होकर रास्ता है। रास्ते की इस छोटी सी पहाड़ी बस्ती में रात रुकना पड़ता है। यहाँ लेपचा जनजाति के लोग रहते हैं, जो प्रायः बौद्ध धर्मावलम्बी होते हैं। गंगटोक से मैं यह सोचकर चला था कि यहाँ कोई-न-कोई वृद्ध मुझे मिल जाएगा, जिसने यति को देखा होगा या उसके पास मुझे सुनाने को, यति की कहानियाँ होंगी जो उसके अपने अनुभव की होंगी या उसने अपने पूर्वजों से सुनी होंगी। लेकिन, जब तक हम लाचुंग पहुँचे तब तक रात हो चुकी थी और वृद्ध लोग सो चुके थे, जिनके साथ बातें करके मैंने उनकी स्मृतियों को खंगालने की बात सोच रखी थी।

अभी तक जितना सुना है, उसमें यति का दिखना रातों में ही हुआ है। वह बर्फ की तरह सफेद दिखनेवाला विशालकाय जीव है। उसकी आकृति वनमानुष की तरह, खूब घनी रोंएदार होती है। वह हिममानव है, इसलिए बर्फ के पहाड़ों में कहीं छिपकर रहता है और कभी-कभी रातों में बाहर निकलता है।

यूमथांग में पड़ रही बर्फ अभी इतनी नजदीक नहीं पहुँची है कि उसकी सफेदी यहाँ से झलकने लगे। यहाँ, अभी घना अँधेरा है। लाचुंग, चारों तरफ से उसे घेरे हुए पहाड़ों की छाया में है। इसलिए भी, रात यहाँ कुछ अधिक गहरी और अँधेरी लगती है। अँधेरे में पानी की आवाज सुनाई पड़ रही है। पास में कोई पहाड़ी झरना या जलप्रपात होगा। पानी की आवाज रात भर होती रही। नींद पड़ने के बाद भी वह होती रही होगी। लेकिन दिन भर की थकान के बाद की नींद उससे गहरी थी और उससे भी ठंडी रात, गेस्ट हाउस से बाहर पहरे पर थी।

लाचुंग देशी-विदेशी सैलानियों का ऐसा रैन बसेरा है, जो दिन भर ऊँघता पड़ा, रात का रास्ता देखता है। और सैलानियों के आते ही एकदम से जाग उठता है। उसकी ऊँघ रात में टूटती है और इस अँधेरी पहाड़ी बस्ती के, लकड़ी के फर्श और लकड़ी की ही ढलवाँ छत वाले घरों की खिड़कियों पर कमजोर रोशनियों के आयत और वर्ग झिलमिलाने लगते हैं। यहाँ, पुराने किस्म के ऐसे ही घर हैं। लकड़ी के फर्श और लकड़ी की ही ढलवाँ छतों वाले।

इस छोटी सी बस्ती में जिनके भी घर जरा बड़े हैं, उन्होंने अपनी रिहाइश के लिए एक हिस्सा अलग कर बकाया को गेस्ट हाउस बना लिया है। एक ऐसे ही, पुराने और घरेलू गेस्ट हाउस में हमारे लिए पहले से बुकिंग कर रखी

गई थी। इसके नीचे वाले आधे हिस्से में किराना की दुकान है। उस दुकान को और इस गेस्ट हाउस को एक अधेड़ लेपचा स्त्री चलाती है। ऐसे पुराने और घरेलू किस्म के गेस्ट हाउसों के बीच, अब यहाँ नये और आकर्षक होटल भी बनने लगे हैं। ये नये होटल दूर से ललचाते हैं। मेरा मन भी उनकी तरफ झुका। तब उस अधेड़ लेपचा स्त्री ने मुझे रोका और समझाया कि लकड़ी के फर्श और लकड़ी की छतों वाले घर सर्दी से बचाते भी हैं।

उस अधेड़ लेपचा स्त्री ने बेझिझक मेरा हाथ पकड़ा और ऐसे अपनेपन से बात की जैसे हम एक-दूसरे के पुराने परिचित हैं। बात करते समय थोड़ा सा सामने झुककर वह कुछ ऐसे और इतने नजदीक चली आती है जैसे इतने नजदीक आए बिना बात समझ से दूर रह जाएगी। उसका नजदीक आना अच्छा लगता है। अधेड़ावस्था के बावजूद उसका शरीर अभी सधा हुआ है और उसकी आवाज आदमी को उकसा सकती है। लेकिन उसका, इस तरह नजदीक आना शकुन्तला को अच्छा नहीं लगता। अच्छा हुआ, कि यह नजदीकी उसके सामने की नहीं है। अभी वह ऊपर वाले कमरे में दो-दो रजाइयाँ अपने पर लिये, बिस्तरे में घुसी हुई है। बिस्तरे को उसने अपना कोप भवन बना लिया है। वह दोपहर से नाराज है।

शकुन्तला गायत्री परिवार से खूब गहरी जुड़ी हुई है। उसके खान-पान की आदतें भी गायत्री परिवार के नियम, अनुशासन से बँधी हुई हैं। वह शुद्ध शाकाहारी है। वहीं, मुर्गा और चावल यहाँ का सबसे आसान भोजन है। लोगों के, इस भोजन पर, दोपहर में उसने जिस तरह की प्रतिक्रिया की थी उससे सभी लोग आहत हुए थे। उसके ऐसे व्यवहार के लिए, मैंने सबसे माफी माँग ली थी। लेकिन उसका गुस्सा तब से बना हुआ है। दोपहर से उसने कुछ खाया-पिया भी नहीं है। इससे भी अधिक असमंजस की स्थिति तब बनी जब उन लोगों ने हम दोनों को पति-पत्नी समझ लिया। उन्होंने मुझसे कहा—"जाइए, अपनी पत्नी को समझाइये।"

अपनी तरफ से, यह हमारा एक क्रांतिकारी प्रयोग था कि एक समझदार स्त्री और एक समझदार पुरुष, दो अच्छे मित्रों की तरह किसी एक सुन्दर यात्रा पर साथ-साथ क्यों नहीं जा सकते? हमारे इस प्रयोग के अर्थ अनर्थ जिस तरह सामने आ रहे हैं, वे असहज हैं। उनके लिए मैं तैयार नहीं था।

हमारे टैक्सी ड्राइवर का नाम पेमा भूटिया है। पेमा भूटिया पढ़ा-लिखा नवयुवक है और अपनी उम्र से हल्का नजर आता है। सिक्किम की सामाजिक आर्थिक संरचना मोटे तौर पर तीन जातीय समुदायों में बँटी हुयी है। लेपचा, भूटिया और नेपाली। लेपचा और भूटिया तो जनजातीय समुदाय है और इस समुदाय के लोग बौद्ध धर्मावलम्बी हैं। लेकिन नेपाली समुदाय के साथ आर्थिक मजबूती है। यह मजबूती सिक्किम की सत्ता राजनीति में दिखती है और यहाँ के बाजार में भी। पेमा भूटिया ने सुबह-सुबह अच्छी खबर दी कि वहाँ, यूमथांम में अच्छी बर्फ पड़ चुकी है। बर्फ के लिए अब कटाओ तक जाने की जरूरत नहीं पड़ेगी। अब वहाँ पहुँचना भी मुश्किल होगा। अभी तो, यूमथांग ही यहाँ से 30-35 किलोमीटर दूर है। कटाओ वहाँ से भी 20-25 कि.मी. आगे, ऊपर की तरफ।

बर्फ सबसे पहले सड़क किनारे की सूखी घास पर और उजाड़ झाड़ियों पर दिखी। सूख रहे साबुन के झाग की तरह की बर्फ को देखकर, उसे बर्फ मानने को ही मन नहीं करेगा। फिर, पुराने पेड़ों की सूखी टहनियों पर अटकी हुई बर्फ दिखी। इतनी देर में, उधर से आनेवाली हवा बर्फ को छू आई। बर्फ को छूकर आई हवा ने सीधे कपड़ों के भीतर हाथ डाल दिया। बदन एकबारगी झुरझुरा गया। पहाड़ों से उतरकर नीचे आ रही जलधाराएँ वहाँ की वहीं जमकर रह गई थीं और अब हवा में कमन्द की तरह लटक रही थीं।

यूमथांग के हिमलोक में पहुँचना इतना सहसा हुआ कि कुछ समझ में नहीं आया। थोड़ी देर के लिए तो लगा कि गति के सिद्धांत में किसी व्यवधान ने मुझे और मेरे मन को यहाँ, एक-दूसरे से आगे-पीछे कर दिया है। मेरा गतिमान मन मुझसे पहले पहुँचकर सब देख रहा है और पीछे रह गया मैं, अब अपने मन को ढूँढ़ रहा हूँ। यूमथांग का यह हिमलोक लाचुंग और लाचेन नदियों के संगम पर है। इनमें से कौन लाचुंग है और कौन लाचेन? मैं नहीं बता पाऊँगा। नदियों के जल को उनके नाम से जानने का विज्ञान मेरे पास नहीं है। मैं नदियों को उनके जल से जानता हूँ। जल के साथ मेरे बचपन के कौतूहल और प्रेम करने के दिनों की यादें जुड़ी हुई हैं। नदी के साथ मेरे संस्कारों के रिश्ते हैं। नदियों के संगम पर मैंने सूर्य को अर्घ्य दिया और उस जल का आचमन किया।

पानी बर्फ की तरह ठंडा था। मुझे लगा कि मेरे हाथ नदी में ही रह

गए। मैं जगन्नाथ हो गया। अपने हाथों के स्पर्श लौटाने में मुझे समय लगा।

नदियों के पाट खूब चौड़े हैं। किसी मैदानी नदी की तरह। जलधाराओं में खूब तेज बहाव है। जैसा किसी पहाड़ी नदी में होना चाहिए। बर्फ ने इन जलधाराओं को किनारे की तरफ से ढाँकना शुरू कर दिया है। दूर की तरफ दिख रही पतली-पतली जलधाराएँ जम चुकी हैं। कुछ दिनों में दोनों नदियाँ पूरी की पूरी जम कर निस्पंद, निश्चल हो जाएँगी। तब यहाँ केवल बर्फ होगी और बर्फ की सफेदी। नदी, पेड़, पहाड़ सबके सब आपाद मस्तक सफेद। यहाँ तक कि रातें भी सफेद उजास से भर जाएँगी।

शायद, ऐसी ही हिम उजास रातों में यति निकलता होगा और किसी भाग्यशाली को दिखता होगा?

इन पहाड़ों के बीच से ये जो दर्रे निकल रहे हैं—एक लाचुंग और दूसरा लाचेन इन्हीं के बीच से होकर वह हिम मानव यहाँ से वहाँ आना-जाना करता होगा। किससे पूछूँ? कल रात लाचुंग पहुँचने में इतनी देर हो चुकी थी कि तब तक वहाँ के सारे वृद्ध लोग सो चुके थे। और यहाँ, कोई भी व्यक्ति नहीं दिख रहा है।

यूमथांग इस समय जनविहीन है। बस, याकों के झुंड हैं, जो वहाँ, कुछ दूर पर दिख रहे हैं। नदी किनारे झुंड बनाकर बैठे हुए याक स्थितप्रज्ञ मुद्रा में हैं। मैं उन्हें छूना चाहता हूँ। लेकिन उनके नजदीक पहुँचने से पहले ही वे सबके सब उठ खड़े हुए और पहले से भी दूर चले गए।

याक मेरी अनुभूतियों से जुड़ा हुआ प्राणी है। मेरी यह अनुभूति चित्रमय भी है और संगीतबद्ध भी है। सबसे पहली बार मैंने कोई याक, सत्यजित रे की एक फिल्म, 'काँचनजंगा' में देखा था। वह, किसी नीरव घाटी से ऊपर, पहाड़ पर आ रहे याकों का झुंड था। उनके गले में बँधी हुई घंटियाँ उस नीरव घाटी में संगीत तरंगित कर रही थीं। कोई अदृश्य तार तना हुआ था और उस पर से कोई गूँज उठ रही थी। तब से, वह गूँज अब तक बनी हुई है और वह अदृश्य तार तना हुआ था, वह बज रहा है।

पहाड़ ने अब अपना रंग दिखाया। यहाँ खिली धूप है और ऊपर, खुला आसमान। बीच में बादल, पानी और बर्फबारी। बादलों ने ऊपर के पहाड़ को ढक लिया और वहाँ बर्फ पड़ने लगी। वहाँ बर्फ पड़ रही है यहाँ से दिख रही है। कटाओ उसी तरफ है।

पेमा भूटिया ने आगाह किया कि अब यहाँ से निकल चलना चाहिए। थोड़ी देर में ऊपर की बर्फ वहाँ से उतरकर यहाँ तक आ पहुँचेगी। साथ में बादल और बारिश भी। हमने यूमथांग छोड़ा तब तक बर्फीली हवा रफ्तार पकड़ चुकी थी और हमारे पीछे दौड़ती चली आ रही थी। हमारे पीछे, वहाँ, बर्फीली आँधी होगी और भारी बर्फ पड़ रही होगी। हो सकता है कि कल जो लोग यहाँ आएँगे उन्हें दोनों नदियाँ, लाचुंग और लाचेन बर्फ से ढकी हुई मिलें।

मेरा मन था कि वापसी में थोड़ी देर के लिए रुक कर उस गेस्ट हाउस को दिन के इस समय में एक बार देखूँ जहाँ रात रूके थे। लेकिन बाकी लोगों के मन में इस तरह का कोई कुतूहल नहीं है। दरअसल मैं, अधेड़ उम्र की उस लेपचा स्त्री से कहना चाहता था, कि जो, उसने बेझिझक मेरा हाथ पकड़कर मुझसे बात की थी वह मुझे अच्छा लगा। मैं उससे यह भी मंजूर कराना चाहता था कि बात करते समय झुककर, उसका नजदीक आना भी जरूरी था। नजदीक आए बिना, दूरी रह जाती है।

लेकिन यह बात मैं किसी और से नहीं कह सकता था।

गंगटोक वापस पहुँचने में शाम को तो होना ही था। लेकिन 10-12 कि.मी. पहले ही साथ की एक टैक्सी बिगड़ गई और बकाया सभी टैक्सियाँ वहीं की वहीं कतार बाँधकर उस पहाड़ी कगार पर ठहर गईं। वहाँ डेढ़-दो घंटे लग गए।

झुकती हुई शाम का यह जादुई एकान्त अनायास ही हमारे हिस्से में चला आया। इस जादुई समय में तारे उग रहे हैं और नीचे, तलहटी में बसे गाँव जाग रहे हैं। आँखें खोलकर तारों को देख रहे हैं। गाँवों में यह, दिया बाती का समय है। थोड़ी देर में सारे का सारा आकाश तारों से भर गया और सारी बस्तियों में रोशनियाँ दिपदिपाने लगीं। क्या, ये बस्तियाँ दिया बाती के लिए तारों के उगने का रास्ता देखती हैं?

सिक्किम हरा-भरा है। पानी से भरपूर है। यहाँ की हरियाली इसी, भरपूर पानी से है।

सिक्किम में गरम मसाले वाली बड़ी इलायची खूब होती है। बड़ी इलायची का सबसे बड़ा उत्पादक और निर्यातक सिक्किम ही है। रास्ते भर इसी विज्ञापन के बड़े-बड़े होर्डिंग्ज लगे हुए हैं। यहाँ की जलवायु उसके लिए उपयुक्त है। मैंने अब तक इलायची को फलते हुए नहीं देखा है। न बड़ी, न

छोटी। न उसके पेड़-पौधे, न पत्तियाँ। यहाँ इस पहाड़ी कगार पर इलायची-ही-इलायची है। नीलगिरी सी लम्बी-लम्बी पत्तियों वाली टहनियाँ झुककर मेरे इतने पास चली आईं, जैसे वहाँ लाचुंग में उस अधेड़ लेपचा स्त्री का पास आना। मैंने एक हरी पत्ती तोड़कर उसे हथेलियों में दबाया और नाक से लगा लिया। और उसकी सुवास से नाता जोड़ा।

अंग्रेजों के जमाने में बसाये गए हिल स्टेशनों से अलग, गंगटोक में कोई मॉल नहीं है। सिक्किम का भारत में विलय, अंग्रेजों के भारत से जाने के बाद हुआ है। यहाँ का महात्मा गांधी मार्ग ही यहाँ का मॉल है। लेकिन बकाया के हिल स्टेशनों की तरह, अंग्रेजों के जमाने का एक नियम यहाँ भी लागू है। शाम 6.00 से रात 8.00 बजे तक सबसे भीड़ वाले समय में, यहाँ के महात्मा गाधी मार्ग पर वाहनों के आने-जाने पर पाबन्दी है। एन.एच.पी.सी. (नेशनल हाइडिल पावर कॉर्पोरेशन) का गेस्ट हाउस महात्मा गांधी मार्ग पर ही है, जहाँ हम ठहरे हुए हैं। हमें रास्ते में देरी हो गई थी लेकिन उसका एक फायदा हुआ कि हमारी टैक्सी को सीधे गेस्ट हाउस तक पहुँचने के लिए रास्ता मिल गया।

हिन्दी की मुख्यधारा से अलग-थलग पड़ गए कुछ स्थानों में, हिन्दी साहित्य से जुड़े हुए कुछ ऐसे काम हो रहे हैं जिनका उल्लेख होना चाहिए। सिलीगुड़ी (प. बंगाल) से प्रकाशित होनेवाली एक अनियतकालीन साहित्यिक पत्रिका 'सृजनपथ' मुझे ऐसा ही काम लगता है। अपनी विशिष्ट भौगोलिक स्थिति के कारण सिलीगुड़ी, एक तरह से पूर्वोत्तर राज्यों के लिए प्रवेश द्वार भी है। इसलिए, हिन्दी साहित्य के लिए, यहाँ शुरू किये गए किसी काम को भी यहाँ से सभी पूर्वोत्तर राज्यों तक पहुँचाया जा सकता है। 'सृजनपथ' को मैं इस तरह भी देखता हूँ और महत्त्वपूर्ण मानता हूँ। डॉ. रंजना श्रीवास्तव इसकी सम्पादक हैं' उनके पति, सुधीर एन.एच.पी.सी. में एक बड़े अधिकारी हैं। यहाँ, गंगटोक में हमारे लिए, इस गेस्ट हाउस का इन्तजाम सुधीर ने ही किया है।

सिलीगुड़ी में, इन लोगों ने हमें गेस्ट हाउस में नहीं रहने दिया, अपने घर ले आए थे। लेकिन वहाँ, वही हुआ जिसकी मुझे आशंका थी। शकुन्तला को लेकर असहजताओं की शुरुआत वहीं से हो गई थी। बुलाने को तो, रंजना ने हमें अपने घर बुला लिया था लेकिन एक परायी औरत के साथ घर आए मेहमान को अपने घर की मर्यादा के लिए मंजूर नहीं कर पाई।

गेस्ट हाउस के केयर टेकर का नाम तारा है। तारा नेपाली है, हमारे लिए, जिस ट्रैवल एजेंट को उसने तय किया है वह भी नेपाली है। दीपक राई। मन तो था कि एक दिन का आराम मिल जाता, लेकिन दीपक राई ने, कल का कार्यक्रम पहले से ही बना रखा है। सुबह 8.00 बजे नाथुला के लिए निकलना है।

टैक्सी के साथ दीपक राई खुद पहुँच गया। उसने बताया कि सिविलियनों के लिए नाथु ला चौकी, सुबह से 11.00 बजे दिन तक ही खुली रहती है। जितनी जल्दी पहुँचेंगे, वहाँ रहने और देखने के लिए उतना समय अपने हाथ में रहेगा। यहाँ पहुँचने पर पता चला कि दिन में 11.00 बजे के बाद, इस बर्फीली चौकी पर मौसम आक्रामक होने लगता है, तेज बर्फीली आंधियाँ शुरू हो जाती हैं। फिर यहाँ ठहरना मुश्किल हो जाता है।

अभी धूप खिली हुई है और आकाश चमकीला हैं। वैसे ही जैसे, वहाँ, यूमथांग में था। हवा की छुअन में भी वैसी ही ठंडक है जैसी वहाँ यूमथांग में थी। यह छुअन पहले तो ठंडे हाथों से सहलाती है। फिर, भारी होने लगती है। उसमें नुकीलापन आने लगता है और यह नुकीलापन बदन में चुभने लगता है।

रास्ते में पड़नेवाले घर खाली हैं। दरवाजों पर ताले लटक रहे हैं और बाहर सूनेपन का पहरा पड़ा हुआ है। सूने घरों की देहरियों पर, ऊपर तक बर्फ चढ़ आई है। घरों पर टीन की छप्परें हैं। इन छप्परों को भी बर्फ ने पूरी तरह से ढाँक लिया है और उनका लाल रंग भी, अब नहीं दिख रहा है। जब यहाँ भारी बर्फ पड़ती है तब, सब जमकर बर्फ हो जाता है पीने के लिए पानी भी नहीं बचता। रोजमर्रा की जिन्दगी दुष्कर हो जाती है। तब यहाँ के लोग उतरकर नीचे चले जाते हैं। फिर अच्छे मौसम के साथ वापस लौटते है। तब तक उनके घर यहाँ, इस सफेद बियाबान में ऐसे ही अकेले दिन गुजारते हैं और उनकी वापसी का रास्ता देखते हैं। बर्फ से ढके इन सूने घरों को ऐसे अकेले और उदास देखना, अपने मन में भी वही सफेद बियाबान रचने लगता है, जो बाहर फैला हुआ है।

यहाँ से आगे नागरिक बस्तियाँ नहीं, सिर्फ सैन्य चौकियाँ हैं। और ये सैन्य चौकियाँ रास्ते की दूरियाँ नहीं, सिर्फ पहाड़ों की ऊँचाइयाँ बताती हैं। नाथु ला गेट से पहले 13,840 फीट की ऊँचाई पर शेरथांग चौकी है। यह ऊँचाई समुद्र सतह से नापी हुई है। शेरथांग चौकी पर परमिटों की जाँच होती है। नाथु

ला समुद्र सतह से 14,420 फीट की ऊँचाई पर है।

शेरथांग से पहले 13,200 फीट की ऊँचाई पर मुझे यू.टी.आई.बैक का ए.टी.एम. काउंटर दिखा। मैंने शकुन्तला को सुझाया कि वापसी में यहाँ रुककर, इस ए.टी.एम. से कुछ रकम निकालना। इतनी ऊँचाई पर बैकिंग लेन-देन की वह एक यादगार होगी। लेकिन यू.टी.आई. के ए.टी.एम. ने भारतीय स्टेट बैंक का कार्ड मंजूर नहीं किया। शकुन्तला का कार्ड भारतीय स्टेट बैंक का है। शायद, इस ऊँचाई तक पहुँचते-पहुँचते यू.टी.आई. और भारतीय स्टेट बैंक का आपसी अनुबंध निभ नहीं पाया।

ऊँचाइयों की नाप बतानेवाली इन सैन्य चौकियों में एक चौकी मुझे एकदम अलग दिखी—काली पाँच। काली पाँच ने मेरा ध्यान बरबस अपनी तरफ खींचा।

हिन्दी में एक प्रमुख कवि, उदय प्रकाश का एक काव्य संकलन है—'रात में हारमोनियम'। काली पाँच से सहसा 'रात में हारमोनियम' का ध्यान आ गया। हारमोनियम पर काली पाँच वाली पट्टी धैवत प्रधान स्वर की होती है। भारी स्वरों में गाये जानेवाले रागों में यह, धैवत प्रधान स्वर, प्रमुख होता है। और यह, भारी रात का ही स्वर होता है।

यहाँ रात एकदम सफेद, हिमउजास होती होगी और नींद इतनी भारी कि आसमान तक सन्नाटा खिंच जाए। तब कोई, यहाँ बैठा, हारमोनियम बजाता होगा और काली पाँच के साथ सुर मिलाकर भारी रात का गीत गाता होगा। रात के ऐसे ही किसी हिम उजास समय में यति निकलता होगा, यहाँ आता होगा और संगीत सुनता होगा। फिर, रात के हल्की पड़ने से पहले ही अवृश्य भी हो जाता होगा। जो नींद से बच पाया होगा, उसने यति को देखा होगा। जो नींद से बचेगा, वो यति को देखेगा।

मुझे लगा, मेरा मन कविता कर रहा है। अभी, तुरन्त लिख लेना चाहिए। तंद्रा टूटते ही कविता बिखर जाएगी। मैंने कलम ढूँढ़ी तो कलम नहीं मिली। सिक्किम में यह, पता नहीं क्या हो रहा है कि लिखने की जरूरत पर मुझे मेरी कलम नहीं मिल रही है। वहाँ यूमथांग में भी ऐसा ही हुआ था। तब शकुन्तला ने मुझे अपनी कलम दी थी। यहाँ, मैंने उसे भी गुमा दिया। हारकर मैंने आवाज लगाई—"है कोई, जो मुझे अपनी कलम उधार देगा? जो मुझे कलम उधार

देगा उसे कहीं-न-कहीं, अपना नाम लिखा हुआ मिलेगा। मैं एक लेखक हूँ।"

मुम्बई की हुस्ना प्रशान्तन ने मुझे अपनी कलम दी और कहा कि चाहूँ तो, वह कलम अपने पास रख सकता हूँ। वहाँ, किसी को विश्वास नहीं हो रहा था कि सचमुच का कोई एक लेखक उनके साथ है। कोई लेखक ऐसे, आवाज लगाकर अपना पता थोड़े ही देगा? हुस्ना प्रशान्तन को भी विश्वास नहीं हुआ होगा। उस सुन्दर महिला ने इसे, अधिक से अधिक, एक रंजक प्रसंग ही माना होगा।

उस सुन्दर महिला से मैं बात करना चाहता था और पूछना चाहता था कि क्या उसने राजेन्द्र कुमार और साधना वाली हिन्दी फिल्म 'मेरे महबूब' देखी है? 'मेरे महबूब' के पर्दे पर साधना ही हुस्ना है। और, हुस्ना सुन्दर है। हुस्ना के पति श्री प्रशान्तन एक पायलट हैं। उन्होंने बताया कि हुस्ना दमा की मरीज है। फिर भी, उसने यहाँ तक आने की हिम्मत जुटाई।

नाथु ला गेट से नाथुला चौकी दिखने लगती है। सीधे सर के ऊपर। उससे ऊपर सिर्फ आसमान है। बीच में कुछ नहीं। यह खड़ी चढ़ाई वाला रास्ता हृदय रोगियों के लिए खतरनाक हो सकता है। इसलिए उनके, यहाँ से आगे जाने पर प्रतिबंध हैं। दमा के रोगियों के लिए भी परेशानी हो सकती है। लेकिन, यहाँ तक पहुँचने के बाद किसका मन यहाँ से आगे के खतरे या परेशानी की परवाह करेगा? नाथुला चौकी यहाँ से 0-3 कि.मी. दूर है।

नाथुला गेट भारतीय सीमान्त है। सामने, चीन के आधिपत्य वाला तिब्बत है। यहाँ, भारत और चीन के बीच, बस पतले से काँटेदार तार का अलगाव है। लेकिन इस पतले से अलगाव के साथ एक अलंघ्य दूरी जुड़ी हुई है। काँटेदार तार की बाड़ के इधर और उघर, भारतीय और चीनी सैनिक रात-दिन पहरे पर तैनात हैं और उस अलंघ्य दूरी की रखवाली कर रहे हैं।

उधर की जमीन भी ऐसी ही बर्फ से ढकी हुई है, जैसी इस तरफ है। दोनों तरफ की बर्फ एक जैसी ठंडी होगी, फिर भी उधर की बर्फ को छूकर देखने का मन करता है। लेकिन छूना मना है। फिर भी मन तो मन है। एक अबोध इच्छा होती है कि कोई रास्ता निकल आए और हम उधर जाकर एक ग्रुप-फोटो खिंचा आएँ। फोटो में मैं और शकुन्तला, हुस्ना और प्रशान्तन होंगे। और वह ग्रुप फोटो यहाँ की निशानी होगा, जो हम अपने साथ लेकर जाएँगे। लेकिन एक अबोध इच्छा काँटेदार बाड़ की अलंघ्य दूरी से उलझकर रह गई।

यहाँ से भूटान का सबसे ऊँचा पर्वत शिखर 'चुम्मा लहरी' दिख रहा है, जो 23,900 फीट ऊँचा है। यहाँ लिखा हुआ है कि भारत के स्वप्नदृष्टा प्रधानमंत्री पंडित जवाहर लाल नेहरू ने, 1958 में यहाँ से भूटान की यात्रा की थी। उनकी वह यात्रा सड़क मार्ग से हुई थी और वे चुम्बी घाटी पार करके भूटान पहुँचे थे। यहाँ से, पूरी-की-पूरी चुम्बी घाटी सामने दिख रही है। यह, पंचशील में विश्वास के दिनों की बात है। जब हिन्दी-चीनी भाईचारा अपने उफान पर था।

इधर, बर्फीली हवा में भारत का तिरंगा लहरा रहा है। उधर, चीनी चौकी पर हँसिया और बाली वाला उनका ध्वज। यहाँ अपनी हद खत्म होती है और उनकी सरहद शुरू होती है। इधर, सैलानियों का छोटा-मोटा मेला ही है। उधर, केवल सेना का पहरा है। दो पुराने पारम्परिक पड़ोसी देश अपनी सार्वभौम सत्ताओं के साथ यहाँ कितने नजदीक हैं? फिर भी दूरियाँ अलंघ्य और सरहदें असहाय। यहाँ, एक-दूसरे के स्वागत और अभिवादन के काम में आनेवाले शब्दों के साथ-साथ दोस्ती और सद्भाव जैसे कुछ औपचारिक शब्दों के हिन्दी-चीनी पर्यायों की एक तैयार सूची बनी हुई है। इस सूची से पर्यटकों का काम चल जाता है। इसमें शामिल शब्द तार की बाड़ के उधर तैनात सैनिकों के साथ संवाद कायम करने के काम में आते हैं। इस संवाद में मुस्कुराना और हाथ मिलाना तो शामिल है लेकिन उपहार लेना-देना एकदम मना है।

मैंने भी बाड़ से बाहर अपना हाथ निकाल कर, उस तरफ खड़े एक चीनी सैनिक से हाथ मिलाया और उसे छूकर देखा। मैंने उससे, उसका नाम पूछा और उसकी आवाज भी सुनी। उसने अपना नाम बताया—प्राजांग सोरी। पंचशील के रास्ते में एक बार हुए धोखे के बाद, यह भारत-चीन व्यापारिक सम्बन्धों का दौर है। इसके लिए प्राचीन रेशम पथ को नयी शुरुआत के साथ खोला गया है। पुराने व्यापारिक सम्बन्धों को फिर से शुरू करने के लिए इस ऐतिहासिक रेशम पथ को खोलने का समझौता किया गया है। यह समझौता नया है, लेकिन रेशम पथ पुराना है और वह यहाँ से होकर गुजरता है। चीनी यात्री ह्यूएन त्सांग इसी रास्ते से भारत आया था।

गंगटोक के इंस्टीट्यूट ऑफ टिबेटोलॉजी के आचार्य लामाओं ने मुझे इस प्रश्न का कोई सीधा उत्तर नहीं दिया था कि यति यथार्थ है या मिथक? यह मिथक, बौद्ध संस्कृति वाले, पूर्वी हिमालय के लोगों का विश्वास है। जैसे

यह, एक मिथक उनका विश्वास वैसे ही चीनी यात्री ह्यूएन त्सांग (या युआन च्वांग) का भारत आना मुझे किसी फैन्टेसी की तरह रेशमी और काव्यात्मक लगता है। यह मेरी जिज्ञासाओं को इतिहास से भटका कर एक काल्पनिक यथार्थ के रास्ते पर अकेला छोड़ देता है। इतिहास की मानें तो वह चीनी यात्री 639 ई. में भारत आया था।

ह्यूएन त्सांग ने नाथुला दर्रे से होकर भारत में प्रवेश किया था। वह अपने साथ चीन का असली रेशम लेकर आया था। इसलिए जब इस रास्ते को इतिहास में जगह दी गई तो इसे रेशम पथ कहा गया। इस रेशम पथ की लम्बाई 563 कि.मी. बताई गई है। वह यहाँ, इस सैन्य चौकी पर लिखा हुआ है। इस समय मैं वहीं खड़ा हुआ हूँ? इसका मुझे विश्वास नहीं हो रहा है। वहाँ पहरे पर तैनात, भारतीय सेना के एक सिपाही ने मेरी इस असमर्थता को ताड़ लिया और उस तरफ उँगली दिखाकर बताया—"वो, सामने दिख रहा है।"

लेकिन सफेद बर्फ से आगे मुझे कुछ नहीं दिखा।

मौसम बिगड़ने लगा। पहले बादल घिरे और गहराए। फिर हवा ने जोर पकड़ा। अब, थोड़ी देर में बर्फीली आंधियाँ चलने लगेंगी। तब यहाँ कुछ भी नहीं दिखेगा। यहाँ ठहरना भी मुश्किल हो जाएगा। सैनिकों ने चौकी खाली करानी शुरू कर दी।

जब तक हम नीचे उतरे और झांगू तक पहुँचे, तब तक नाथूला चौकी बर्फीली आँधियों से घिर चुकी थी। और यहाँ, भरी दोपहरी में शाम की तरह का अँधेरा उतराने लगा था। दुकानों में बिजली की बत्तियाँ जल रही हैं और सैलानी खरीदारियाँ कर रहे हैं। बाजार रंगबिरंगी झंडियों और बन्दनवारों से सजा-धजा है। इस सजे-धजे बाजार में अच्छी रौनक है।

झांगू झील इस समय एकदम शान्त है। झील के किनारे सजे-धजे याक सैलानियों का रास्ता देखते खड़े हैं। यहाँ आनेवाले सैलानी इन सजे-धजे याकों की पीठ पर सवार होकर, झील किनारे फोटो खिंचाते हैं। और यहाँ की निशानी के तौर पर अपने साथ ले जाते हैं। बर्फबारी का मौसम जब नीचे तक पहुँचेगा तब यहाँ, झील का पानी जम जाएगा। तब, यहाँ खड़े ये याक वहाँ दिखेंगे जहाँ, अभी पानी दिख रहा है। वहाँ लाचुंग और लाचेन नदियों के संगम तट पर स्थितप्रज्ञ से बैठे हुए याक मुझसे दूर भाग रहे थे। और यहाँ? सज-धज

कर ग्राहकों का रास्ता देखते खड़े हैं।

यहाँ पहुँचकर बोध होता है कि यह किसी प्राचीन व्यापारिक पथ पर पड़नेवाला कोई बहुत बड़ा पड़ाव रहा होगा। बोध होता है कि चीनी रेशम का वह व्यापारी नाथुला से उतरकर, इसी रास्ते आया होगा और उसने भी यहाँ पड़ाव किया होगा। यहाँ उसने अपने याकों को भी आराम दिया होगा जो अपनी पीठ पर रेशम का बोझ लादे 563 कि.मी. की दूरी तय करके आ रहे थे। क्या, ह्यूएन त्सांग याक पर आया था?

सुनते हैं कि मिंग राजवंश की रानियाँ, राजकुमारियाँ सुन्दर और कमनीय होती थीं। रेशम की शौकीन होती थीं। उन रानियों, राजकुमारियों की कितनी-कितनी प्रेम कथाएँ और रनिवासों में चलनेवाली दुरभिसंधियों के रहस्य भी अपने साथ लेकर चीनी रेशम का वह व्यापारी नाथु ला के रास्ते भारत आया होगा? ह्यूएन त्सांग ने यहाँ के लोगों को और, जाने कितने देशों से यहाँ आकर पड़ाव कर रहे दूसरे सौदागरों को भी, वह सब सुनाया होगा और सुनाकर विस्मित किया होगा।

झांगू का बाजार तिब्बती नस्ल की भोटिया स्त्रियों के हाथों में है।

मैं कभी तिब्बत नहीं गया हूँ। लेकिन यहाँ ऐसा लगता है कि तिब्बत में व्यापारिक बस्तियाँ ऐसी ही होती होंगी। दलाई लामा के साथ उनके जिन अनुयाइयों ने वहाँ से पलायन किया था और भारत में आकर बसे थे, वे लोग सर्दी के दिनों में, अपने ठंडे पहाड़ी आवासीय शिविरों से उतरकर नीचे, मैदानों में आते हैं और सड़कों की पटरियों पर गरम कपड़ों के बाजार सजाते हैं। उनकी दुकानों की सजावट भी ऐसी ही होती है जो यहाँ बाजार में दिख रही है। शायद यही, तिब्बत के बाजारों की पारम्परिक संरचना है। यह पारम्परिक संरचना ही यहाँ, तिब्बत की किसी छोटी-मोटी व्यापारिक बस्ती का बोध कराती है।

झांगू से निकलकर गंगटोक वापस पहुँचना तो और भी अलग किस्म की अनुभूति कराता है। यह, पीछे छूट गए किन्हीं बहुत पुराने दिनों से बाहर निकल कर, एकदम से आज के अपने समय में वापस लौटने जैसा अनुभव है।